不退轉法輪經講義

——第二輯

平實導師　述著

ISBN:978-626-98256-2-2

佛法是具體可證的，三乘菩提也都是可以親證的義學，並非不可證的思想、玄學或哲學。而三乘菩提的實證，都要依第八識如來藏的實存及常住不壞性，才能成立；否則二乘無學聖者所證的無餘涅槃即不免成爲斷滅空，而大乘菩薩所證的佛菩提道即成爲不可實證之戲論。如來藏心常住於一切有情五蘊之中，光明顯耀而不曾有絲毫遮隱；但因無明遮障的緣故，所以無法證得；只要親隨眞善知識建立正知正見，並且習得參禪功夫以及努力修集福德以後，親證如來藏而發起實相般若勝妙智慧，是指日可待的事。古來中國禪宗祖師的勝妙智慧，全都藉由參禪證得第八識如來藏而發起；佛世迴心大乘的阿羅漢們能成爲實義菩薩，也都是緣於實證如來藏才能發起實相般若勝妙智慧。如今這種勝妙智慧的實證法門，已經重現於臺灣寶地，有大心的學佛人，當思自身是否願意空來人間一世而學無所成？或應奮起求證而成爲實義菩薩，頓超二乘無學及大乘凡夫之位？然後行所當爲，亦不行於所不當爲，則不唐生一世也。

——平實導師

如聖教所言，成佛之道以親證阿賴耶識心體（如來藏）爲因，《華嚴經》亦說**證得阿賴耶識者獲得本覺智**，則可證實：證得阿賴耶識者方是大乘宗門之開悟者，方是大乘佛菩提之眞見道者。經中、論中又說：證得阿賴耶識而轉依**識上所顯眞實性、如如性**，能安忍而不退失者即是**證眞如**，即是大乘賢聖，在二乘法解脫道中至少爲初果聖人。由此聖教，當知親證阿賴耶識而確認不疑時即是開悟眞見道也；除此以外，別無大乘宗門之眞見道。若別以他法作爲大乘見道者，或堅執**離念靈知**亦是實相心者（堅持意識覺知心離念時亦可作爲明心見道者），則成爲實相般若之見道內涵有多種，則成爲實相有多種，則違**實相絕待**之聖教也！故知宗門之悟唯有一種：親證第八識如來藏而轉依如來藏所顯眞如性，除此別無悟處。此理正眞，放諸往世、後世亦皆準，無人能否定之，則堅持離念靈知意識心是眞心者，其言誠屬妄語也。

——平實導師

目次

自序

正覺同修會諸同修們證悟的事實，藉由《我的菩提路》第一輯披露以後，在臺灣與大陸某些自稱證悟者跟著仿效，也開始舉辦四天三夜的禪三，並且也要求學員同樣撰寫見道報告，模仿本會同修們寫的報告；然而都只是徒具表相似是而非的假佛法報告，與三乘菩提中的見道全然無關，因爲所證的所謂第八識如來藏，全都仍墮五陰之中，未曾脫離，只能說是末法時代佛門外史的又一章罷了，並無實質。

此乃因於大乘佛法之見道極爲甚難，何況能以相似的表相佛法而撰寫見道報告。衡之以第八識如來藏的妙法深妙難解，乃至聞者亦難信受，雖有實證者出現於世；觀乎釋印順等一派學人，主動承嗣於天竺部派佛教諸聲聞僧的六識論邪見，與密宗應成派中觀古今所有諸師的六識論常見同一步伐，所說並無絲毫差異，然而至死不肯認錯；反而以其見取見而發起鬥爭之業，對所有評論其法之人大力撻伐，不遺餘力，唯獨放過平實一人，對於平實十餘年來於書中多方面公開評論其謬等事，似如一無所知、一無所見，默然以對。由是可知大乘佛法實證之義極難可知、可思、可議、可證、可傳。

而此一法即是第八識如來藏，亦名眞如、阿賴耶識、異熟識、無垢識，教外別傳的禪宗名之爲本地風光、莫邪劍、花藥欄、綠瓦、父母未生前的本來面目……等無數名，於《佛藏經》中 世尊說之爲「無名相法、無分別法」，以如來藏運行之一切時中皆不墮於名相及分別之中故。若人滅其無明，則此識隨時可證，證已即時發起般若正觀，佛菩提中名之爲「諦現觀」，即入第七住位而無退失；若人往昔無量阿僧祇劫前曾謗此第八識妙法，則是已墮無間地獄而次第輪轉三惡道中，其數無量阿僧祇劫受諸苦惱，終於業盡受生人間，歷經九十九億佛所奉事、供養、勤心修學，來到 釋迦世尊座下重新受學已，而仍然不得順忍；每聞第八識如來藏妙法心便不喜，連聲聞果的實證都不可能，遑論大乘菩提，由是故說此第八識妙法難聞、難信、難解、難證、難持、難忍。今於此《不退轉法輪經》中重說此法，令一切學人聞「此經」及「釋迦牟尼佛」聖名已，盡未來際不復退轉於此第八識妙法，未來當得不退轉於大乘法輪；以是緣故，特爲學人講授之。今以講授圓滿而整理完畢，用饗佛門四眾，普願皆得早立信心，殷重受學，有日必得證悟，得階菩薩僧數之中，是所至盼。

佛子　平實　謹序

公元二〇二二年小暑　誌於松柏山居

《不退轉法輪經》卷第一

〈序品〉第一（承續第一輯未完內容）

那麼要「隨應救世」當然要有「如實智」，因爲眾生根性千百種，各各不同。眾生不是工業產品，不會是一樣的，所以一個人一個樣。世俗也有一句話說：「人心不同，各如其面。」要找到相似的人很難呢。所以你看，六間講堂坐滿了（我看有沒有坐滿？坐滿了！）一千多人！有誰跟我長得一樣？（大眾笑…）有誰跟你長得一樣？又有誰跟他長得一樣？都沒有！那麼人的根性不同、心性不同也是如此。你既然要隨應眾生不同的根器，來救護世間的話，當然得要有「如實智」，而且一定要運用「如實智」，否則無法救護世間。所以 世尊才說：「以如實智，隨應救世。」接著說：

「現五濁剎，爲諸下劣，於一乘道，驚疑不信；故說四果，開示羅漢；

從聲聲聞（註），入佛教門。」這就是說菩薩們，或者說諸佛，全都一樣；如來是這樣了，菩薩也都效法諸如來，示現在五濁惡刹之中。如果是彌勒佛降生人間的時節，那時度眾生是快樂的、沒憂愁的；因爲眾生都很快樂，他們也沒什麼大煩惱，雖然小煩惱依舊很多，根本煩惱還在，但心性調柔；那時度眾生也容易度，因爲那時的眾生信根成就，五善根也純熟了。可是五濁惡世不一樣，五濁惡世的有情是下劣的。不說現在人壽百歲，我們不要提到八萬四千歲了！假使人壽一千歲，讓你活到一千年，你一定很有世間智慧——處事圓融，而且財富具足，生活無憂無慮，再也不會犯過失了。（註《大正藏》：「從聲聞門」，【宋】【元】【明】【宮】：「從聲聲聞」。）

譬如孔老夫子講了：三十而立，四十而不惑，五十而……（眾答：知天命），這倒也是啦！因爲我五十知「佛命」，六十就耳順了，耳順就不會跟人家吵架。對吧？對啊！六十就耳順了，不跟人家吵架；如果六十還要跟人家吵架，我告訴你：這個人只好孤獨終老。若一天到晚還跟兒子吵架，最後只好孤獨終老；因爲到六十歲該要耳順了，既然都老了、不賺錢了，家業交給孩子，那就是孩子作主了；孩子要是嘮叨，你就當作沒聽見，這就耳順了！如果活上一千歲呢？那當然根本不在意，因爲你看多了！如果孩子不孝順呢？自己再去創業！（大眾笑…）「孩子！你就等著看我，我一定贏過你！因爲我的財產交給你，也不是全部交給你；是一部分給你，我還有一大部分。我來創業，讓你瞧得起老爸！」欸！那孩子如果活到兩百歲，一看說：「唉！眞的不能對老爸不好。」他不也學乖了嗎？

所以一般人「六十而耳順」也算正常，如果六十還不能耳順，這個人跟人家相處都不好啦！那你當菩薩呢，什麼時候都得耳順；所以人家來告訴你什麼，你都得聽，全都得聽！不能一開口就否定；先聽聽看，也許有可取之處。世間人不也講：「三個臭皮匠，勝過一個諸葛亮。」「三人行，必有我師焉。」多聽聽何妨？所以五濁惡世時，人的心是下劣的，因爲人壽不過百歲，少出多滅，所以這種有情是下劣的。如果活上五百歲、一千歲，那心性都調柔了；如果不調柔，活不了五百歲的，活上一百歲都難，更別說一千歲了！所以佛菩薩在五濁惡剎示現，那是爲了下劣眾生。

但這些眾生爲什麼叫作「**下劣**」？一定有道理啊！因爲他們「**於一乘道，驚疑不信**」。如果一開始弘法就講大乘法，讓大家從十信位、初住位開始修學。當弟子們問起來說：「**那這個佛菩提道修學完成是什麼時候？**」回答說：「**三大阿僧祇劫。**」人壽不過百歲欸！你說三大阿僧祇劫，那是後後世、無量世後的事，「**我哪信得過你？如何證明？**」沒辦法！所以一乘道沒辦法一開始就講。

欸！可是我一開始弘法就是一乘道。講到解脫道，還是後面的事。後來我看眾生直接實證佛菩提是會有問題的，然後剛好就是孫老師建議：「**現在上禪三要先殺我見，不然不行。**」所以我還得要浪費我的口舌，先殺我見，兩點半講到四點半，講兩個鐘頭，好在沒有全部浪費！所以剛才那句話要收回，吞下肚。這就是說：在五濁惡世中，不能一開始就講一乘道。那我因爲此世無師，剛出世弘法時，往世弘法的經驗和智慧等證量也還沒有全部回復，所以我一開始就是講一乘道，幫助大家明心、見性了；然後我就講《成唯識論》。以前講《成唯識論》沒有限定明心的人才能聽！現在想來，我眞是高估大眾：沒有明心的人也給聽，當然聽不懂，因爲那裡面講的都是如來藏的事；而且都從內門來講，從家裡人的境界來說的。所以二〇〇三年退轉的那位楊先生告訴一位鄭師姊說：「我要是能聽懂一成，就很高興了！」可是後來竟然變成說，他能證得佛地眞如，就出面來否定我說的正法；結果原來是他誤會了！那就表示：這眞是五濁眾生。

所以五濁惡世不能講一乘道，剛開始要先講二乘菩提；在那二乘菩提之前，還得先說「次法」。可是我現在回想：如果當年我是依著這個順序來，今天六個講堂哪能坐滿？對吧？所以因緣就是這樣，因爲當年大家很羨慕開悟，既然如此，我也跟著出來講開悟；而我的開悟跟佛教界都不一樣，那要辨正就來啊！因爲我說的如實，然後再加上眼見佛性。這眼見佛性也讓人家很驚訝、很懷疑，因爲佛性無形無色，怎麼可能眼見？「你這個人有問題！我逮到機會了，趕快攻擊正覺！」沒想到攻擊不了！正覺就這樣一步一步走過來。然後我們發現大家根基不足，趕快把二乘菩提再補上。

但是你如果沒有「如實智」，面對那一些修學喇嘛教法的人，他們自以爲在學佛，那你要怎麼救他們？你得有「如實智」，才能夠把喇嘛教的那一些所謂見、修、行、果四個方面都把它破了，都講清楚什麼才是對的。這一些見、修、行、果，或者有的宗派叫作基、道、果，你都把它論述清楚，他們再無二話；因爲你有「如實智」，講的是絕對不可推翻的，那他們只好閉嘴，所以我說「他們再也無話」。其實「再也無話」應該還是有一點語病，「再也無話」的意思是說：他們以前曾經寫過文章貼網來繼續狡辯，所以我講「再也無話」還是高抬了他們。

話說回來，對於唯一佛乘的法，五濁惡世的下劣眾生不信受。我們講過《法華經》了，剛開始講的時候，我都不敢說那退席的五千聲聞其中有阿羅漢；當時我不敢講，因爲怕大家有煩惱。講到後來已經鋪陳好了，大家有那樣的見地了，我再來說：「**其實那五千退席的聲聞之中有阿羅漢，也有三果人，乃至初果和大部分的凡夫。**」大家就信了。

所以諸佛要有善方便，在五濁惡刹中說法時不能直接講一乘道；你講唯一佛乘，誰信得過？所以先施設「聲聞菩提」，讓大家因聲而聞，從聞而證；

證得出三界的解脫果了，發覺 如來是誠實語者、不二語者，也是不誑語者，這時候對 如來具足信受了，就可以講一乘道。但即使如此，還是有五千聲聞退席，不信《法華經》，因爲有的阿羅漢就是不相信。《法華經》的內涵其實有一小部分，在平常菩薩請示 如來的時候就會提到，那他們聽到 如來與菩薩對談的內容時心中不信受，所以一聽到要講《法華經》時就不聽了，就一起走人了，因爲 如來一定也有提示過其中的內容。那麼這些都屬於將來要講的《法華經》，曾經略說一下，以後講《法華經》時再來具足宣說。後來藏通別圓都講過了，即將示現入涅槃前，弟子三請之後，佛陀不得不說了，於是即將要宣說時，五千聲聞人退席！那規模很壯觀的。

諸位想想看，我們一間講堂能坐幾個人？不會超過三百人。就算都坐滿三百人，六個講堂一千八百，還不及它的一半哪！你們如果同時退席（大眾笑…）多壯觀！可是五千人更壯觀啊！其中還有少數阿羅漢、三果、二果、初果人都有。那你說他們無慢嗎？還是有慢的，因爲他們的習氣種子還存在。所以五濁惡世的某些有情眞的下劣，不單是凡夫，我說那些少數阿羅漢也是下劣者。有人如果今天第一次來聽我講經，聽到我這樣講，心裡面一定想：「啊！你蕭平實這麼大膽！敢說阿羅漢是下劣者。」但是別驚訝，眞的如此！只要你好好學，縱然不入同修會修學也沒有關係，每週二來聽經，聽上十年也懂：那些定性聲聞阿羅漢眞的是下劣者。

我先點一下好了：證得阿羅漢果之後，想要成爲賢位的菩薩證悟明心，他還得學上幾年，並且還得有因緣，否則他也悟不了；那他不敢學這個法，當然是下劣。誰能推翻此說？不可能！所以五濁惡刹的眾生對於一乘道，對於唯一佛乘心中驚訝、懷疑、不信受；所以那五千聲聞退席時，佛陀默然，不加制止，由著他們走；那麼留下來的人，就叫作貞與實。

這「貞」的意思是什麼？譬如說一粒稻穀，裡面具足飽滿就叫作「貞」；如果裡面有空心，空掉三分之一、空掉一半就「不貞」。所以那個「貞」不能取代爲眞假那個「眞」。那他們對於「唯一佛乘」，甚至成阿羅漢之後都還不敢信受「唯一佛乘」，也沒有想要求悟佛菩提，那你說這不夠下劣嗎？這種下劣的有情聽聞到「唯一佛乘」的《法華經》要宣講了，當場退席。那五千人退席很壯觀，可是留下來的人沒有被影響。五千人退席的時候，一定有很多人是被影響的，可是其中大部分人仍然留下來，這表示他們果然既「貞」又「實」，所以他們可以聽聞《法華經》。佛陀才說：「留下來的這些人都是貞實。」

由於下劣眾生對一乘道驚疑、不信，所以 佛得要先說明四果的修證，這是必然的，「故說四果」，所以「開示羅漢」——從初果到四果的證量如何取證，一一開示說明，最後告訴他們：到達第四果的人就是「不受後有」，出離三界生死。這個出離三界生死的功德必須要告訴大眾，也就是把阿羅漢果位的證得以及它的功德都加以說明；既然要加以說明，當然是「從聲聲聞，入佛教門」。大乘菩提的開悟不用音聲來說，不是「從聲聲聞」，而是一念相應慧；開示了很多法，只是爲了去粘解縛、指示方向，所以過堂的時候，我說了法沒有？有喔？沒有啊！我都在跟諸位扯葛藤啊！

所以吃了水果，說不是水果啊！你會得了，你就說……例如明明你吃了木瓜，卻跟我說那叫作蓮霧，我也認同，我也無可奈何你，因爲你說的是眞實法，木瓜就是蓮霧。可是你要沒有這個一念相應慧，「木瓜就是木瓜、蓮霧就是蓮霧」，就是講不通啊！所以這個不是「從聲聲聞」。過堂時我講了那些話，乃至晚上普說，我告訴諸位說：「我這個公案解說完了以後，值得三千兩金。」三千兩黃金現在是什麼價？欸！我一個晚上送了好多則值得三千兩黃金的公案，可是等你悟入的時候，卻是一句話也沒有；所以你悟得的是「心行處滅」的「無名相法」——如來藏不落在名相裡面，哪裡會有語言？因此叫作「言語道斷」。所以我講的那麼多都叫作廢話，都是言語之道；但所悟得的那個境界之中，沒有言語之道。那這回禪三通過了，你就聽懂我在講什麼了。

可是聲聞法「從聲聲聞」，那些境界都可說得，所以你看，我在《阿含正義》明白寫著還公開流通出去。在佛世是不這樣流通的，那也算是對外道的祕密；可是末法時代的下劣眾生都繼續不斷狡辯、不斷堅持說：「意識是常住的。」那我就得要說明：「意識非常住！」乾脆用《阿含正義》來講；因為我其他的書上寫著，也把具體的理由從聖教量、比量、現量都說了，諸大山頭的法師們也還是不信。他們說：「你講的是從大乘法來說意識生滅，人家解脫道是二乘法，不是這樣講，所以你講的不算數！」那咱們就從二乘菩提來講，就寫《阿含正義》，把他們從來之所未知的寫出來。所以《阿含正義》出版以後，那些「阿含專家」就閉嘴了，個個口似扁擔，表示他們讀懂了，接著就是他們願不願意實修的問題了。所以二乘菩提，特別是聲聞法，都是「從聲聲聞」的，要用音聲（文字也屬於音聲的一種）來說明，讓聽聞的人從聲音裡面去領會，然後終於可以次第修學，證得阿羅漢果。接著再告訴他：「可以出三界了，但這個在佛菩提道中，它只是一個很小的局部，不可能成佛，這叫作聲聞果。」

有時候菩薩遇見阿羅漢的時候會罵：「聲聞小果！」所以國清寺那位拾得和尚，其實他也不叫和尚，只是個寺裡面的工人，最多只能叫作近住男，因爲他也沒有落髮。這拾得只要走過阿羅漢像前，就指著阿羅漢像罵：「聲聞小果！」從住持到沙彌，大家都不喜歡他這樣，因爲他們認爲這是輕視法師，可是他照罵不誤。一天，有人忍不住了，就告到住持那裡去，住持對他也沒奈何！

還有一天，寺裡設齋供養 普賢菩薩；上供之後大家走了，他就爬上案去，坐在那邊吃起來了。結果那些僧眾看見了，大聲吆喝要把他趕下來，一直罵！那拾得一定心裡覺得很冤枉：「你們都說是供養我，我親自來受供還不好？」（大眾笑⋯）對啊！拾得就是 普賢菩薩化現來的啊！所以那些僧眾也真的愚癡，供養 普賢菩薩時，原來他們只要供那個泥塑木雕的，不是想要供養眞正的 普賢菩薩；你說愚癡不愚癡、下劣不下劣？

現在佛教界也是這樣，有的人拿我過去世寫的論，崇拜得不得了；而我現前跟他說法，他不信哪。（大眾笑⋯）其奈他何？沒辦法！譬如說《邪見與佛法》那些內容，我從自心現量的觀察講了出來，當代的人罵翻了；可是其實我在天竺往世寫的論裡面就講過了，出書之後我在十來年前才讀到，才知道往世有寫過。所以那一些人你不能跟他們講「唯一佛乘」，也不能跟他們講什麼叫作開悟般若，因爲般若是一念相應慧，他們不懂。你要是一念相應了，就知道：「喔！原來這就是如來藏！」「啊！果然是眞如啊！」這證眞如只是一念相應的事，無門可入。但聲聞法是有次第性的，你要修學次法，然後你還要再修未到地定；修未到地定能把性障消除或者降伏了，心地調柔了，然後可以幫你斷三結；三縛結斷除了，那就是「**我生已盡**」，最多七次人天往返就出三界了；所以解脫道中的內容是可以說明的，也是有門可入而有次第的，然而大乘般若「一念相應」這個內容卻不能說明，得要各人自參自悟才能承擔下來。

那聲聞法既然可以說明，讓他證得阿羅漢果，就可以告訴他：「**你現在雖然可以出三界了，但是你證得這個聲聞果的最究竟果是阿羅漢，但般若講的實相法界你聽懂嗎？**」他聽來聽去總是聽不懂，所以聽到佛菩薩說般若，聽了一晌午，一個字也沒聽到！因爲都聽不懂，聽了等於沒聽；讀《般若經》時字字都認得，可是不解其義。到了末法時代的人呢，讀了《般若經》就說：「**我都知道、我都知道了！**」宣稱他都知道般若了，其實他都不知道！因爲阿羅漢知道自己都不知道，那他卻說他都知道，顯示他根本連二乘菩提都還不懂，卻說已經知道般若了，你看怪不怪？所以聲聞之道是可以「**從聲聲**

聞」，聽聞之後，次第漸修；等到他證得阿羅漢果，他就明白自己的境界和菩薩的境界有多遙遠！這時候依他的種姓，如果他不是不迴心的聲聞，就可以「**入佛教門**」，如來在世就是這樣作的。接下來說：

「**說數無數，因緣差別；現見四諦，證諸法相；**」先講這四句。因緣法說有十因緣、也有十二因緣，但是因緣法眞的就只有十因緣、眞的只有十二因緣嗎？我說：「**眞的是如此！**」但是我又說：「**不一定如此！**」佛法就是依眞如這麼說的，法無定法。如果對於正法時代的有情，當他已經證得聲聞果時，你只要爲他演說十因緣，讓他逆觀、順觀完了，就是白品的還滅法、黑品的流轉法都觀行完成了，再告訴他十二因緣；讓他也逆觀、順觀完成，就是白品法、黑品法也都觀行完成，他就可以證緣覺果，成辟支佛。但是如果對於根性不是很好的眾生，那十二因緣可以增加到十六因緣、十八因緣、十九因緣、二十幾因緣，看他的狀況你就繼續增加；所以《阿含經》裡面的十二因緣，不一定剛好十二因緣，這就有差別，然而十因緣法永遠就只有十個有支，不增也不減。

但是印順不懂這個道理，所以他就說：「那十二因緣其實就是十因緣的增說。」問題是二者內涵不同，意義不同，怎麼能叫作增說？所以講解十因緣的時候，佛才會附帶兩句話說「識緣名色，名色緣識」，那是爲了解釋最後一支：「名色緣識」，解釋這一支的法義時，那就得要把「識緣名色，名色緣識」的道理講清楚。可是這十因緣是不可取代的，不可增說的，因此佛說最後一支「名色緣識」時，就說「齊識而還，不能過彼」，怎麼能再增說呢？然而釋印順不懂，就說十因緣增說後就成爲十二因緣，眞是不懂裝懂。

十二因緣是爲了懂得十因緣的道理，有了現觀之後（當然那個「現觀」只能觀到第九觀，因爲第十觀的「名色緣識」，他只能信受佛語；而且用比量推查，也應該要信），滅除煩惱而得解脫；所以十因緣觀行完成以後，他想要眞的成爲緣覺，得要加修十二因緣。有人也許想：「那我直接修十二因緣就好了，爲什麼還要修十因緣？多麻煩！」可是學法不能怕麻煩，如果沒有先修十因緣法，當他修十二因緣時，他就不懂什麼叫作無明；不能具足了知無明，那他修十二因緣觀時會產生恐懼，因爲怕落入斷滅空；所以十因緣是不可取代的，因此它就是十因緣！但是十二因緣法可以增說，乃至於說十二因緣時，如來還增說了「有守有護」等（註），說到由於對外我所的執著所以需要看守、需要防護；如是增說了很多，是爲什麼？是因爲聞法者的根性下劣，必須要增說這一些來對治他的狀況。（註：《長阿含經》：「我以此緣，知護由守，因守有護。」）

所以十二因緣法到底有沒有定數？沒有定數啦！這就是 世尊說的：「**說數無數**」，說有十二個有支的數目，其實本來沒有數。眞要是有智慧的人，把十因緣法觀行完畢就夠了，就可以成爲緣覺，一定是辟支佛。但是眾生不是每一個人都利根，畢竟以鈍根爲多，所以就要加上十二因緣法；然後針對不同的有情還要增說，就不只十二因緣之數。乃至現代的末法眾生，這十二因緣法可能要講到二十幾因緣法才能對治，所以要看因緣。每一個人的因緣各不相同，所以十二因緣就沒有定數。假使只定下十二個因緣法，都不許加以增說，那就無法對應不同根器的眾生，那麼善知識傳授十二因緣法時就傳不好，學人將無法從「**因緣法**」裡面去證得辟支佛果，所以說有「**因緣差別**」。

那麼四聖諦同樣也是「**說數無數**」，因爲有的人根本不用具足宣說。譬

如 佛陀第一次度人時（應該算是第二次，因爲去度五比丘之前，就先度了一個在家人歸依未來三寶），去到鹿野苑度五比丘時，四聖諦法輪轉了三轉，總共講了十二個觀行。換言之，四聖諦有四個法，總共轉了三遍，不就是十二行法輪嗎？所以叫四諦十二行、三轉十二行法輪。憍陳如在初轉四行法輪時，就是在第一次四聖諦講完時就得聲聞法的法眼淨、證初果了；可是其他的四個人，得要三轉十二行法輪完成時才法眼淨、證得初果；這五人之後又在 佛陀的教誨下全部證阿羅漢果。

那爲什麼會有這些差別？因爲他們各人的心性、智慧互不相同。定力不同之時也會有差別，如果已經得第四禪的定力，這三轉十二行法輪只要初轉，就可以證阿羅漢果，成俱解脫。因爲他經由第四禪的等持位中觀察意識的狀況，當下就可以證得了，這就不需要再第二轉、第三轉法輪了；所以只要初轉，解脫道便成功了；但有的人要三轉十二行法輪，顯然一樣「說數無數」，也是「因緣差別」。但是即使修因緣法，難道他就沒有證聲聞果嗎？一切辟支佛同時也是阿羅漢，就像一切地後的菩薩，也都是阿羅漢與辟支佛，意思是一樣的。所以「說數無數，因緣差別」，但同樣都「現見四諦，證諸法相」。

二乘聖人也要從諸法法相去觀察，利根人不必究竟觀察，就可以「不受後有」；遲鈍的根器得要一一細作觀察，才能夠「不受後有」，其中還是有「因緣差別」。那麼修緣覺法也是一樣的道理，所以有的人只要十因緣的順觀與逆觀就夠了，立刻了知蘊處界及諸心所的虛妄而得解脫，有的人得要加修十二因緣方得解脫。甚至有的人修四聖諦時，還要擴充所觀內容，並再觀行更多的內容，所以所觀行的法相很多，這叫作「現見四諦，證諸法相」。因此可以說諸地菩薩是阿羅漢，不能說阿羅漢就是諸地菩薩；可以說初地菩薩是辟支佛，不能說辟支佛是初地菩薩。接著說：

「聲聞羅漢，緣覺辟支，同得無上，是為菩薩。」佛世的聲聞羅漢，佛世的緣覺辟支，佛陀引導他們同樣證得無上法，那就成為菩薩。所以一千兩百五十位大阿羅漢，去結集四阿含的只有四十位；當然有一些已經先入無餘涅槃了，那也不多啊！可是只有四十位阿羅漢去參與四阿含的結集，表示其餘的大阿羅漢們都是菩薩，他們不想參加聲聞人的五百結集。所以經典結集只有兩次，第一次是七葉窟的五百結集，都是聲聞人；阿難尊者被邀請參加，然後編造了那個故事，說阿難被逼不得入場。其實 佛陀捨壽之前，阿難已經是初地菩薩了，那《楞嚴經》記載分明；但聲聞人編造了故事說：「**大迦葉不讓他入場，說他不是阿羅漢**。」可是 佛開演《楞嚴經》講到一半時，阿難就已經入地了；是 佛陀還在世他就入地了，而且所有阿羅漢之中，不管是十大阿羅漢、四大阿羅漢都沒辦法跟阿難相比，阿難最先成佛。可是你看那些六識論的聲聞人，對阿難尊者眞的不恭敬。

但是五百結集完成之後，文殊菩薩他們會同阿難去聽聞誦出；這是因爲結集完成要當眾誦出，讓大家來聽聽看有沒有問題，以昭公信，所以結集完成時誦出。文殊菩薩聽說要誦出，邀請阿難尊者一起去旁聽；聽完了，要求他們修改，但聲聞僧們不肯修改。文殊菩薩要求他們修改確實有道理，因爲他們把那四大部（兩千多部）的經典叫作《阿含經》；《阿含經》有個寓意就是成佛之道的經典，可是其中沒有講到如何成佛，大乘道的內容都沒有講。

例如證悟之後，該如何成佛都沒講！這樣可以叫作「成佛之道的經典」？所以 文殊菩薩當然有理由要求他們修改，那麼四大部的《阿含經》就要整個大翻修了。

那四大部《阿含經》中的每一部，都是各以「六十疋素」寫成的。布料的數目都是叫作一疋、兩疋計算的；素是素絹，就是純白色的絹布，是用做衣服的布料來寫的。六十疋素的內容如果要修改成如實的大乘經，莫說再六十疋，再六百疋也不夠！而且他們也拒絕修改爲正確的內容，所以 文殊菩薩等人當場就放話：「**吾等亦欲結集。**」說我們也要結集，其後才會有七葉窟外、大約半年後的千人大結集，才有現在的大乘經典。結集總共只有這兩次，不是那些末法時代聲聞僧釋印順與所謂學術界講的什麼「六次、七次經典結集」，都沒那回事！那些都不是結集，我在《阿含正義》也講過了，現在不重複。

既然這一千多位大阿羅漢們是菩薩，也證悟了，那他們度了弟子修行成阿羅漢以後，是不是同樣學大乘法？當然是！因爲「五百結集」只有四十位阿羅漢，可知不迴心的阿羅漢只是少數，所以說其餘迴心大乘的大阿羅漢們「**同得無上**」。但這些阿羅漢們為什麼都叫作聲聞，而不叫作辟支佛？因為他們所證得的辟支佛證境，也是經由 如來為他們宣說，從聲而聞，所以才叫作聲聞；但他們都同時是辟支佛，因為他們都精通十因緣、十二因緣；而且他們也同樣證得無上法，那當然就是菩薩，所以這裡才說：「**聲聞羅漢，緣覺辟支，同得無上，是為菩薩。**」

那麼接著有一個問題來了：「**為什麼佛陀在世時的這些阿羅漢同時是辟支佛？為何都不叫獨覺？**」因為他們藉著緣於 如來音聲法教才得覺悟，藉這個因緣而悟的當然叫作緣覺；然而獨覺是於無佛之世——沒有佛法住世的時候，再過九千年以後，如果有人證得辟支佛，他就叫作獨覺。

他是想要讓人以為自己是獨自參究而悟入的，不是經由聞 佛說法而悟入的緣覺；那麼我要請問諸位：「**到底緣覺比較殊勝，還是獨覺比較殊勝？**」（眾答：緣覺。）嗄？你們怎麼知道？想來我以前有講過了。因為獨覺就是有慢，他不願意在佛世成為辟支佛；他希望在無佛之世成為獨覺，那時候廣受供養、恭敬；所以他有慢，只是那個慢隱而不顯，因此人們不知，所以我說：緣覺遠勝獨覺。但是佛世的聲聞、緣覺可以成爲菩薩，表示心中無慢、信受佛語，所以走上了佛菩提道，當然就是菩薩。如果這些人不是走上佛菩提道，又哪兒來的禪宗西天二十八祖、東土六祖，乃至後來的諸祖？菩提達摩又怎麼會來到中華大地？乃至於慧可、僧璨、道信、弘忍，以及與六祖同時的玄奘又怎麼來到中華神州的？

他們都有能力入無餘涅槃卻不入，至少是通教菩薩阿羅漢，何況能宣說般若。而且例如像 克勤大師精通《華嚴》，那當然是大菩薩，但他們在佛世都是大阿羅漢，爲什麼卻沒有入無餘涅槃，就這樣一世一世又轉生過來呢？表示這些「聲聞羅漢」，這些「緣覺辟支」當然同時是菩薩的身分，本來就是菩薩！接著說：

「行空無相，無願三昧；入解脫門，安住涅槃；去來今際，心無所著，能開十方，無生無爲。」佛世這三乘聖者大多數都是菩薩，他們的心境、他們的心行都永遠運作在空、無相、無願三三昧裡面。三昧是什麼意思？三昧就是「正定」，當他心得決定的時候，這個定即是正定，不是邪定；凡屬於正定之法，總合其成，就叫作「正定聚」。所以談到法聚時，這一聚是聲聞聚，那一聚是緣覺聚、因緣聚，這一聚是佛菩提聚，這也叫法聚；整個一聚法和合在一起，稱爲一聚、一團。但是聲聞法裡面又分成很多的法聚，所以「四聖諦」每一諦都各有許多的法合爲一聚，但如實理解後就叫作「正定聚」；如果理解了以後，心中有所疑問，就不是「正定聚」；如果錯解了以後，堅持不改、堅持到底，那就叫作「邪定聚」，所以「三昧」就叫作正定。那麼空三昧、無相三昧、無願三昧是三個，合起來叫作「三三昧」。

這些人的心行都運作在空、無相、無願三三昧裡面，這是入解脫門的人。入解脫門的人不會求世間法的利益。譬如說，打禪三證悟後，結果藉著證悟的法去謀私利，謀私利時是不是行於空？當然不是，而是行於「有」中啊！謀私利的時候，他的心行有相或無相？是有相！落在諸相中，所以心行萬般都爲了利，這表示他沒有空三昧、沒有無相三昧，藉著佛菩提妙法而離開同修會，在外面想方設法去謀取個人在世間法上的利益，不管財、色、名、食、睡都一樣；那他就是有所願求，就是有願有求，有願有求就沒有無願三昧。

可是證悟明心而轉依成功的人，一定有空、無相、無願三昧，但他們拿到我的印證以後，如果沒有轉依成功就沒有這三三昧，事實上明白顯示他們沒有轉依，繼續住在意識的境界中，繼續住在意根遍計所執的境界中；這叫作沒有轉依成功，是依於意識與意根的「心所法」去作貪、瞋、癡、慢、疑等事；因為貪、瞋、癡、慢的時候，心中一定有疑，這五個根本煩惱不能遠離，表示他們沒有依止如來藏的眞如法性，不是眞正的證眞如者。

如來藏空、無相、無願，依止如來藏的眞如法性時，當然就於一切法中都看見緣生性空；而如來藏是眞如法性並且無相，不落於相；如來藏從來無願，所以轉依如來藏成功的人就不可能再利用正法去謀求個人的私利，也不會離開同修會而搞分裂，自己去弘法謀取名聞與利養、眷屬；如果利用正法去謀求個人的私利，表示他退轉了，他退回意識與意根的境界中，就說他沒有轉依成功；那這樣的人就被五欲所繫縛。被五欲所繫縛的人有沒有「入解脫門」？沒有！沒有「入解脫門」的人，都不能「安住涅槃」。

證悟的人親證有個本來自性清淨涅槃，本來自性清淨涅槃如果簡單地說，叫作本來性淨涅槃，本來就無生死。本來清淨的這個涅槃在他身上，而他自己看不見，或是看見了但不能生忍故不能轉依，這就不是眞正開悟的人！即使他有智慧而且講得頭頭是道也一樣是凡夫。你們可以這樣去檢查一切人，從我蕭平實開始檢查起，不用擔心！這樣去檢查一切人。如果到了增上班，發覺有人沒有行於空、無相、無願三昧，你就說：「**你悟錯了！縱使你悟得對，沒有轉依成功，也不算開悟的人！**」別說你在進階班、在禪淨班，所有增上班的人如果不符合「空、無相、無願三昧」的所行，那你就可以這樣指責他，沒有問題！我當你的後盾（大眾笑…）。經中很多人都是聽聞經典以後突然成就無生忍，或是突然成就無生法忍，在他們聽聞那一部經典之前都是這類開悟以後沒有轉依成功的人。今天講到這裡。

上週《不退轉法輪經》講到十六頁第二行，今天要從第三行開始：

「**去來今際，心無所著，能開十方，無生無爲。**」這四句是說，眞正的佛弟子心中是解脫各種繫縛的，沒有其他的任何執著，所以能夠廣開十方法界，全部都是「無生無爲」。從二乘菩提來說，廣開十方，無生無爲，那是斷滅五陰的修行，只是他不證本來自性清淨涅槃，因此他們得要進入無餘涅槃的證境。佛菩提的證境，過去、未來、現在都是一樣的，永遠都是心中沒有所執著的任何事物；這樣的菩薩們才能廣開十方三世的一切無生與無爲。然後說：

「如是深法，阿難文殊，方便發問；無相慧力，乘一乘道，知法無相；是故問佛，今說諸果；三世平等，皆空無相；諸聲寂滅，無佛菩提。」世尊說的是勝妙的佛法，這種勝妙的佛法雖然很難實證，但是可以藉著法義上的辨正來方便發起問施，以請問正法來作布施。阿難與 文殊菩薩的無相慧力，乘著唯一佛乘之道，了知諸法都無有相；由於這個緣故，如今 世尊演說三種菩提果；而這三種菩提果，於三世之中一切平等，「皆空無相」；而諸定性聲聞所證的寂滅境界中，完全沒有佛菩提的境界。

這也就是說，大乘佛法本來甚深極甚深、微妙極微妙，而這種一乘之道，不是一般人所能發問的，通常都得有人來方便發問；所以有時就由 如來方便發問而令弟子們思惟，有時是由 文殊師利菩薩來爲佛弟子們方便發問。諸佛菩薩們都有這種無相智慧的力量，阿難與 文殊菩薩是乘著唯一佛乘之道，了知諸法全都無相；由於這樣的緣故，提出來向 佛陀請問，如今便開始演說三乘菩提實證後的各種果報。

三世諸法是平等相，也都是空、無相；然而諸多聲聞所證的寂滅中，並沒有佛菩提的解脫與智慧。換句話說，這個佛菩提妙法之中容許有大小、遠近差別，但這個法的本質全部都歸於空性如來藏；而這個空性如來藏的境界中，完全都是空、完全沒有任何法相。這時候回頭來觀察二乘菩提時，你會發覺二乘菩提中，全部音聲都歸於寂滅，因爲不受後有時就沒有蘊處界入等諸法了，因此作一個結論說：「**無佛菩提。**」接下來說：

「**無數恒沙，諸佛世界，來求菩提，文殊召集；聞彼諸佛，菩薩所行；欲說三乘，集娑婆界。**」這是說，即將要宣演《不退轉法輪經》時，有無數恆河沙諸佛世界的大菩薩們，前來娑婆世界求佛菩提，這是由 文殊師利菩薩所召集的。而他們聽聞諸佛的所行、諸菩薩的所行，知道 釋迦牟尼佛想要演說三乘法，所以會集於娑婆世界。

「文殊發問，爲決疑惑：乘果分別，請說菩提；以佛神力，及誓願力，故說三乘，度苦眾生，令勤修習。」這時候，文殊發起了請問，爲了想要解釋諸多菩薩們心中的疑惑；所以爲了分別三乘菩提的證果差別，請求 世尊爲大眾演說佛菩提道。由於 佛的威神之力以及因地所發的誓願之力，以這些緣故而演說三乘菩提妙法，度脫苦難的眾生，促使這一些眾生們精勤地修學、熏習。

「文殊聲辯：願救世說，菩薩所行。億千諸天，供養救世，生果想者，安慰彼疑；如是比丘、及比丘尼，清信男女，作最勝想；」「文殊所問」是爲了勸慰菩薩們心中的疑惑，所以運用威神之力而使得諸佛世界中的廣大菩薩們，爲了法而來到娑婆世界。文殊師利是法王子，所以不斷地提出聲明，敦勸 如來以救世之說來演述菩薩之所行。一般人不知道菩薩之所行是什麼？但是 文殊以法王子的智慧，了知 釋迦如來座下的一切法，因此聲辯說：「願救世的佛陀來演說，說明菩薩們之所應行。」菩薩們之所應行，當然不離**非安立諦**三品心，以及**安立諦**十六品心、九品心；這是三賢位的菩薩都必須要修行的。

接著就說了，無數億千諸天，都來供養救世者 釋迦世尊，這些人心中生起了果報之想，請 世尊來安慰他們心中的疑惑；像這樣的比丘和比丘尼，清信的男女弟子們，作出了最殊勝的認知；而「**文殊所問，爲慰疑惑；是諸菩薩，爲法故來**」。

所以法的殊勝不是不動的，而是可以從某一個定點來到法主的所在，這就是諸方佛菩薩淨土中的一個行爲；因此有這種行爲的人，他們必須要有這樣的清淨信；如果沒有這樣的清淨信，想要供養諸佛如來，於此生起果想的話，諸佛如來應該要安慰他們而說清楚他們心中的疑惑。所以像這樣的比丘以及比丘尼們，加上清信男、清信女都對供養諸佛作出了最殊勝的想法。最後這一行說：「**文殊的所問，只是爲了勸慰他們心中的疑惑，所以說這些菩薩們都是爲法故來。**」接下來要進入〈信行品〉第二。

〈信行品〉第二

經文：【爾時世尊說是偈已，阿難白佛言：「如來今為文殊師利轉不退法輪？」作如是問。佛言：「如是！如是！」阿難復白佛言：「世尊！如來今轉不退法輪耶？」佛言：「如是！如是！阿難！如來實轉不退轉法輪。」阿難復白佛言：「如來云何方便說於信行、法行如是八輩：須陀洹、斯陀含、阿那含、阿羅漢、聲聞、辟支佛？是諸人等，如來皆為顯示菩薩法耶？何故復言『為下劣眾生出五濁世不解大乘，如來自在成就方便，見諸眾生大心者少，多懷下劣，是故世尊知其根性，開示佛法方便濟度，以無量善法教化眾生，令滅諸苦得盡生死，離諸衰惱令住正道證無為涅槃，乃至使得一切種智』？」】

講義：現在進入〈信行品〉。信行就是對　如來所說的法，從深心之中生起了大信，因此而有信行的種種法相出現。所以接著說：

語譯：【這時世尊說完這一首偈以後，阿難稟白佛陀說：「如來今為文殊師利轉不退法輪嗎？」阿難向如來發出這樣的問話。佛陀說了：「如是！如是！」阿難又稟白佛陀說：「世尊！如來如今眞的要轉不退法輪嗎？」佛陀說：「就像是這樣！就像是這樣！阿難！如來眞實的要運轉不退轉法輪。」阿難又稟白佛陀說：「如來要怎樣以方便來解說於信行、法行等八輩人：所謂須陀洹、斯陀含、阿那含、阿羅漢、聲聞、辟支佛？這一些人等並非菩薩，如來全都要爲他們顯示菩薩法嗎？是什麼緣故又說『爲了下劣眾生出生於五濁惡世而不能理解大乘，如來已得自在而成就方便善巧，看見諸多眾生發大心者很少，大多心中懷著下劣之心，由於世尊了知他們的根性，所以開示佛法而方便救濟及度化他們，以無量的善法來教化眾生，使他們滅除諸苦而窮盡生死，遠離種種衰惱而使他們住於佛菩提正道中，證得無爲性的涅槃，乃至繼續進修而使他們證得一切種智』？」】

講義：這一段經文有點意思。以前大乘經典沒什麼人要註解，偶爾註解的時候也都只是依文解義，無法理解其中眞實的意旨。但是我們清楚知道：這一部經叫作《不退轉法輪經》，所以 世尊說偈完了，阿難立刻稟白 佛陀說：「如來於今是爲文殊師利運轉不退法輪嗎？」講經一定要有合適的對象，並不是面對任何人都可以講，所以想要講經的人，必須在這一些經典上面多所研考、求證，並且加以核實；所以〈信行品〉講的當然是爲大眾產生信行而演說的。

那麼阿難就是向 佛提出這樣的請問，而 佛陀答覆說：「就像是這樣！就像是這樣啊！」那阿難又重新再稟白 佛陀說：「世尊！如來今轉不退法輪耶？」說 如來是不是現在就眞的要運轉「不退法輪」呢？佛陀答得很爽快：「就像是這樣！就像是這樣！阿難！如來眞實要運轉不退轉法輪。」阿難又再次稟白 佛陀說：「如來是怎麼樣方便爲大眾演說於信行和法行等八輩人：所謂須陀洹、斯陀含、阿那含、阿羅漢、聲聞、辟支佛這一些人等，如來都爲他們顯示菩薩法嗎？」這就有問題了！如果只講一切聲聞法，沒有大乘法的內容，那就不需要施設三乘菩提了；可是現在明明施設了有三乘菩提，但三乘菩提的修證中就有這六種人，所以 如來就爲這些佛弟子眾來顯示菩薩法。

但是又因爲什麼樣的緣故？重新又說：「爲了下劣眾生出現在五濁惡世中，而不能理解大乘法，如來是大自在者，成就方便，見諸眾生大心者少，多懷下劣，」而這些人看來都是聲聞人，如何能幫他們取證「不退法輪」呢？所以世尊知道他們的根性，「開示佛法」時以「方便濟度」，就「以無量善法教化眾生」，使得大眾可以滅除種種的苦而可以了盡生死，離開了各種的衰惱，使得他們住在正道之中，證得「無爲涅槃」，乃至使他們未來也能得到佛菩提中的「一切種智」。

這意思是說，在十方世界的諸佛菩薩們，他們都知道眾生是胸懷聲聞菩提，想要實證聲聞菩提，所以有須陀洹到阿羅漢的果位。那麼須陀洹到阿羅漢的果位，各自都有「向」與「果」，所以成爲四雙八輩。這四向四果稱爲八輩，就成爲聲聞人與辟支佛兩大類；而這些人 如來都要爲他們顯示菩薩法嗎？這是一個重點。現在這個重點提出來了，又接著再問：「是什麼緣故？」又說：「爲下劣眾生出於五濁惡世中不解大乘？」而 如來自在地成就了各種方便法，卻是看見諸眾生們發大心的人很少，心中大部分懷著下劣的心態，

所以　世尊知道他們的根性，就爲他們各自施設不同的次法。

這時候是爲所有聲聞人的根性來開示佛法，而作出各種方便來濟度他們，因此　世尊就以無量善法來教化眾生，使得眾生可以滅除種種苦而得盡生死。盡生死之後，離開各種衰微煩惱，使得大眾住於正道之中，都能證得無爲的涅槃，「**乃至使得一切種智**」。修學佛法最怕的是沒有依照佛道的內涵與次第去修學，直接就想證悟佛菩提；像這樣證悟的人，他們的次法都不具足，很難轉依成功。而這樣的人和所謂的證悟，其實也只是知識而已，他並不是眞實地實證了。所以才必須要教化眾生依於信行而努力修行，最後可以「**證無爲涅槃**」，乃至於使得大眾最後都能證得佛地「**一切種智**」。

「**一切種智**」是如來地的果證，也就是第八識如來藏中含藏著一切法的功能差別，此時已經具足親證了。這一切法都能夠親自證實，到最後無所不知，那時就成佛了，稱爲「**一切種智**」。如果他還沒有證得「**一切種智**」，就只能證得道種智。道種智是諸地菩薩乃至妙覺菩薩之所修證。下至三賢位，當他進入第七住位，成爲位不退菩薩之後，他證得的也是「**無爲涅槃**」，這時的般若智慧都還不是諸地的道種智，所以 世尊爲大眾解說聲聞法，加上緣覺法，最後再引入大乘法中；這就是 如來的「自在成就方便」而施設出來的利樂有情的次第與內涵。下一段：

經文：【爾時世尊告阿難言：「菩薩摩訶薩爲無量無邊眾生，令生信解佛之知見，及無數諸佛所知之法，無色乃至受、想、行、識，無染無著，是名信行。復次，阿難！菩薩摩訶薩能信如來一切法空，作如是解，亦復名爲菩薩信行。菩薩摩訶薩信佛智慧，心生欣樂；云何智慧？都不見法，以不見故名爲信行。復次，阿難！菩薩摩訶薩不染五欲，不捨信心，是名菩薩信行。菩薩摩訶薩復作是念：『以不思議法施諸眾生，猶如如相。』能信如是不思議法施者，是名菩薩信行。菩薩摩訶薩以歡喜故，能捨己身而不厭足，於一切處不生嫉恚，所作之施皆悉迴向，作是迴向已，而亦不取菩提之相；以不壞故，是名菩薩信行。」】

語譯：【這時候世尊告訴阿難尊者說：「菩薩摩訶薩爲了無量無邊的眾

生，使他們生起信解諸佛實質之知見，以及無數諸佛所知之法，是無色乃至無受、想、行、識，無染無著，這樣具足信心的人名爲信行。復次，阿難！菩薩摩訶薩能信如來一切法空，作出這樣的勝解，亦可以名之爲菩薩信行。菩薩摩訶薩信受諸佛所得的智慧，心中生起歡欣與愛樂；這到底是什麼智慧呢？第八識的境界中都沒有看見法，由於看不見的緣故稱之爲信行。此外，阿難！菩薩摩訶薩不染著世間的五欲，不捨離對三寶的信心，這樣叫作菩薩的信行。菩薩摩訶薩又生起這樣的念想：『以不思議法布施給眾生，猶如眞如的法相一樣。』能信受像這樣的不可思議法施的人，這個人就稱爲菩薩的信行。菩薩摩訶薩以歡喜的緣故，能夠捨棄己身而不厭足於內財之施，於一切處都不產生嫉恚，所作之施全部都迴向成佛，作了這樣的迴向以後，同時也不取菩提之相；由於不壞信故，這就稱爲菩薩信行。」】

講義：「如來如今爲了文殊師利轉不退轉法輪嗎？」這是阿難所問的。但是 佛陀答覆說：「當然是這樣啊！當然是這樣啊！」阿難再度稟白 佛陀說：「世尊！如來現在眞的想要運轉不退轉法輪嗎？」佛陀再度表示說：「就像是這樣！就像是這樣！阿難！如來眞實要運轉不退轉法輪。」那麼這時候世尊就開示給阿難尊者知道，說菩薩摩訶薩爲了無量無邊的眾生，促請世尊爲眾生「轉不退法輪」，要使他們產生了「信解佛」的知見。那麼佛到底是什麼？是有情、或者非有情？諸位想想看：到底是有情、還是無情？（眾答：非有情、非無情）喔！你們很厲害！非有情、非無情。這是信行成就的第一步。

那麼爲了一切眾生可以信解佛地的所知以及所見，因此要教導聲聞、緣覺法。假使一開始就弘傳大乘之法，在人間都沒有佛法存在的前提下，這樣弘法是不會成功的；一定要先讓大家可以實證二乘菩提，證二乘菩提之後，再讓大家隨從 如來聽聞各種成佛之法，而成佛之法第一就是要修「信行」。修「信行」是不容易的，但是如果能修「信行」，先由二乘菩提的實證之後，再來告訴大家無數諸佛所知之法；換句話說，諸佛所知的法很多，但可以歸納起來，就叫作三乘菩提。在修證二乘菩提的有情中，所修證的蘊處界諸法、五陰諸法的解脫智，都不可能久存於人間，但是卻必須要讓他們能夠實證二乘菩提，獲得解脫的智慧與功德，才能進修佛菩提道。因此爲了讓眾生信解諸佛的所知、所見，以及無數諸佛所知的法，其中沒有色陰乃至沒有受、想、行、識陰，如是無有染污、無有執著，如是信者的修行便叫作「信行」。

接著來談第二種「信行」。「菩薩摩訶薩能信如來一切法空」，作出這樣的勝解，這也就名爲「菩薩信行」。爲什麼菩薩摩訶薩要能信受如來的境界是「一切法空」呢？如果不是「一切法空」，顯然他會落入蘊處界入等三界法中，連二乘菩提都沒辦法實證；如果他能夠觀行，確認自己的色、受、想、行、識五陰其實都是「一切法空」，能夠產生這樣的勝解，這也叫作「菩薩信行」。菩薩摩訶薩相信諸佛的智慧，心中生起了歡欣和快樂，也想要實證諸佛的智慧；但他們到底信受諸佛的甚麼智慧？就是諸法實相的智慧。一切諸法與實相並存，不是虛相；如果沒有實相而只是蘊處界入等法空，這只是虛相，那麼這個法就不需要修證了。那諸佛的智慧因爲是實相，所以能讓人心生歡欣與快樂。

那麼 佛的智慧到底是說什麼？是說從來都不見一法！由於不見的緣

故，所以說爲「信行」。所以你依於 如來所證第八識的境界來看待諸法時，這諸法都不存在了，要這樣信受才叫作信行者，卻又無妨諸法同時繼續存在。那麼這樣的智慧到底是什麼？是說「都不見法」。全部都沒有看見任何一法，竟然說這叫作「信行」！有點怪吧？其實不怪！因爲「無名相法、無分別法」的第八識如來藏的自身境界中，從來都沒有這些法，所以「都不見法」；由於不見的緣故，就稱爲「信行」。

接著 世尊又說：「阿難！菩薩摩訶薩不染五欲，不捨信心，是名菩薩信行。」現在層次越來越低了，說菩薩摩訶薩不染著欲界中的五欲，但也不捨棄對諸佛所知、所見的信心，這個就叫作菩薩的「信行」。菩薩摩訶薩又作出這樣的念想：「『以不可思議的佛法布施給所有的眾生，而這些所布施的佛法仍然猶如眞如之相。』能夠信受像這樣不可思議的佛法布施的人，這便叫作菩薩的信行。」

又說：「菩薩摩訶薩以歡喜佛法的緣故，能捨棄自己色身而不厭惡未來繼續捨身，對於此類內財的布施不會產生厭惡或滿足，並且於一切處所中的布施都不生起嫉妒或者瞋恚，他所作的各種布施全部都迴向佛菩提，作了這個迴向之後，同時也不取菩提之相；」所以說：「在佛法中實證的人，不但是這樣捨棄己身而不厭足，對一切處所也都不生起嫉妒與瞋恚；而他把所作的各種布施全部都作了一定的迴向，就是迴向佛菩提；所作的這些布施，迴向之後也不去記取菩提之相。」大乘菩提的證悟通常一個月之內就過去了，所以一個月之內會去多方探尋：所證的眞如有什麼樣的特性？但是如果他悟得很深，才過去幾天，他就忘光了；但是要用的時候，隨時就拉上來，這就是證悟的菩薩所修的「信行」。

那麼當他對於一切處不生嫉恚時，到底是爲了什麼原因而不生嫉恚？因爲他認爲：我證悟後必須要轉變自己，依附於這個眞如心；所以他這樣子迴向佛菩提之後，也不取菩提之相，因爲菩提無相。雖然「無名相法」如來藏有眞如的法相，但是眞如無相，而且在迴向之後，菩提的法相也眞的不存在，所以說：「作是迴向已，而亦不取菩提之相；以不壞故，是名菩薩信行。」所以菩薩證得第八識之後，轉依成功了，他就把所有的諸法打包起來，放在腦袋裡；想要用了，隨時提出來用；不想要用時，就把它包著，可以進退俱利。所以菩薩證悟之後，在世間法上的修行、作爲，並沒有什麼可議之處，而是完全順從於眞如的法相，所以「猶如如相」；像這樣因爲永遠不毀壞的緣故，這就稱爲菩薩的「信行」。

經文：【「復次，阿難！菩薩摩訶薩以清淨信，正念向佛，心無垢穢；亦信無垢，諸法平等，無有眾生、壽命、我、人，無陰、界、入，亦自不著壽命處所，是名信行解脫。教化眾生令信佛法，以調伏心迴向菩提，亦不見心相，能知六界、陰、入平等悉同法界；以無分別故，則知法界無有異相，是名信行。一切行無常，一切行苦，一切行空，一切行無我；於是法中得智慧力，信施，信聖戒、不戲論界；得禪定力，信寂滅界，是名信行菩薩。雖教化眾生常信寂滅，然不取於眾生之相，觀諸眾生同於寂滅；善知一切眾生無相，悉同法界非見非不見，何以故？法界即是一切眾生心界，是名菩薩摩訶薩信行。」】

語譯：【接著，世尊又開示說：「阿難！菩薩摩訶薩以清淨的信心，正念而趣向佛陀，心中沒有汙垢、沒有雜穢；也信受無垢的境界，認爲諸法平等，沒有眾生、壽命、我、人，也沒有陰、界、入等，也是自己都不執著於壽命處所，這樣叫作**信行**解脫。教化眾生使眾生們信受佛法，以調伏心迴向菩提，也不見心相，他能普知六界、五陰、六入平等悉同法界；由於無分別的緣故，就知道法界之中沒有異相，這樣叫作**信行**。一切行無常，一切行苦，一切行空，一切行無我；於這樣的法中得到了智慧力，信受布施有因果，信受聖戒和不戲論界；得到禪定之力，信受寂滅法界，這樣的菩薩就稱爲**信行**的菩薩。雖然教化眾生永遠信受寂滅，然而並不取於眾生的身心之相，觀察諸眾生同於寂滅；善知一切眾生無相，全部都同於法界非見非不見，這是什麼緣故呢？法界即是一切眾生心的界限，這個就名爲菩薩摩訶薩的**信行**。」】

講義：「菩薩摩訶薩以清淨信，正念向佛，心無垢穢；」這到底是凡夫菩薩或者是聖位的菩薩？（眾答：聖位。）聖位喔？所以你們現在智慧都進步了！因爲多聽幾年，佛法就開始通透了。信行而得解脫了，又稱爲菩薩摩訶薩，不是一般的菩薩，因爲已經被稱爲菩薩摩訶薩了。那麼他以清淨的心行，正念面向 佛陀，而不是以邪念來面向 佛陀，因爲他對 佛陀的證境已經理解了，所以能以「**正念向佛，心無垢穢**」；這當然是要實證，並且轉依成功的人才辦得到。而且這樣的菩薩摩訶薩也信受眞實心沒有垢穢，也信受諸法平等，也信受無有眾生、壽命、我、人，乃至無陰、界、入。到這個時節，「**亦自不著壽命處所**」，這就叫作「**信行解脫**」。

換句話說，這樣的菩薩已經證得通教的阿羅漢果了。那麼當他以清淨信來面對諸佛如來時，可以「**正念向佛**」，他的心一定沒有垢穢；而他的心中也信受沒有垢穢的境界，所以他心中認爲一切諸法平等、平等。「**一切諸法平等、平等**」，你要怎麼說？就是從如來藏來看，因爲如來藏的境界中，無任何一法可得；既沒有任何一法可得，這樣現觀的境界中當然諸法平等，所以在這樣的法界境界中，沒有眾生、壽命、我、人，沒有五陰、十八界、十二入，也不會自己執著於壽命或者處所，表示他已經得解脫了，這就是通教的解脫菩薩。這是釋印順等人所無法信受的，就別說是成就了；因爲他和他的徒眾們所知道的諸佛境界，是同於他們那樣的凡夫的境界，表示他們對佛的認知是仍在凡夫境界中，當然不可能信受佛的實際境界；這只有諸位依八識論正法而實修，到禪三實證第八識眞如而轉依成功後，才會如實信受，或是猶如通教阿羅漢一樣，才會像這一段經文中的通教菩薩摩訶薩一樣如實信受。

如果菩薩摩訶薩在教化眾生時，使得眾生信受和理解佛法，以調伏心來迴向菩提；這時候也不會看見「**心相**」，也能夠知道六界、五陰、十二入「**平等悉同法界**」。這裡談到法界，「**法界**」又名諸法的功能差別。那麼當他「**教化眾生令信佛法**」，以調伏心來迴向佛菩提時，他也沒看見「**心相**」，除非他以所悟的自心來給意識現觀，否則不會有「**心相**」。而這位菩薩只是信行解脫菩薩，還沒有證得第八識眞如，但他能夠了知六界、五陰、十二入這一些法都平等，全部都同於法界；這時候因爲法界沒有分別的緣故，就知道一切法界沒有異相。「**異相**」就是有各種不同的法相，但是你如果依止於一切諸法都是第八識的正見而安住時，你就說諸法的異相都不存在了，因爲一法也不可得。這樣知道法界無有異相的人，就稱爲「信行菩薩」。

「**一切行無常，一切行苦，一切行空，一切行無我；**」這到底該怎麼說？「**一切行無常**」，是因爲一切行都依世間生滅有爲法而說的。如果他不是生滅有爲法，他的行就不是無常。這樣講，還沒破參的人一定會覺得納悶，讓人不懂。可是當你實證了，卻說：「**本來就這樣啊。**」所以一切行都是無常的，因爲行的本身永遠都有運作和中斷，然後重新再生起運作、再中斷，永遠都是這樣。可是你如果把它歸納起來，收攝到第八識心體來，這時候就不叫「**一切行無常**」，但現在是講通教的法，所以仍然講「**一切行無常**」。

接著說「**一切行苦**」。行，是一切有情所不能捨棄的，假使有哪個有情捨棄了身口意行，他就不叫作有情；所以一切行仍然是依有爲法的生滅過程現象來說明，所以「**一切行苦**」；若離一切行，就沒有三苦或八苦了。至於「**一切行空**」，這一切行從二乘菩提來看時，它是緣起有爲故空，可是如果你從第八識如來藏的立場來看待一切行時，一切行就是空性，空性就是如來藏，所以一切行就是如來藏，怎能說是苦、是空。

接下來說「**一切行無我**」。一切行之中，不斷地顯示諸法的生、住、異、滅，但是在諸法生住異滅的過程中，它從來不曾眞實存在過，所以「**一切行無我**」，因爲一切行最後都歸於壞滅。假使菩薩摩訶薩在這樣的法中，得到了智慧的力量，信受布施、信受聖戒、信受不戲論界，而又發起了禪定之力，這表示他最少要得初禪。得初禪時信寂滅界，因爲初禪的境界中是「**滅、寂**」的，那麼這樣的人就稱之爲「**信行菩薩**」。

「**雖教化眾生常信寂滅，然不取於眾生之相，觀諸眾生同於寂滅；**」雖然教化眾生永遠信受寂滅，但是不取於眾生之相，觀察諸眾生同於寂滅，這到底要怎麼說？爲什麼「**教化眾生常信寂滅，然不取於眾生之相**」？因爲一切眾生全都依附在「**無名相法**」第八識的境界中，雖未實證第八識而能信受，所以說這樣的人叫作信行菩薩。這樣的信行菩薩最少有三果的證量，所以這樣的菩薩「**得禪定力，信寂滅界**」。雖然教化眾生永遠都信受寂滅的境界，但是不執取於眾生的法相，觀察諸眾生同於寂滅。爲什麼會觀察眾生同於寂滅？因爲他要依於那個遠離六塵的「**無名相法**」，所以把它撥歸「**無名相法**」

如來藏時，這一切諸法就同於寂滅了。

「善知一切眾生無相，悉同法界非見非不見，何以故？法界即是一切眾生心界，是名菩薩摩訶薩信行。」善於了知「一切眾生無相」，全部同於「法界非見非不見」，現在點出來了，有個「非不見」；前面講「不見」，大家很容易理解，因爲「法不可見聞覺知」，離於六塵境界的了別，現在卻說「非不見」，這就是說：他善於了知一切眾生沒有相。可是一切眾生明明都有相，爲什麼說都無相？這是有什麼緣故？這是從陰、處、界、入等法來追溯到背後的實相時，說這個實相沒有相；沒有相之中就不可見，但實相所函蓋的現象界又無妨有可以見的六識，所以我有時候說：「菩薩是腳踏兩條船，一腳在實相法界，一腳在現象法界。」有與無都可通。

所以沒有悟的人，遇見了菩薩摩訶薩，他們想要瞭解菩薩的智慧時，根本不可能！所以說「悉同法界非見非不見」，因爲從現象界來看時，實相法界也是清楚、分明，卻於一切六塵境界悉無所見；從現象法界來看時，現象法界也清楚、分明，一切諸法都有所見，並非不見，但是你如果從實相法界來看現象法界時，又成爲一切「非見」；因爲第八識眞如離六塵境界中的見聞覺知，所以說「悉同法界非見非不見」。

如來解釋說：「何以故？法界即是一切眾生心界，是名菩薩摩訶薩信行。」這是說，諸法的功能差別，其實就是一切眾生眞實心的功能差別，這個就稱爲菩薩摩訶薩的信行；所以這樣的菩薩是有實證的。

經文：【「復次，阿難！菩薩摩訶薩觀一切眾生無有眞實，無住無滅性相本空，是故不見一切眾生、無依止處，觀一切眾生同涅槃界。何以故？一切眾生悉入空界。菩薩能令如是無量眾生皆生信解，是名菩薩摩訶薩信行。」】

語譯：【接著又說：「阿難！菩薩摩訶薩觀察一切的眾生都沒有眞實法，一切眾生不是常住的，但也沒有壞滅的時候，他們的法性以及法相本來就是空性，由於這個緣故，所以不看見一切眾生，也沒有任何依止處，觀察一切眾生都同於涅槃界。爲何這樣說呢？一切眾生全部都進入空性法界之中。菩薩能使得像這樣的無量眾生都產生了信受與勝解，這樣叫作菩薩摩訶薩的信

行。」】

講義：「**菩薩摩訶薩觀一切眾生無有眞實**」，這是怎麼說的？也就是說：一切眾生都不離他們各自的「**無名相法**」第八識——全都不離各自的如來藏；所以一切眾生都沒有眞實法，因爲一切法的現行與運作，其實都是如來藏所具有的功德性，所以說眾生無有眞實；也因爲從來不見有人生而不死者，這就是「**一切眾生無有眞實**」。

「**無住無滅性相本空**」，爲何談「**無住**」？「**無住**」是否就一切法都滅盡了？其實「**無住**」的時候，一切法都還繼續存在，所以儘管一切法「**無住**」，但是卻也沒有壞滅的時候，因爲他們的法性、法相都歸於本來存在的空性，死後就會繼續再從空性中現行復起，所以「**無滅**」。既然歸於本來存在的空性，由於這個緣故，也就看不見一切眾生了。一切眾生之所以被看見、之所以被大眾現前領受，是因爲這個生住異滅的蘊處界入等行；而菩薩摩訶薩觀察一切眾生都不眞實，因爲一切眾生沒有常住的，卻也沒有永遠壞滅的，他們的法性與法相就是空性如來藏；這個空是指第八識如來藏，由於這樣的緣故，所以菩薩不看見一切眾生而只看見如來藏；而眾生蘊處界入所依的空性如來藏又無處所與色法實質，所以說「**無依止處**」。

菩薩又同時「**觀一切眾生同涅槃界**」。涅槃法界以前大家都弄不懂，就猜疑說這一切眾生爲什麼會同於涅槃法界？大師小師都無法說明。可是當你證得空性之後，就可以說明了，因爲這時就看見了一切諸法全部滅盡無餘之後，就是第八識如來藏獨存的境界，那就是涅槃法界；而涅槃法界中其實就是如來藏，卻無妨繼續保持第八識如來藏的涅槃狀態不變，同時出生了眾生蘊處界入等萬法，因此一切眾生就同於涅槃界。

從這樣的現觀，也可以再引申出來說，一切有情眾生全部都以一切法作爲實相法界之所有。既然攝歸實相法界所有，而實相法界如來藏卻是從來都不了知一切眾生的諸法是否生、住、異、滅，只是憑著本有的自性而在意根的作意下，使諸法持續生、住、異、滅；由於這樣的緣故，所見都是第八識如來藏而不見一切眾生，卻又看見眾生都依空性而「**無依止處**」，並且「**觀一切眾生同涅槃界**」。但爲何這樣說呢？這是因爲一切眾生全部都進入空的法界了，所以說「一切眾生悉入空界」。

那什麼叫作空的法界？也就是第八識如來藏空性心的法界；在這個法界當中，菩薩現見無一法外於如來藏，一切法全都住在如來藏心所變現的六根與六塵境界中活動，所以菩薩「觀一切眾生同涅槃界」；既然一切眾生全都住於如來藏本來涅槃的境界中，就是「一切眾生悉入空界」。菩薩如果能像這樣，使無量眾生都生起信受或勝解，這樣就稱爲菩薩摩訶薩的信行。所以菩薩的信行有在凡夫位的，也有在賢聖位者，世尊就從各個層面來加以說明。接下來說：

經文：【爾時世尊，欲重宣此義，而說偈言：

多信眾生，見無數佛，不著色相，是名信行；
信一切法，開示空相，成就解脫，是名信行。
常信正法，欣樂求佛；何時當得，不思議智？
觀察五欲，無可信者，逮得信力，是名信行。

如是之信，最爲善哉；當修法施，供養大仙；
不思議施，故得信辯，無下劣想，是名信行。
悉捨一切，所愛之身，而無捨想，是名信行；
能施一切，不懷嫉妒，捨菩提想，是名信行。
信心清淨，無諸濁穢，亦無壽命，是名信行；
雖修行施，不求果報，得深信力，是名信行。
棄捨六入，不念果報，善解六界，是名信行；
已自調伏，亦調伏他，令信佛法，是名信行。
得是信已，迴向菩提，而無心相，是名信行；
知於六界，悉同法界；雖說法界，不得界相；
諸行無常、苦空無我，亦不取著，是名信行。
能信聖戒，無諸戲論，成就禪定，是名信行；
信諸眾生，同寂滅相，知無相已，是名信行。
不著眾生，同入法界；是眾生界，即不思議；

以信生信，是名爲信；菩薩無畏，是名信行。
眾生決定，無所有想，體性如空，無處無證；
眾生涅槃，是二俱空；於彼生信，是名信行。
菩薩無畏，信諸眾生，不取名字，從信而生；
能如是信，常念不失，阿難憶持，顯示分別；
如是諸法，無量無數；佛所證覺，菩薩顯現。

語譯：【這個時候世尊想要重新宣示這其中的道理，而演說了下列的偈：
多劫以來具有信根的眾生，已經看見過無數佛了，聞法修學以後都不執著於色相，這叫作**信行**菩薩；
信受一切三界諸法，開示諸法背後的空性法相，成就了解脫功德，這也叫作**信行**菩薩。
永遠都信受正法，歡欣快樂地求證佛菩提；什麼時候應當可以證得，佛地的不思議智慧？
觀察欲界中的五欲，沒有可以信受不壞的，直到逮得信力以後，這樣才稱為**信行**。

像這樣的信力，於所有學佛人之中最為善哉；所以應當修行法施，供養諸佛如來大仙；

由於供養應身佛的不可思議布施，所以得到了信力與辯才，對自己沒有下劣之想，這樣的人稱為**信行**。

實證佛法而全部捨棄一切，乃至所最愛之色身，然而也沒有捨棄之想，這樣叫作**信行**；

能普施一切法義與財物，於心中不懷著嫉妒心，而且捨棄了菩提想，這樣叫作**信行**。

起信後之心已經清淨了，沒有世間的各種濁穢，所證之法也沒有壽命，這樣叫作**信行**；

雖然修行了很多布施，但不尋求來世的可愛異熟果報，如是獲得深信之力，這樣就稱為**信行**。

棄捨了欲界中的六入，也不掛念修行所得的果報，又善於瞭解地等六界，這樣叫作**信行**；

已經自己調伏心性之後，也能調伏別人的心性了，使得大家都能信受佛法，這樣的人稱爲**信行**菩薩。

得到這樣的信力以後，以此信力而迴向佛菩提，然而也沒有世間心的法相存在，這樣的人稱爲**信行**菩薩；

知道了地水火風空識等六界，全部都同於實相法界如來藏；雖然也爲眾生演說了實相法界，但是在自己心中也不得界相；

身口意等諸行都是無常，也是苦、空、無我，實證後對此等法也都不取著，這樣的人稱爲**信行**菩薩。

能信受聖者所授與的戒律，心中於佛法也沒有各種戲論，如是修行而能制心一處成就了禪定，這樣也稱爲**信行**菩薩；

信受三界中諸多的眾生，全都同於如來藏的寂滅一相，如是了知眾生實際上無相以後，這樣稱之爲**信行**菩薩。

不執著於一切的眾生，與眾生同樣都進入實相法界中；這樣的眾生界，也就是不可思議的境界；

以如是信力而生起大信心，這樣就稱爲信力；而實證的菩薩心中都無所畏懼，這樣的人稱爲**信行**菩薩。

眾生實證菩提後心中已得決定，沒有任何的世間想法，所證之法的體性猶如虛空一般，沒有處所也沒有所謂的實證；

而實證的眾生與本來已在的涅槃，這兩個法同樣都是空性如來藏；對於那樣的境界生起信力，就稱爲**信行**菩薩。

菩薩由此實證而沒有畏懼，信受一切的眾生同於自己，不執取眾生與諸法的名字，如是從信力而世世受生；

能像這樣子具足信力，永遠憶念而不失棄，阿難你應當如是憶念受持著，將來爲眾生顯示及分別；

像是這樣深妙而絕對的諸法，無量無數而難以一時俱說；這是諸佛之所證所覺，也是諸菩薩爲眾生所顯現的佛法。】

講義：現在是前面的「長行」講過了，再用「重頌」把它開示一遍，我們一樣來概略解釋一下。

「**多信眾生，見無數佛，不著色相，是名信行；**」信根、信力很成熟的眾生，他們一世又一世、一劫又一劫，這樣無數劫以來，看見也供養過無數諸佛了，但是他們都沒有執著於諸佛或眾生的色相，因爲他們是「不取相修行」的人；正因爲不取相修行，所以未來才能夠有三十二大人相，這樣的人就叫作信行菩薩。

「**信一切法，開示空相，成就解脫，是名信行。**」信受一切法，開示諸法的空相，成就了解脫，這樣叫作信行。就是說，無有一法不屬於本來解脫的如來藏。一般人總認爲：得要實證了一切法，然後把一切法具足了知，說這樣才是信一切法；但是從佛菩提來看，於一切法都開示爲顯示空相的第八識；「空」的法相全部開示出來時就是一切法，所以「**空相**」就是一切法的根本；既然如此，就能夠成就了解脫，這樣叫作信行的菩薩。

「**常信正法，欣樂求佛；何時當得，不思議智？觀察五欲，無可信者，逮得信力，是名信行。**」永遠信受正法，心中歡欣喜樂地追求佛法，想要早日實證得佛地的境界；但是這樣努力修行的結果，是要到什麼時候才能得到不思議的智慧？這就是大家都需要考慮的；但是如果你只是在十信位中修行，這些都還不用考慮。接著說「**觀察五欲**」諸法之中，沒有一種法是可信的，因爲五欲之法全都無常，無常故苦，無常故空，空故無我，所以五欲之法沒有可以讓人信受的地方；假使能夠從信根努力修行而逮得信力，對於五欲都無可信受者，這個人就叫作信行菩薩。

「**如是之信，最爲善哉；當修法施，供養大仙；不思議施，故得信辯，無下劣想，是名信行。**」像這樣的信，最爲善哉。換句話說，心中無所貪求，所以確實有這樣的信力，這時應當修法布施，來供養大仙，大仙即是諸佛如來。現在談到法布施，這法布施到底是指什麼？在《優婆塞戒經》裡面也說過：當你以世間財物供養 釋迦牟尼佛時也是法布施；當你以弘揚正法的工作來利樂一切的有情，以此功德來供養 釋迦佛時也是法布施。所以法布施的種類有很多項，但你如果去布施給一般的眾生，就不能稱爲法布施；因爲那樣的布施，不是眞正的法布施。所以你一定要如理如法來修行法布施，用這種法布施來供養如來大仙。

今天講經前，先要跟大家作說明：我這個臉上紅紅的，不是喝酒！（大眾笑…）因爲戒酒以來已經大約三十年了，這是因爲我講經前喝了一種飲料，這種瑞士飲料喝了以後，它就從後腦勺開始熱上來，直到現在還沒退；所以血壓沒問題，請大家放心！（編案：平實導師喝了幾個月以後，並沒有感覺身體有什麼進步，便停喝了。）另外，這幾天也都在趕著《佛藏經》的講義，編輯好了之後，最後的整理現在趕工到十四輯（總共二十一輯），已經將近一半了，但是看來好像禪三前趕不完。這要全部趕完了才能編輯目錄，然後才算完工，所以目前還在趕工中。因爲感冒還沒全好，所以如果講經中途有一點動作，諸位就海涵一下。上週《不退轉法輪經》講到十九頁「重頌」的第五行講完了，今天要從第六行開始講。

「**不思議施，故得信辯，無下劣想，是名信行。**」不可思議的布施，所以才得到大眾所能信受的辯才。那到底什麼是不可思議的布施？因爲菩薩現見一切眾生、以及「一切諸法本來無生無滅」，不同於二乘法所說諸法的有生有滅，所以以這樣的眞實法而爲眾生作布施；因爲這樣的不可思議布施，所以菩薩得到不可思議的信以及雄辯，大眾對菩薩當然「**無下劣想**」，也說這樣的菩薩心中沒有下劣之想；沒有下劣之想的菩薩，才叫作眞正的信行菩薩。所以想要當個信行菩薩，還眞的不容易！你得要懂得不思議施，否則沒有信辯就不能廣利眾生，也不可能有高尚之想。接著說：

「**悉捨一切，所愛之身，而無捨想，是名信行；能施一切，不懷嫉妒，捨菩提想，是名信行。**」關於這「信行」有幾種不同的說法，那麼這些說法咱們一一來談。首先全部捨棄了一切財物與眷屬，連所愛護的自己色身也能捨棄予眾生，而心中並沒有捨棄之想，這叫作信行菩薩。這個很不容易，至少得證阿羅漢才行；然而菩薩即使在悟前，也都有人可以作到這個地步；就像世尊因地爲菩薩時，被歌利王割截身體的時候正是這樣子，所以「**悉捨一切，所愛之身，而無捨想**」，說這樣的菩薩才是眞正的信行菩薩。換句話說，還沒有實證之前，就能如是捨一切財與色身。對眾生而言，色身是最重要的；色身沒了，名（受、想、行、識）也就沒了！所以色身就是「**所愛之**

身」，對於「所愛之身」一世又一世都能夠這樣捨棄而不珍愛；但是能捨棄之時，卻又不作捨想，所以這叫作信行菩薩。

接著說，能布施一切，而在心中不懷著嫉妒之心，並且捨離菩提之想，這樣叫作信行的菩薩。能布施一切，這是不容易的，因為在「信位」的菩薩很少人能布施一切，想要作到是很困難的，但是他能作到；並且在布施一切所有之時，心中不懷著嫉妒心，這很困難。然而信行菩薩不只如此，而且還捨棄了菩提之想，這更難！因為能夠捨棄一切，通常都是為了證菩提，所以才有這樣的捨心；但他發起這樣的捨心之時，竟然連菩提想也不存在，也就是渾然忘我的狀態了，這樣就叫作信行的菩薩。

「**信心清淨，無諸濁穢，亦無壽命，是名信行；雖修行施，不求果報，得深信力，是名信行。**」信心是從初信位開始就有的，只是具足與否的差別而已；但是這位信心清淨的菩薩，他的信竟然沒有任何的污濁，也沒有任何的滓穢，這就很不容易了。所以菩薩修信也是多有萬般，但不一定每一個人都能作到這個地步，只有其中少數之人可以作到；而這位信行菩薩不單「無諸濁穢」，而且沒有壽命，這很難啦！因爲凡是菩薩在信行位修行時，通常都還住在未斷我見的階位，雖然所求證之法眞如是沒有壽命的，但是所見都不離蘊處界入，都是有壽命的，而他竟然沒有壽命想，可見他對於佛法的研究非常的深入，所以具足於信；他相信　如來所說：眾生沒有壽命相。這樣叫作信行菩薩。

雖然他修行布施，可是這個菩薩不求果報。不求果報是非常困難的，因爲通常一般人修行布施時，都是爲求來世的可愛異熟果報而行布施；不求果報而修行於布施很不容易，這個能力從哪兒來呢？從他「得深信力」而來；能得到很深刻的、很深厚的信力，而不是只有信根；這是非常不容易的事！而這位菩薩竟然已經「得深信力」，所以說他叫作信行菩薩。

「**棄捨六入，不念果報，善解六界，是名信行；已自調伏，亦調伏他，令信佛法，是名信行。**」這位菩薩棄捨了六入，但「**棄捨六入**」在事行上眞的有可能嗎？諸位想想看：打從你早上醒來，一睜開眼皮，或者說剛醒來還沒睜開眼皮時，這六入你能免除嗎？作不到的！只要你這六識在，就會有六入了。但這位菩薩竟然可以棄捨六入，表示他可以現前觀行自己所擁有的六入都是虛妄的；因爲現觀六入的虛妄性，所以他對六入完全不認作眞實，因此把六入當作是虛妄法，這就是「**棄捨六入**」。棄捨了六入就沒有果報可言了，所以一切果報都不存在了；這時候沒有任何果報，所以他心中完全「**不念果報**」，這時候他已經「**善解六界**」了。

六界就是《阿含經》講的：地、水、火、風、空、識。六界就是一個人之所以組成的六個主要元素，色身主要就是地、水、火、風來組合而成，是四界所成。組合成之後呢，仍不成其爲有情，因爲如果沒有六識，他就不是有情，所以他必須要有六識。有六識的時候也還不能成其爲有情，因爲他的色身中還得要有空隙，否則六識及五色根都不能存在，所以眼有眼的空隙才能轉動，耳、鼻、舌、身等各有不同的空隙，例如血管、食道……等，都得要有空隙，色身才能運轉，因爲身中一定要有許多的物質不斷運轉著，所以空界也是人類組成分子之一。這樣叫作地、水、火、風、空、識，總共有六界。這六界的組成他已經完全理解了，善於理解，所以說他叫作信行菩薩。

接著說，這位菩薩已經自己調伏了，並且也調伏了別人，但這個很難。其中以調伏自己最難，一般所謂的大師都在調伏別人，他們都不能調伏自己，所以一天到晚在指揮及要求別人；但是這位菩薩「**已自調伏**」，他能把自己先給調伏下來，然後才去調伏別人。一般人看來，是他在調伏別人，但骨子裡其實是別人調伏了他，而他自己並不知道，以爲是自己調伏了別人，其實反而是被別人所調伏。所以我們身爲大乘佛法的修證者，一定要自己知道：究竟是我調伏了別人、或者別人調伏了我？先要認清楚這一點。

如果我是被人家調伏的，那表示我自己沒有調伏好，就得要加把勁兒，再努力調伏自己了！這就是一個大乘法的行者必須要有的正知、正見，就是先要調伏自己，然後才調伏別人；而調伏別人的時候，是以「**自調伏**」來「**調伏他**」，不是用調伏別人，來調伏自己，這是一個大家都必須要留意的觀念。當他「**已自調伏，亦調伏他，令信佛法**」，這樣使得對方因此而對佛法有所信入，所以信行菩薩不是只有自己信佛法就好了，而是同時要調伏別人一起來信入佛法，這叫作信行菩薩。

「得是信已，迴向菩提，而無心相，是名**信行**；」得到這樣的信力以後，處在三賢位的前六住位中，就開始「**迴向菩提**」了。「**迴向**」這件事情大家都覺得很容易啊！可是迴向以後，好像也沒感覺怎麼樣！我相信有不少人是這樣的認爲。可是，其實迴向有用，只是你的迴向力道夠不夠？或者說，你迴向的時間夠不夠持久？只有這個差別，但迴向一定有效！那麼這位菩薩得到了這樣的信行以後，把所有修行的功德都「**迴向菩提**」。

迴向菩提並不是容易的事情，因爲要把一切的「信」迴向實證菩提，這並不容易。一般人聽到菩提的實證，心裡面就慌了說：「**我能夠證菩提嗎？**」對自己沒有信心，所以心中先對自己存疑。但是進了正覺就不該懷疑，因爲在正覺同修會之中，實證菩提是可行之事，如今有六百位同修在增上班了。所以「**實證菩提**」在正覺同修會中，不但可行而且可以說是進入內門廣修菩薩六度萬行的根基。

如果你不迴向菩提，進而實證菩提，想要在內門廣修六度萬行，都沒機會！因爲在內門廣修六度萬行時，那是要有三輪體空的現觀呢；如果沒有三輪體空的現觀，那個所謂的證菩提是假的。但你如果有所實證了，一定可以對三乘菩提的內涵有所現觀；有現觀時就會發覺：原來我「**迴向菩提**」這件事情，沒有能迴向者、沒有所迴向的菩提、也沒有迴向菩提這件事，三輪體空！這才叫作眞正的「**迴向菩提**」。

而這樣的「**迴向菩提**」，沒有心相可言——「**而無心相**」，因爲這時候跟七轉識無關，你所觀行的對象是第八識如來藏的迴向境界，與七轉識無關，就沒有布施這回事，沒有受施這個人，以及能施的這個人，所以布施時三輪體空。持戒時、忍辱時、精進時、靜慮時、般若時，莫非如是，一切都是三輪體空，這樣就沒有心相了。而這樣的信行菩薩有這種現觀，這就不是仰信的信行菩薩了，就屬於實證般若的菩薩！接著說：

「**知於六界，悉同法界；雖說法界，不得界相；**」諸位看看：這些佛法眞的奇特啊！知道六界全部都同於法界，是說地、水、火、風、空、識等六界，全部都同於法界；可是從阿含部的聖教來看，明明這六界是虛妄法，爲什麼這裡會說是「**悉同法界**」？

法界是常住不壞的，而六界是生滅法；但這位信行菩薩的所觀，竟然知道這六界全部都同於法界的本來不生不滅，這就奇特了！因爲他發覺：這六界存在的當下，其實是屬於背後的實相法界所有；實相法界不生不滅，所以六界就不生不滅，因此這六界「**悉同法界**」。

然後說「**雖說法界，不得界相**」，雖然有時候菩薩爲眾生說明諸法的功能差別，其實也沒有功能差別可說！這有點奇怪吧？「**法界**」就是諸法的功能差別。可是以前那些六識論的法師們，每回共修完了，迴向一切種智。我們後來說明：「『**一切種智**』**就是如來藏含藏的一切種子其功能差別的智慧。**」他們輾轉聽聞到我這麼說，以後再也不迴向一切種智了。因爲發覺：「**我這麼一迴向，就承認如來藏眞實有了，那還得了！**」於是不這樣迴向了，後來就改爲「**迴向法界**」。

但問題是：法界究竟是什麼？法界還是「如來藏」啊！所以他們不論怎麼迴向，都逃避不了我的授記；我這一授記了，他們就永遠逃不掉。換句話說，一切諸法的功能差別，其實都來自第八識如來藏。以前他們都毀謗說：

「《楞嚴經》是僞經。」我試著把它讀一讀，就說：「這不是僞經，這是很勝妙的經典！」我乾脆請出來講解給大家聽，講後還出版流通。這《楞嚴經》說：「云何五陰本如來藏妙眞如性？」然後就開始解釋。「云何六入本如來藏妙眞如性？」然後就開始解釋。「云何十二處……云何十八界本如來藏妙眞如性？」就開始解釋。原來一切諸法的功能差別——法界，全部都不離於第八識如來藏，那你說這六界還能夠離於第八識如來藏嗎？當然不可能啊！既然已經知道六界全部都同於法界，這時候再來說明法界的時候，連界相也不存在了，因爲從如來藏的立場來看一切諸法時，沒有任何一法可得。這時候，就是「**雖說法界，不得界相**」。接著說：

「**諸行無常、苦空無我，亦不取著，是名信行。**」諸行是無常的，不論身口意行都是如此；但處於諸行中的蘊處界「我」存在的當下就是苦，而且是空、是無我的。但如果是第一次來聽我講經，有一點難於體會了，所以咱們得說明一下。諸行當然是無常，不論身行、口行、意行悉皆無常，無常即是苦。如果說這些蘊處界中有一個常然而眞實的我，那才能夠說：「這不是苦啊！」但既然是無常的，一定不眞實，一定是苦。三行莫非無常，無常就是苦。這時一定有人想：「那我如來藏存在的當下，一切行都應該是常吧！」對不起！仍然是無常！因爲如來藏之所造作而產生的任何「行」一樣無常、無住。

假使「行」可以是常、而是常住的，那請問：「定性聲聞入了無餘涅槃時，他們的行還在嗎？」也不在了！當然，這樣講對於還沒有破參的人來說，是有點難理解，因爲他不知道如來藏爲何有行，就說：「從如來藏來看，根本沒有行！爲何你說有行？」但是假使如來藏無「行」，又哪兒來的蘊處界入等法現行與存在？又哪來的眞如可證、可言？所以如來藏還是有行，只是這個行難以了知；但這個行無常，無常所以苦，苦所以說空，所以不是常住的我、不是眞實的我。

假使是常住的，才可以說是眞實的我；而這個眞實的我，沒有我性——沒有欲界我、色界無色界我的我性。這時候說：「諸行無常、苦空無我，」講的都是七轉識的事，講的都是色陰的事情。菩薩如是觀行、如是認知，然後心中不取不著；認知了以後，不以此認知作爲眞實法而執著不捨，所以「亦不取著」，這樣的菩薩說他叫作信行菩薩。

「**能信聖戒，無諸戲論，成就禪定，是名信行；信諸眾生，同寂滅相，知無相已，是名信行。**」能信受聖者 如來所施設及傳授的戒法，於佛法中也沒有任何的戲論，而且成就了制心一處的禪定，這叫作信行菩薩。外道戒無聖可言，因爲全都是世間法的層次。諸位想想看：對於聖戒心得決定，這不是一般人作得到的事。一般人受持聖戒時，心中總是還有一點兒懷疑，懷疑自己相信及受持這個聖戒，究竟因果如何？心中有所懷疑！但這位信行菩薩能信聖戒，成就信行菩薩的一部分條件。

而且於佛法中「**無諸戲論**」；換句話說，他對聖戒之所以施設的緣由清楚、了然，所以對聖戒可以如實受持；因戒生定，於佛法的修證心得決定都無懷疑，是故凡有所說沒有任何的戲論，這叫作攝心爲戒。因爲他是從心下手，把自己的心管好了，以此爲戒；以此爲戒時，凡有所證都是心得決定而能制心一處，不信其他的說法，是名爲定。不但如此，還能修學禪定而制心一處，不起語言文字妄想之後終於離開欲界境界了，發起初禪，所以「**成就禪定**」。「**成就禪定**」的初步就是發起初禪，二、三、四禪則是後面的事；所以說他「**無諸戲論**」而能制心一處時便成就了禪定，這樣的菩薩稱爲信行菩薩。

這樣的菩薩，能信受一切眾生都是「**同寂滅相**」，這樣的信很難發起，而他竟然信受說：「**一切眾生同於寂滅相。**」現見一切眾生明明都是紛紛擾擾、喧鬧不已，怎麼可能「**同寂滅相**」？但是這位菩薩的所見就是「**信諸眾生，同寂滅相**」，因爲他從自己的所見來看一切有情全部「**悉同法界**」。有情不過就是六界所組成者，可是這六界「**悉同法界**」，同樣都是法界如來藏中的局部，因此就跟法界一樣了。

但「**法界**」，不論你講十個法界、六個法界，全都叫作諸法的功能差別。而這諸法的功能差別同樣都是寂滅相，因爲都匯歸於如來藏，而如來藏是寂滅的，所以諸法的功能差別都一樣，連一塵也無，何況有六塵？所以說諸法全部都是同於寂滅相。自己的諸法如是，其他一切有情的諸法莫不如是，全都「**同寂滅相**」。但知道這個「**寂滅相**」之後，還要知道「**無相**」；知道「**寂滅相**」的人一定知道眞正的「**無相**」，不是意識思惟所知的無相，因爲只有這樣的「**無相**」才是「**寂滅相**」；有相的法都不寂滅，除非你把這些有相的法都攝歸於「**寂滅相**」的如來藏，否則都是有喧鬧之相，但是這位菩薩相信所有的眾生同於寂滅的法。

「**不著眾生，同入法界；是眾生界，即不思議；以信生信，是名爲信；菩薩無畏，是名信行。**」不執著眾生，而教導眾生同樣進入法界中。「**法界**」，諸位有沒有聯想到《華嚴經》善財大士五十三參的〈入法界品〉呢？人家善財童子五十三參時可以從初信位走到等覺位，想想看：這是何等的勝妙！可是這「**法界**」到底又是什麼？進入「**法界**」的那一品叫作〈入法界品〉，那他這五十三參裡面，總共參訪了五十二位的菩薩們，爲何參訪完了，他的〈入法界品〉就圓滿了？到底是入了什麼法界？特別是初信位、二信位，一直來到後面，終於 文殊菩薩指點他進入 彌勒菩薩的大寶樓閣，這時才發覺，原來這「一生補處」菩薩的大寶樓閣中是這樣的豐富；但是他想要成佛，還得要進去樓閣中都領受完了，再出來見 文殊師利菩薩，然後才能成佛，所以其中兩參是同一位菩薩——文殊師利。那麼這五十三參爲什麼叫作「入法界」？因爲你想要進入佛法界，就得經歷這五十三參；這五十三參你都參究成功了，〈入法界品〉就完成了，就成爲最後身位的妙覺位菩薩，這就是入「法界」。

以上是從事修上來說，但是在理上則是證眞如時即是入法界了；所以這樣的菩薩已經不執著於眾生了，他教導眾生「同入法界」。不是有句話說「諸佛看眾生，眾生是佛；」反過來，「眾生看諸佛時，諸佛也只是眾生。」嘿！這話透著邪門兒！原來所見不同。所以凡夫看見諸佛如來時說：「您們諸佛如來不也一樣，冷了穿衣、餓了吃飯，跟我一樣啊！」但其實不一樣。以諸佛如來的證量來看待眾生，全都通於如來，只是那功德有沒有顯發的差別而已。諸有情都通於諸如來，因爲理上並無不同，所以諸佛看眾生，眾生如佛；可是眾生只會從自己的凡夫觀點來看諸佛如來，他們就把諸佛如來當作凡夫一樣看待。

所以看見菩薩們恭恭敬敬地禮拜所追隨的 如來時，眾生心裡面透不過，老覺得說：「有需要這樣恭敬嗎？」但菩薩們是以自己的證量，思量諸佛如來的證量，所以恭敬到不得了，然而凡夫全都不懂這個道理。所以菩薩來人間遊戲，是被糟蹋著遊戲的，是苦中作樂的遊戲，然而凡夫眾生們何曾瞭解到其中的一點點呢？不說別的，單說菩薩的「禪定」證量就好，他一世一世都可以不必來人間，也不用來欲界天；但爲什麼要一世又一世來人間受眾生的輕視與無根毀謗？這不是糟蹋自己嗎？可是菩薩「糟蹋」自己的時候不以爲苦，只要能利樂其餘的眾生就行了，反而自得其樂，這就是菩薩！但眾生不一樣，所以不說其他的智慧、解脫等功德，單說菩薩禪定上的證量就夠了，所以菩薩「不著眾生，同入法界」；對眾生沒有執著，因此來者來、去者去，菩薩不強人來學，也不強行留人；所以菩薩不會刻意去招攬人，想要來的就來吧，想離去的就離去吧，無所謂。這才是菩薩，叫作「不著眾生，同入法界」。

但眾生不能理解菩薩的證量，所以只要自己的名聞利養有一點損害，或者對菩薩有所求而不能得，就覺得天大、地大，不可原諒。所以這些眾生對菩薩群起而攻，心裡想的是：「怎樣把菩薩拉下來？」沒想到菩薩根本不住於世間法的境界中，如何拉得下來呢？但是菩薩看到眾生的各種行爲、各種不同的模式，發覺眾生界就是這樣；因爲不同的眾生界有不同眾生的功能差別，所以各種不同的人，遇見了菩薩時也有各種不同的反應；而菩薩如實鑑照，把他們各種不同的狀況和他們的根本法界一對比，全都了知這就是眾生界。所以眾生有各種不同的功能差別，不單單是人間法界；而且每一個人各有不同的功能差別，人人不同；而在不同種類的有情之間，也各有不同的功能差別。

但是這些各種不同功能差別，歸結到最後還是「法界」，就是如來藏根本法界；因此說：「是眾生界，即不思議；」這一種眾生的根本功能差別，其實是不可思議的，你不能想像說：「爲何畜生法界會有這些行爲？」你也不能想像說：「爲何欲界天、色界天的天眾會有那些行爲？」也不能想像：「餓鬼法界、地獄法界爲何有那一些行爲？」而其實那些行爲的根本原因，都在於他有一個不可思議的法界，叫作如來藏。那麼菩薩如是現觀的結果就說：「是眾生界，即不思議；」而菩薩就這樣子現前觀察，「以信生信」，這樣叫作信行的菩薩。而這樣的菩薩，心中並無所畏懼，無所畏懼的緣故，才能稱為信行菩薩。

就像早年，我第一本書評論別人，就是《楞伽經詳解》第三輯，開始指名道姓評論釋印順。那楊先生、羅老師他們來勸我不要指名道姓評論，怕出問題。但我心裡很清楚知道：這條路晚走不如早走，因為正覺的正法異於佛門內外的外道法，正覺遲早都得走上這條路；現在不走，二十年後再走，越發辛苦，不如現在就走。這表示他們當時對我指名道姓評論釋印順的行為，心中有所畏懼，心有畏懼就不是真正的信行菩薩。可是「菩薩無畏，是名信行」，走到今天，證明我們的所作所為正確；假使我們今天還得要來對付那些大法師們的邪見，那麼正覺在臺灣立足都有困難，其他地區就別提了！所以今天我們在臺灣立足無憂，正是因為從那時候就開始作起，因為當時不作，未來也得作；既然如此，晚走不如早走，提早把它作了，然後諸方大師最後沉默不語，單聽我們的，這才能有正覺今天在臺灣無憂無慮的弘法情勢，否則如果我們今天才正要開始奮鬥，正法何時才能復興呢？所以菩薩於此應當無所畏懼。

當年《護法集》出版時，大家擔心：「你蕭平實名不見經傳，竟然敢幹這件大事！」因為當時月溪法師的意識境界法，臺灣的東、西、南、北、中都有人在弘揚，很興盛啊！沒想到我這《護法集》一出版，才一週，桃園縣長滅門血案發生了，大家擔心，都告訴我：「老師！您以後出門，千萬注意！要看有沒有人跟車？」我說：「好的！好的！我會留意的。」結果多少年過去了也沒事。所以我當時說了：「是福不是禍，是禍躲不過。」可是如今看來我們躲過了，眞的躲過沒事了！因為弘揚月溪邪法的那些人並沒有大家預想的那麼壞，他們都還算是佛弟子。

這就是說，菩薩之考慮然後所作的事，都是無所畏懼的，該怎麼作就怎麼作。甚至於《邪見與佛法》發行的時候，還刻意印入〈法義辨正無遮大會〉的公開聲明。佛教界有誰敢刊登這麼一篇〈法義辨正無遮大會〉的聲明？但咱們就把它公然登在書裡面，到現在還在繼續出版刊登，結果也沒看見一隻三腳貓上門來要求公開辨正！如果上門的都是四腳貓，我還尊重他們一點；但目前所見佛教界都是三腳貓，沒什麼可以恐懼的！這樣就稱爲信行菩薩。所以你看這個信行菩薩的階段，高低之間的落差非常大，有各種不同的狀況，不能一概而論；所以同樣是「信行菩薩」，各有不同！

「**眾生決定，無所有想，體性如空，無處無證；眾生涅槃，是二俱空；於彼生信，是名信行。**」眾生心性決定是沒有任何的想，因爲想的體性猶如虛空一樣，沒有處所、也沒有所證。這聽起來有點怪吧？是怪啊！眾生爲什麼決定是沒有任何所有的想呢？一定有原因的；因爲現前所看見的一切有情，決定都是有所有想；然而菩薩的所見是「**眾生決定，無所有想**」，因爲這位菩薩的所見是從「**無名相法**」如來藏的境界來見眾生，所以眾生不過就是一面又一面明鏡裡面的五陰影像罷了。既然如此，明鏡如來藏無想，眾生影像也就無想。

每一面明鏡裡面的影像，其實只是明鏡的一部分，而明鏡的體性猶如虛空一樣，所以沒有處所、沒有所證。難就難在這裡啊！所以想要反身觀照到自己只是這面明鏡之中的影像，眞的困難！因此只有少數有智慧的人可以醒覺，而醒覺的原因通常是因爲善知識的攝受；猶如諸大菩薩們被 如來所攝受，道理是一樣的。所以說「**體性如空，無處無證**」。

當你從明鏡如來藏的立場來看一切影像眾生時，眾生何曾有想？都只是明鏡中的影像罷了！既然能夠如此現觀，由明鏡的立場（也就是如來藏的立場）來看眾生、來看涅槃時，這眾生與涅槃等兩個法根本不存在。因爲眾生之所以爲眾生，是因爲流轉生死，而無量世的流轉生死都只是在各自的如來藏中流轉生死；再從如來藏來看流轉生死這件事情時，流轉生死的事情也就不存在了。

眾生修行後之所以成爲阿羅漢、證得無餘涅槃，或者證得本來性淨涅槃成爲菩薩，這也是從眾生蘊處界入的世間立場來看。如果從明鏡如來藏的立場來看時，並沒有眾生證得阿羅漢這回事，也沒有菩薩證得本來性淨涅槃這回事，所以涅槃這回事在如來藏的立場來看時並不存在！從如來藏來看眾生、來看涅槃時，其實眾生就是涅槃，所以眾生與涅槃「是二俱空」的事根本不存在。菩薩即使還沒有實證，但聽聞到善知識如是說法時，心中能夠全然信受，這叫作「於彼生信」，這樣就稱爲信行菩薩。

「菩薩無畏，信諸眾生，不取名字，從信而生；能如是信，常念不失，阿難憶持，顯示分別；如是諸法，無量無數；佛所證覺，菩薩顯現。」來到頌文的末後，世尊作個結論說，菩薩心中無所畏懼，信受一切的眾生都有善根，對一切眾生不從名相上來取信，而是直接信受一切的眾生。這是指什麼？比如說，信受鬼界的有情，不管鬼界有情有幾種，就信受果然有鬼界的有情。爲什麼會有鬼界的有情？因爲他們往世生而爲人時，造作了該下墮鬼界的業，成就鬼界的種姓，所以他們今生成爲鬼道有情；至於鬼道的有情就不需要一一爲他們立名，所以只要分類而知就夠了：這是餓鬼道、這是有福鬼、這是有財鬼、這是大力鬼等，這樣分類就夠了，不需要一一去了知他們姓甚名誰。對於旁生類的有情，對於地獄道的有情，乃至對於欲界天、色界天、無色界天的有情莫不如是，各有他們往世的因緣在。

所以菩薩心中無所畏懼，假使有因緣，就和他們結個好緣，無所謂！但菩薩不會害怕說：「這是鬼欸！我得離開遠一點才行。」菩薩沒這個想法。菩薩是什麼樣的有情都可以來往，所以如果有個善心的鬼神要來拜訪我也行；有個餓鬼道眾生哪一天有什麼特殊因緣，憑藉著一個大力鬼的因緣來見我，也行啊！只要有時間就行了，所以菩薩不會恐懼一切眾生，能信一切眾生各有因緣。

這倒讓我想起來，很多人讀《聊齋誌異》，讀到晚上就不敢讀了；可是我從小不這樣，我覺得很有趣，所以小時候，我們家那時很窮苦，只有天花板上吊著一個五燭光、透明的小燈泡，還沒睡時都是二十燭光的透明燈泡。家中大人睡覺了，我就把頭伸出蚊帳外面，就對著燈泡這樣讀。後來人家發現了問：「你讀什麼？讀到這麼『熱』！」我說：「我讀《聊齋誌異》。」「嗄？你三更半夜讀《聊齋誌異》，你不怕著了魔？」我說：「沒有啊！我什麼時候著了魔？我也遇不到啊！」有時候都覺得：「著一次魔也不錯！」（大眾笑⋯⋯）因爲著一次魔，就跟一個眾生結上緣了不是嗎？欸！但就結不上啊！所以人家半夜不敢讀《聊齋》，我讀了都覺得：「如果有個陸判官當朋友也不錯！」有時候讀了說：「有這麼一個狐仙朋友也不錯啊！」所以在三界六道中，沒有被菩薩拒絕的眾生，一切眾生都可以接觸，一切眾生都可以結交，因此說「菩薩無畏，信諸眾生」。

信受諸眾生，就不一定要爲他們取名字，知道「那是誰」就夠了！但是菩薩這樣的心性——對眾生不取名字，這卻是「從信而生」的。那爲什麼咱們對那些奇特的有情眾生不以爲懼呢？因爲我們與他們始終結好緣，沒有惡緣！既然沒有惡緣，這表示一劫又一劫，無量劫來「從信而生」。所以這樣「從信而生」的人說：「能如是信，常念不失」，就變成一種習慣。所以有的人看見神道廟，離得遠遠的；我反而直接走到廟門前，合個掌、低個頭，然後我再走過去，跟他結個好緣哪！焉知來日你用不用得著他？對喔！也許哪一天，你正好用得著他，他就幫上忙了！他幫你的忙，未來世就會當你的弟子，因爲有這個緣在了；菩薩的想法不同於一般眾生，所以菩薩無所畏懼。

有的人很有趣，會威脅我！可是，威脅對我沒有用！因爲天大的事我都作了，還怕威脅？所以我常說：「菩薩不受威脅。」但有的人就是聽不懂，可能是要經過幾番人間與三惡道往返的歷練以後，他才會懂這句話的意思。但是菩薩有這樣的信：「信諸眾生」，所以對任何一個眾生，他心中沒有畏懼可言；因爲菩薩一世又一世、一劫又一劫，累劫以來就是跟眾生結好緣。

這時候一定有人想：「你騙我！你不是一天到晚摧邪顯正嗎？什麼時候跟人家結好緣？」（大眾笑…）說的也是哦！可是，我和他們結惡緣，那只是個表相，事實上是不斷以正法送給眾生；當他們捨報前，會懂得佛前懺悔，所以當他們要捨壽時生起善心，覺得：「這一世的名聞利養無可再增了，那現在要走了，有什麼善法可以作爲往生善處的憑藉呢？」這時候他們得思考了。當他們思考完了，保證他嚇出一身冷汗！趕快跪爬到佛前懺悔，這才能保住來世的人身，不然來世難保人身哪！

當他們這樣作的時候，和我的怨就解開了！他們就想通了：「假使不是蕭平實這樣指名道姓破我，我還不懂得懺悔哩！」於是這個怨結就解了。所以其實我跟那些眾生都是結好緣，沒有結惡緣！因爲我也沒有罵他們忘失

「忠孝仁愛禮義廉」（大眾笑…），好緣哪！所以我都作法義辨正，他們很清楚知道這一點，知道我是基於悲心想要救他們；只是正當年輕氣盛、名聞利養纏身的時候，他們想不通這一點。等到要捨報時，他們就想通了，那時知道原來是我救了他們；所以有的大法師、或者大居士捨壽前都找了徒眾來講：**「你們再也不要評論蕭平實了！他是有證量的。以後也不要再流通我的書了，所有的書都讓它絕版吧！」**

但爲什麼他們肯這樣作？有的大師在捨壽前兩年、三年這樣作，有的人在捨壽前一個月、兩個月作，這是爲什麼？因爲他們知道：這蕭平實說的有道理。於是我跟他們結善緣的心成就了。而菩薩這種行爲來自於對眾生的信，所知道的是：眾生本來無意於產生邪見，本來也無意於走上邪路，只是被惡知識誤導了，所以跟著走上邪見之路。他們的本意也不想走上邪路，當我們把邪路的道理告訴他們，我們也把正道的道理告訴他們，他們再三揀擇之後弄清楚了，所以死前能夠幡然懺悔；而追究菩薩能這樣作的原因，是因爲對眾生的這一種信，一世又一世、一劫又一劫，這樣累積下來「**常念不失**」，所以菩薩能這樣作。

佛說這一種事情要由阿難記憶受持，來為大眾顯示、分別。阿難發的願就是要為諸佛憶持諸經典，既然如此，當然就要為大眾憶持；然後結集完成之後，為大眾顯示、為大眾分別。這樣的種種法無量無數，真要說起來時也是無量無數說之不盡；而這一些法全部都是 佛陀所證、所覺，然後由菩薩來為大眾顯現。特別是 如來示現入滅之後，這無量無數如是諸法，都得有菩薩來一一加以彰顯。因為經典結集完成之後，大眾對經典的內涵不一定能如實理解；但是菩薩有「**自心現量**」的實證，由於「**自心現量**」的緣故，可以為大眾顯現，使大眾能一步一步跟上來。那麼最後 佛吩咐說：

經文：【「復次，阿難！如來多陀阿伽度如是深義，具足信力則為廣說，是名菩薩摩訶薩信行。」】

語譯：【如來向阿難尊者吩咐：「像如來這樣的無上正等正覺的這一類很深妙的第一義諦，菩薩如果具足了信力，就可以為大眾廣說，這樣叫作菩薩

摩訶薩的信行。」】

講義：那我就請問諸位了：「咱家算不算菩薩摩訶薩信行？」（大眾齊答：算！）啊！諸位眞是咱家的知音啦！我今晚上座沒有白講！（大眾笑並鼓掌……）接著再聽 世尊的開示：

經文：【爾時世尊見諸衆生信力堅固，復重頌曰：

一切聞者，心皆歡喜；是諸佛子，所說功德，

菩薩顯現，不可思議；諸佛菩提，不信者信；

不染假名，亦無心數；不著十方，名最勝信。

菩薩顯說，當修信法，不取於空，顯示寂滅；

救世所說，如是解脫；色相亦然，如說修行。

菩薩顯說，智者能信；佛不思議，無量憶念；

菩薩所信，虛空無邊；佛智無量，號名丈夫。

志求無著，不爲貪欲、造作不善、而捨樂法；

是名菩薩，能行法施；菩薩之信，善逝所印。
法施不思議，信施而飲食；摩尼金象馬、車乘奴婢等、
妻子諸男女，捨所有國土、手足支節等，頭目及髓腦，
眼耳與鼻舌，菩薩之勝信。
捨身無染著，亦不念行施；我本修法施，以求於佛智；
捨身無染著，一切施歡喜。
恆與善知識，棄捨危脆身；於諸眾生中，信心常清淨；
聞法信諸佛，是名爲菩薩。
知眼耳鼻舌、身根皆無常，不堅如聚沫，深信而捨身；
爲無依眾生，建立於四攝，慈心於一切，信佛無量智。
見造惡眾生，爲發無上心；深信於菩提，不取諸心相。
眾生不求道，愚惑於六界，謂一切眞實，無界說界相。
見流轉眾生，愚癡著諸邊；菩薩信我無，諸行皆無常。
見諸破戒者，信戒不思議；淨戒立禪定，菩薩住攝心。

若見懈怠者，求佛精進力；調伏諸三昧，總持正法智。
愚癡著壽命，觀陰無壽者，衆生性寂滅，諸法相亦然；
信陰無來去，善惡業不斷；因淨不淨業，不離於生死。
衆生同法界，法界即生死，是名不思議，菩薩無畏信；
勝信不思議，精勤修法智，不爲於少智，名爲淨信說。
同信諸衆生，常住無所有，於空無取著，一切法不住；
衆生空亦空，同於涅槃界，說法常無相，令衆生信解。
一切法性空，平等觀衆生；三有中勝智，得如是信持；
亦名最上信，好樂無畏法。
佛法中智人，自信勸他信；如是展轉教，增長諸功德。
淨心無染著，利益之福田；欣樂調伏施，淨戒及忍辱，
精進禪定等，智慧爲開導；方便現淨智，令衆得勝樂，
命終離惡趣，菩薩智最勝。
神通化衆生，世界六種動，光明悉普照；菩薩之妙智，

無相師子吼，東西南北等，四維及上下，皆出於法音；
誓於佛不疑，教化亦令然。
以是因緣故，顯現無量相，住於此智者，唯佛能證知。
阿難！是名如來多陀阿伽度、阿羅呵、三藐三佛陀爲諸菩薩如是方便演説信行。】

語譯：【此時世尊看見諸眾生信力已經堅固了，所以重新又複頌説：「

一切聽聞此法的人，心中全部都很歡喜；這些佛弟子們，所説的各種功德，由菩薩顯現在外，名爲不可思議；

諸佛所説的菩提，使不信受者相信了；不染著於虛假的名聲，也沒有任何的心數法；不執著於十方世界，名爲最殊勝的清淨信。

菩薩顯現在外的言説，教導大家應當修信法，不必攝取於空閑，便能顯示出寂滅的法相；

救世者世尊所説，就像是這樣子本來解脫；色身的法相也同樣如此，都是如説而修行。

菩薩顯明地以言語來說明，有智慧的人就能信受；眞實佛的境界不可思議，對佛弟子的憶念也是無量無邊：菩薩之所信受，佛之憶念猶如虛空是無邊的；而佛地的智慧沒有量可說，因此起了個聖號名爲丈夫。

志向求於無所著，不會被貪欲影響，而造作了不善，或是捨棄了未來世的快樂之法；

這樣叫作信行菩薩，能夠行於法布施；信行菩薩之所信，則是善逝之所交付和印定的。

佛法的布施不可思議，以清淨信布施因此而有飲食；摩尼寶珠金銀象和馬、車乘與奴婢等、妻、子和諸男女，捨棄了所有的國土、自身手足和支節等，乃至頭、眼睛以及髓腦，眼根、耳根與鼻根、舌根，這都是源於菩薩殊勝的信力。

捨棄了色身而心中沒有染著，也都不憶念所行的種種布施；我本來修的是法布施，用以求於佛地的智慧；捨棄色身而沒有染著，一切布施時心中都歡喜。

永遠都與所有善知識，同樣捨棄危脆之色身；於各種眾生之中，信心永遠都是清淨的；聽聞佛法而信受諸佛，這樣就稱爲菩薩。

知道眼根、耳鼻舌身根，全部都是無常，不堅固而猶如水面的聚沫，深深的信受而捨棄了色身；

爲無所依止的眾生，建立了布施等四攝之法，以慈心普及於一切有情，信受諸佛的無量智慧。

看見造惡的眾生，爲他們而發起了無上之心；深心之中信受於佛菩提，不攝取各種心的法相。

眾生不努力尋求佛道，愚癡昧惑於六界之法，而認爲一切都是眞實的，因此沒有界而說有界的法相。

看見流轉中的眾生，愚癡而執著於各種法的邊際；菩薩信受我並不存在，信受諸行全皆無常。

看見各種破戒的人，信受於佛戒不可思議；依清淨戒而建立了禪定，菩薩住於其中收攝其心。

菩薩如果看見懈怠的人，求佛陀賜給精進之力；調伏了各種的三昧，總持一切正法的智慧。

愚癡的人執著於壽命，觀察五陰之中並沒有壽者，而眾生之性是本來寂滅的，諸法的法相同樣也是如此；

信受五陰本來沒有來去，善業與惡業從來不斷絕；但因為清淨或者不淨的各種業行，而不離於生死輪迴。

眾生界同於法界，而法界就是生死，這就稱為不可思議，菩薩無所畏懼的信；

殊勝之信不可思議，精勤地修學佛法智慧，不會為了一點少少的智慧，就稱為淨信者所說。

同樣信受佛法的各種眾生，永遠都住於無所有的境界當中，對於空沒有取著，於一切法中全部都無所住；

眾生無常的空也是空，同於不生不滅的涅槃法界，說法的時候有一個法是常而無相的，能令眾生信受而理解。

一切法的法性同樣都是空性，如是平等而觀一切眾生；於三有之中有殊勝的智慧，得到像這樣的信受而執持；這也稱爲最勝無上的信，這樣最上信的人是好樂於無畏法的。

《不退轉法輪經》上週講到二十三頁第一段語譯完了，今天要從第二段開始繼續語譯。

語譯：【在佛法中有智慧的人，自己有信心也勸導他人同樣生起對佛法的信心；像這樣子自他展轉互相教導，各自都增長了各種的功德。

清淨心的人對諸法沒有染著，他是能利益諸方有情的福田；心中歡欣快樂地調伏自己而修行布施，並且讓自己受持清淨戒以及修學忍辱行，其後修學精進和禪定等，這五度的修行都以智慧作爲開導；如是方便顯現了清淨的智慧，令眾生可以得到最殊勝的快樂，命終之後遠離一切惡趣，因此說菩薩的智慧最殊勝。

菩薩有時也用神通度化眾生，使得世界有六種殊勝的地動，光明全部普照一切世界；菩薩的勝妙智慧，是無相的師子吼，從東西南北等，以及四維和上下，全部都流注出這樣的法音；菩薩們發誓於佛無所疑，教化眾生也是要讓眾生於佛無所疑的。

由於這些因緣的緣故，顯現出法有無量的行相，而住於這一種智慧中的人，只有佛能爲他證明以及了知。

阿難！這個就是如來多陀阿伽度、阿羅漢、正等正覺爲諸菩薩像這樣的方便演說信行。】

講義：接著，要回到二十一頁的第二段講解。這時候 世尊看見大眾的信力已經很堅固了，所以重新以「頌」再說明一遍。一般眾生不一定有信根，更不一定有信力。信根要經由多世熏習，然後才能漸漸產生，所以不是每一個人都有信根。但若是對世間法，說不上信與不信，自然就會，因爲那是流轉法，不是還滅法；可是對於還滅之法，他的信根要經由熏習開始生長，熏習久了成爲串習，信根才會生起；信根生起之後，繼續串習及修行才能有信力。所以有信力的人，他們之間信力的強與弱差異很大，不是人人同等。例如民間信仰求神問卜，那神降乩了，說：「妳們姊妹倆很有慧根！」到底妳該高興還是不高興？說妳們很有慧根，聽到了以後理應歡喜才是吧？但是不用歡喜得太早，因爲這表示還沒有慧力。

有慧根不代表有慧力，所以這慧根生起之後，還得繼續串習，再串習過一段很長時間以後，慧力才生起。有慧根的人對三寶很信受，但他不一定會努力修行，因爲他的善根還只是慧根；當慧力開始生起了，他就會開始修行，所以聽到有神說：「妳們姊妹倆很有慧根。」先別歡喜，只要動那麼一下心就好，心裡想：「喔！我有慧根。」但是心裡面把它打個問號：「你講的對不對呢？」然後自己再來檢討，究竟是有慧根，還是有慧力？應作如是觀。那麼這時候 世尊看見「諸眾生信力堅固」，表示這些眾生對佛、法、僧三寶信力是堅固的，不會退轉的，所以講了「重頌」。

「一切聞者，心皆歡喜；是諸佛子，所說功德，菩薩顯現，不可思議；諸佛菩提，不信者信；不染假名，亦無心數；不著十方，名最勝信。」就是說，在宣講《不退轉法輪經》的現場，一切聽聞的人心裡都很歡喜。而這一些佛子所說的功德，經由菩薩們在身、口、意行上面顯現出來，是那樣的不可思議。譬如說，聽聞的人心中很歡喜，一定是有所根據；如果他們沒有根據，不可能那麼歡喜，所以這個根據很重要。根據什麼呢？就根據他對於佛、法、僧三寶本質的理解。如果對佛、法、僧三寶的本質沒有深入而如實理解，你要他們永遠對三寶生起歡喜心，那是很困難的。如來所說三寶的各種功德，都在菩薩們身上顯現出來，所顯現出來的功德是不可思議的；那菩薩們顯現的各種不可思議功德，我們這裡就不講，我們希望盡快講到那個重要的地方，因爲在《法華經》中這些都講過了。

諸佛的菩提也就是諸佛的覺悟，這個覺悟的境界，可以讓本來不信的人產生信心，然後接受了三寶。而諸佛所得的佛菩提，不染著於一切的假名，也沒有各種的心數法。我們已經在前面的《大法鼓經》，也在《佛藏經》都講過這個道理，特別在《佛藏經》裡面告訴諸位：諸佛所覺悟的內容叫作「**無名相法**、**無分別法**」，所以祂不與名相等有數之法相應，那不是現象界中的事；既不是現象界中的事，一切假名自然到不了祂的境界。而諸佛所覺悟的內涵也沒有心數法，因爲第八識「無名相法」如來藏的境界中，沒有心數法可說。

什麼叫作心數法？譬如前七識，第一爲眼識、第二爲耳識，乃至第七爲意根，都是有心也有數目可以計數的。什麼叫作心數法？例如五個遍行心所法、五個別境心所法、六個根本煩惱、二十個隨煩惱，再加上最後四個不定心所法；如果再要加上去的話，「三位差別故」的心不相應行法，「四所顯示故」的無爲法，都可以加進來，同樣都是有數目可以計數的。但是佛所證得的這個境界中，沒有心數法；所以當你禪三下山回來，證得第八識如來藏了，看看如來藏自身的境界中，有什麼假名？有什麼心數法？一切都無啊！所以說：「不染假名，亦無心數；」證得這一種境界的菩薩們，都不會執著於十方諸佛淨土，當然更不會執著於十方一切不清淨的國土；這樣的「信」叫作最殊勝的信，這才叫作信力。

「**菩薩顯說，當修信法，不取於空，顯示寂滅；救世所說，如是解脫；色相亦然，如說修行。**」所以證悟的人，一定是依止於菩薩的顯說。如果是隱說呢，那是證悟者之間的家裡人的事，家裡人聽起來時就會變成顯說；可是門外人聽了，都變成隱說。但菩薩也有明著說給諸方人士聽的法，那就是菩薩的顯說。所以菩薩明白著告訴眾生：「當修信法」。學習佛法的首要是應當修學信法，就好比《華嚴經》講的：「信爲道元功德母。」對佛法的修證，首要爲信受三寶的正確內容，如果對三寶沒有信，而說到佛法的修行，那都是白說的，所以應當先修信。

「修信」該怎麼修呢？要對佛、法、僧三寶有深入的理解，如果於佛、法、僧三寶沒有深入理解，表示他的信力還不曾生起，他修信不成功，那他就是還在十信位中，所以說「當修信法」；但是修信法的時候「不取於空」，而顯示出寂滅的境界。換句話說，修信法時，得要熏習了義正法。是說在還沒有實證之前，得要熏習了義正法；如果不是熏習了義正法，而是熏習了相似正法，只能理解表相所以容易產生錯誤的理解，一定會執取空無，說這個法是緣生性空，那個法也是緣生性空，一切諸法莫非緣生性空，這樣就是證得空性，這就是「取空」。但是眞正修信法的人，雖修空法卻是依如來藏「無名相法」而修；這時候「不取於空」，因爲所證的是空性第八識，所修的是轉依空性心而修，所以這個「空」有空性與空相兩邊具足。如何爲眾生，如何爲正法的久住而作事，才是他的著眼點，空的攝受不是重點；就這樣子一方面爲正法也爲眾生努力奔忙，但是在奔忙的過程之中，卻顯示菩薩所證的境界是寂滅的，不落在六塵的苦樂境界中。

爲何他在爲正法、爲眾生奔忙的狀況下，所顯示的開悟境界是寂滅的？這就是每一個修學信法的人，應當去參究的。這也顯示他所求證的境界是空性的眞如境界。但是證空的人不住於空，因爲所證的如來藏「無所住而生其心」，所以如來藏不斷地運作，但祂無所住，這樣轉依就顯示出祂的境界是寂滅的。

「救世者」也就是諸佛如來，所說的就是像這樣的本來解脫；而不是像二乘聖人那樣灰心泯智，什麼事兒都不作，就等候捨壽的時節因緣到來，然後入無餘涅槃而滅盡後有。諸佛如來所說的解脫是「不取於空，顯示寂滅」，這才是眞解脫；二乘解脫是方便施設，不是眞解脫。諸佛如來所說這樣的解脫，心境是如此，顯現於外的色相等行相中，也如是顯示祂的寂滅境界；所以菩薩們就這樣子如說修行，而顯示出他們的不可思議。

「菩薩顯說，智者能信；佛不思議，無量憶念；菩薩所信，虛空無邊；佛智無量，號名丈夫。」菩薩公開爲大眾宣說的法義，有智慧的人就能信；這句話反面的解釋是什麼？諸位有沒有想到？就是：「沒智慧的人就不能信！」所以唯有有智慧的人能夠信受菩薩所說的了義法；但若是沒有智慧的人，絕對不信！所以你們看，印順派那一些比丘尼們，只要你把正覺的書遞給她們，她們一看就說：「我們師父交代：不讀居士寫的書。」她們都沒想一想：「菩薩是每一世都出家嗎？」有時出家、有時在家，看要作什麼事啊？需要出家時，那就出家；需要在家才能作的時候，那就在家。我這一世的主要任務就是破密宗，寫的《狂密與眞密》五十六萬字，這如果讓出家人來寫，方便嗎？因爲主要是破他們的雙身法，出家人不方便寫的，所以這一世我就選擇在家了。來世呢？還把不定，等到捨壽時再觀察。

所以菩薩說的是第一義諦，那是離名相之法、離分別之法，是實相法界的事；這不是現象法界中的事，所以只有有智慧的人才能信受菩薩所說。諸佛如來的智慧境界不可思議，對於一切佛弟子們的憶念也是無量無邊；而佛弟子們對諸佛如來的憶念往往中斷，所以《楞嚴經》說：「十方如來憐念眾生，如母憶子。」母親憶念孩子是不會中斷的，總是時時想著：「孩子現在怎麼樣？」所以事情一忙過了，立刻就想起來：「這孩子現在怎麼回事了？」就會想起來。可是孩子呢？老把媽媽給忘了，他只想著自己如何享受五欲，因此常常中斷。但是諸佛如來對佛弟子的憶念是無量的，那個憶念沒有邊際。

而諸菩薩們一個一個所信受的，佛的憶念猶如虛空無邊無際；用這虛空來顯示諸佛如來對眾生的憐念是沒有邊際，猶如虛空一樣。有沒有人想像到說：「虛空真的無邊嗎？」我告訴諸位，虛空叫作「無」，沒有任何色法存在之處就稱爲虛空；沒有任何的色法當然就沒邊際。如果你說虛空有邊際，那麼到了那個邊際外面是什麼？外面都是混凝土嗎？（大眾笑…）不會啊！那外面還是虛空啊。如果出去虛空外面而來到第二個虛空時，那虛空若有邊際，你去到那個邊際再往外看，還是虛空啊！所以虛空沒有邊際。諸佛如來憐念眾生的心，就像虛空一樣，沒有邊際；然而諸佛的智慧沒有量，這是說諸佛的智慧不受限制，因此才叫作「丈夫」。所以妙覺菩薩還稱不了「丈夫」，除非他是成佛者倒駕慈航再來，否則不名丈夫；因此諸佛的十號中有一個名稱，名爲「丈夫」，正因爲「佛智無量」的緣故。

「志求無著，不爲貪欲、造作不善、而捨樂法；是名菩薩，能行法施；菩薩之信，善逝所印。」諸菩薩們心中的志向以及所求，是沒有執著的境界。爲什麼求沒有執著的境界？因爲這樣才是解脫。假使你求的是有所貪著的境界，那就不是解脫了，所以諸菩薩們「志求無著」，因此就不被貪欲所迷惑，不會去造作不善業而捨棄了能求得究竟樂之法，這樣就叫作菩薩能修行「法布施」。所以眞正的菩薩是行於法布施的人，不被貪欲所迷惑而造作不善而捨棄解脫之樂。

那麼菩薩們這樣的信力，是被諸佛如來所印定的，所以菩薩們的信力是大家要學習的；不要看表相上的那些所謂的菩薩們，眞正的菩薩是修行法布施的人。所以打從入地開始，就是無量無邊的佛法布施善行，終不休止，乃至成佛，這叫作眞正的菩薩。所以入地後不但繼續修六度，還加上四度改修十度波羅蜜多。但十度波羅蜜多的第一度修什麼？（大眾答：布施。）還是布施，只是把重點放在法布施上面，至於無畏施與財施就隨分、隨緣、隨力去作；雖然是隨分、隨緣、隨力去作，但不會輸給一般人在三賢位努力修的布施行。所以入地的菩薩是這樣修行布施的，而這樣的菩薩，你可以說他具足信力，否則他無法入地；一定得五力具足才能入地，這樣的菩薩所信，正是諸佛如來之所印定。

「法施不思議，信施而飲食；摩尼金象馬、車乘奴婢等、妻子諸男女，捨所有國土、手足支節等，頭目及髓腦，眼耳與鼻舌，菩薩之勝信。」菩薩所作的佛法布施不可思議，菩薩同時也因爲對三寶的具足信心而有所飲食，保住色身而繼續修道；所以菩薩看起來就是個普通人，菩薩不會多生出兩個臂膀，不會多生出兩隻腳，或多了一個頭，他看起來就像一個凡夫；證量越高，就越像凡夫。就像武俠小說中講的：「眞人不露相。」還眞有點道理，我想那寫武俠小說的作者大概讀過佛經吧。

所以菩薩在人間住世，示現的就像一般人一樣，讓人不容易瞧得出來說：「**這是個有證量的菩薩。**」所以我到外面去買東西，沒有人認得我，除非是你們偶爾遇見了，否則沒有人知道我是什麼人。所以我到藥房去買藥時，那藥房電腦中我的資料本來是寫：「**廟祝先生。**」（大眾笑…）因爲我都穿唐裝，看來是有些像個廟祝，又理了個光頭，還眞像！我沒看到的時候，都沒想到我眞的很像廟祝（大眾笑…）；可看到了以後，我說：「**怎麼我是廟祝先生？我每兩個月出一本書哩！怎麼會是廟祝先生？**」然後他就改了：「**寫書先生。**」（大眾笑…）但我也不跟他解釋我是何許人物，寫書、就寫書吧！總之有個稱呼就好。所以眞人不露相，唯有家裡人才知道菩薩是什麼。

甚至於菩薩以前在家時，擁有寶珠、黃金、白象以及駿馬，還有車乘，並且家裡還有奴婢，顯示大富無量，像維摩詰菩薩就是這樣示現的；但是這樣顯示大富無量的菩薩，當有人來求索菩薩布施，他竟然可以把妻子、兒子，或者家裡的男女給布施出去；甚至於有時候菩薩當上了國王，當人家需要他的國家，他也可以把王位轉讓出去；這事情，瞿曇老人作過了，就是這樣修集福德。人家要求菩薩把國土布施了，他就布施，國王就不當了，換人當！可以這樣作。甚至於有一天，手足支節等也割捨，例如《金剛經》講「不住色生心」，被歌利王割除手腳等，這也是布施。其他的布施，例如「**頭目及髓腦，眼耳與鼻舌**」，都在布施之列。所以菩薩成佛前，最後那一百劫，專門修相好；三十二大人相還沒有具足的地方，利用這百劫把它圓滿。所以說菩薩最後百劫在等覺位中，叫作「百劫修相好」，無一時非捨命時，無一處非捨身處；就這樣利用這整整一百劫，把最難破除的「識陰區宇」給破除掉，才能從一生補處一悟成爲究竟佛。

但菩薩之所以能如此，之所以不斷地受生取得財物、取得色身的目的，就是要用來布施，就因爲他有殊勝的信力，他很清楚知道：這是成佛的最後階段了，所以想要快速成佛，就是一切皆施。那麼，現在問妳們女眾了：「**如果有一世遇到了這樣的等覺菩薩，妳嫁不嫁他？**」（大眾答：嫁！）那妳要有心理準備，他隨時可能把妳布施出去，妳可別怪說：「**對我這麼無情！**」對啊！等覺菩薩就是這樣辦的。等覺菩薩除了最後身位才會示現出家，否則通常都會示現在家相，所以「**妻子諸男女，捨所有國土、手足支節等，頭目及髓腦**」，全部都布施。他受生取得財產、取得權位以及取得色身，目的就是要布施，整整一百劫，把他的三十二大人相、八十種隨形好和各種無量的隨形好，都要修學滿足。所以那個時候，妳要是他的老婆，人家來要，他當場就布施了，一點都不遲疑！所以要當等覺菩薩的老婆也不容易啊。

不過話說回來，被布施出去到底好不好？（大眾答：好！）好喔？（大眾笑…）因爲來求施的人，或許不是把妳求回去當老婆，而是求妳去他家裡作苦力，這樣還好？（大眾笑…）妳們現在有這個雄心壯志了？但我跟諸位講：「還眞是好！」因爲辛苦一世，功德無量，妳成就等覺菩薩的布施，只是那一世都得辛苦。但是來索取等覺菩薩的妻子，他很可能是大菩薩，目的是來成就等覺菩薩的功德，那妳被索取去他家，日子一定好過。可是如果妳心志夠雄猛，過個第二世、第三世又找著他，再嫁他（大眾笑…）繼續被布施，那消業進展才會快，這就是菩薩的「勝信」很殊勝的布施。接下來說：

「**捨身無染著，亦不念行施；我本修法施，以求於佛智；捨身無染著，**

一切施歡喜。」菩薩捨棄他的色身，沒有任何的貪染或執著；但是在因地時還是得要照顧色身，有一點兒辛苦病痛就得上醫院找醫師，因為這個道器沒照顧好，無法好好修行的，所以得要照顧好。但是不求享受，就是過一般的生活，主要的都是在為眾生作事、為正法作事，所以說菩薩「捨身無染著」。但是菩薩捨身布施，心中終究不憶念他所修行的布施；因為打從兩大阿僧祇劫之前的第七住位證悟時，就是三輪體空了。所以布施的時候，「亦不念行施」，因為從你所證得的如來藏來看，沒有布施的人，沒有受施的人，更沒有布施這件事存在。那時就已經現觀布施時三輪體空了，更何況來到等覺位的「百劫修相好」呢？所以　如來說：「捨身無染著，亦不念行施」。

世尊接著又說：「我本來修行法布施，用法布施來求佛地的智慧。」現在也許有人想：「法布施可以求佛地的智慧，這到底是真的、假的？」我告訴你：「就是真的！當你佛法布施的時候，一切都是如來所賜。」這話有點兒蹊蹺，你法布施的時候，為什麼一切都是　如來所恩賜？這「如來」有兩個意涵：一則由於你作了法布施住持正法，本師　如來必須得加持你，讓你智慧越來越勝妙。第二個意涵說的「如來」到底是指甚麼？欸！正是第八識如來藏。你一面現觀、一面爲眾生講出來，越講越勝妙，現觀就越來越深入；於是你把佛法布施得越多，你的智慧便越好，這就是：「**我本修法施，以求於佛智。**」

假使有能力出來當親教師，就得出來，這時候可千萬別客氣說：「**唉呀！我不行啦！我先禮讓，禮讓給別人啦！**」這時候不用禮讓，應該攘臂而出，因爲法施功德無量無邊。如來也說：「**我本修法施，以求於佛智。**」所以世間法中有一句成語說：「**教學相長。**」聽過吧？對啊！當你教導學生時，你自己也跟著成長，是雙方互相增長的，用這樣的模式來求於佛智；但是必要時就捨身，沒有染著，像這樣的布施叫作「**一切施歡喜**」。所以諸位將來修到最後身成佛時，大梵天王會請求你布施色身給他，那你就布施；可別想說：「**我才剛成佛，都沒有弘法，你就叫我布施給你！**」那大梵天王是來配合你的；當你同意布施給他了，他就說：「**那你這個身體是我的了，不可以再布施了！**」懂了喔？「**你不可以再布施了，我就暫時把你留著，需要時我再來**

拿你的身體。」什麼時候需要？當你八相成道完，要入涅槃了，他再來分舍利；大梵天王要擔任這個角色，所以當他來了，要你布施身體時，你說：「好，布施給你。」那別人就不能再要了，不管誰再來要，你就說：「**我已經答應要施給大梵天王了；你要不信，去問他吧。**」

這樣一世八相成道的事就可以順利成辦，否則的話，這八相成道的事情進行到一半，突然人家來要了這個身體，又不能不給，法事未竟，怎麼辦呢？所以大梵天王要來配合。也就是說，百劫修相好之後的心態，是什麼都可以施，把識陰區宇給滅盡，識陰盡的時候就可以成佛了。所以這時候，在百劫之中是「**一切施歡喜**」，不管什麼樣的布施，都是歡喜心布施；因為你這百劫該修的，還沒有修完之前，不能成佛！為了成佛就得不斷布施廣修福德。

接下來說：「**恆與善知識，棄捨危脆身；於諸眾生中，信心常清淨；聞法信諸佛，是名為菩薩。**」所以信行菩薩是有許多個層面的，不單單是信而已，這個信得要有行。如果嘴裡老是說：「**我對三寶具足信心。**」然而所行不是那麼回事，那就只是口說，不叫作「**信行菩薩**」；所以要具足信力而付諸於實行，才叫作「信行菩薩」。而這樣的「信行菩薩」常時、恆恆時，永遠都是與善知識一樣，願意棄捨危脆之身施給眾生；所以當眾生有需要時，他就棄捨這個色身給眾生。

「棄捨危脆身」也有不同的意涵，除了剛才講的「捨身」之外，還包括把你自己的「時間與精神」都奉獻給眾生，所以菩薩布施危脆身是怎麼布施的？一早起來，開始為正法奔忙，忙到半夜裡睡著了，作夢都還想著怎麼為眾生作事；沒有在想自己的利益，這也是「棄捨危脆身」。也就是不管什麼事情都是為眾生，在成佛之道上面而努力，這就是「棄捨危脆身」。

「於諸眾生中，信心常清淨」；菩薩寧願被眾生騙，也不願意懷疑眾生，這就是菩薩，把每一個眾生都當作好人；縱使對方打著欺騙的主意來欺騙菩薩，菩薩剛開始也寧可信他，不懷疑他，因為菩薩的心地是清淨的，所以他不會想眾生會是污濁的，因此寧可信受眾生。他以自己清淨的信心來信受眾生，菩薩認為自己心地清淨，那麼眾生應該也一樣心地清淨，所以菩薩對眾生的信心是恆恆時，永遠都是這樣不改變；能如是聽聞佛法而信受諸佛，這就叫作菩薩。

「知眼耳鼻舌、身根皆無常，不堅如聚沫，深信而捨身；爲無依眾生，建立於四攝，慈心於一切，信佛無量智。」菩薩很清楚知道：眼、耳、鼻、舌、身根，這五色根是不堅固的。這五色根就好像河流在流的時候，有的地方會有漩渦，那個漩渦一直存在，那漩渦的中心點就有一群水泡在那裡，不會消失；但是你只要拿個東西把它觸一觸，它就破了。菩薩觀察眼、耳、鼻、舌、身五根都像這樣，無常、不堅固，就好像水渦中的泡沫一樣；因此菩薩從深心中信受而願意捨身。但菩薩捨身爲眾生是爲什麼？是爲了無依的眾生來建立四攝法，所以菩薩無有不依止四攝法的。就像我常常會吩咐某一些人：「你違背四攝法了！你要隨時留意四攝法。」但有些人就是辦不到，我常常跟他指點說：「你要留意四攝法！」他口裡說：「好好、好好！」可是一切行爲照樣，沒有改變；這表示他的信力還不夠，不是眞正的「信行菩薩」，因爲眞正的「信行菩薩」會爲了無依的眾生們建立四攝法。如果菩薩的一切所爲、所行、所思不能符合四攝法，顯然他的信行不夠，還得要修十信位之法；這就是　如來告訴我們的道理，也是我要告訴諸位的道理。

所以當你們看見同修會中，有的人所思、所行、所為不符合四攝法，應當私下勸告他。但不要當眾指責他，要私下勸告他：「**你違背了四攝法，應當要如何改進。**」如果一勸、二勸、三勸了都還不改，這要怎麼辦？就布薩時直接舉發他呀！因為無有一菩薩不行四攝法而得成佛，所以身為菩薩，布施、愛語、利行、同事這四攝法是不能不作的。既然要行這四攝法，可不可以見了人就說：「**你還差得遠呢！你來世再來學。**」可不可以？（眾答：不可以。）不可以！菩薩永遠都是愛語，永遠以布施行來對待眾生。

菩薩也不會說：「**這件事情你去幹、那件事情你去幹！**」然後自己不作事，只出一張嘴，這不是利行與同事。所以菩薩有事就親自去作，跟大家同事，一起去作；若沒有同事，那就自己一個人去作，自己利益眾生就是利行。作的都是利益大眾的事，這才是真正的菩薩。這樣的菩薩「**建立於四攝**」，顯示他「**慈心於一切，信佛無量智**」。一定是對　如來的無量智慧，有很深刻的信力作支撐，他才辦得到；否則行不了久遠，他就信心退失，不幹了！但菩薩信力具足，「慈心於一切，信佛無量智」。所以就這麼生生世世、一劫又一劫，不斷地修行下去。

「見造惡眾生，為發無上心；深信於菩提，不取諸心相。」菩薩看見眾生造惡時，不跟隨他們造惡，反而為了將來能度他們而發起無上心，求正等正覺；因為覺得眾生可憐，專門造惡業，死後會墮三惡道。可是要救度他們，自己卻沒智慧，唯一的辦法就是發起無上正等正覺之心，努力修行去求證智慧。所以菩薩不是為了自己而求開悟，是為眾生而求開悟，就這樣子「深信於菩提，不取諸心相」。菩薩就是這樣，深信佛菩提；這個菩提當然不是講二乘菩提，因為二乘菩提要取六識心的無常等心相，而菩薩所深信的佛菩提，不取所有諸心的心相。不論七轉識也好，如來藏也好，心相當然要「證」，證了以後，有智慧來利樂眾生、教導眾生；可是自己卻不攝取這一些心相，一心一意就是為了利樂眾生。接下來說：

「眾生不求道，愚惑於六界，謂一切眞實，無界說界相。」一般眾生都不求道，所以有的人週二晚上走過正覺的樓下，看見說：「這裡人在排隊，在幹嘛？」打聽結果是：「喔！要上樓去聽經的。」他心裡覺得納悶：「聽經也要排隊哦？唉唷！這麼多人在這裡排隊，那是閒著沒事幹嗎？」他們是這樣想的，不知道諸位排隊是爲了什麼。諸位爲了正法，可以在樓下慢慢排隊上來講堂，目的就是爲了聽經；可是眾生根本不考慮這個，就說：「什麼求道不求道的！我還年輕呢，叫我求什麼道？等我老了再講！」眾生的想法是：「老了再求道。」問題是：如果眞到七老八十了，還能求道嗎？所以說眾生都不求道。但他們不求道的原因是因爲「愚惑於六界」，他們沒有智慧來對地、水、火、風、空、識加以如實觀行，他們對六界不如實知；不如實知，他就不懂得要求道了。

所以他們想的是：「我是眞實的啊，你怎麼可以羞辱我？你這樣講話對我不公平，傷了我的自尊心，所以我要告你！」對吧？我也是這樣被出家人告過（大眾笑…），不是被世俗人告，是被比丘尼告！這到底是什麼出家人？出家了是求無我、證無我欸！而她那位常常在告人的比丘尼，一天到晚在講佛法、講無我，結果說：「你傷了我的自尊心，傷了我的名譽，我要告你！」

（大眾笑…）這不透著邪門嗎？所以不但眾生對六界不瞭解，連出家人也對六界不瞭解。

眾生之所以爲眾生，就是地、水、火、風、空、六識等六個法組成的；如果把地大拿掉了，就不成其爲欲界、色界眾生；把水、火、風大，或者空、或者六識拿掉，只要拿掉其一，就不成其爲眾生。所以一切人都「愚惑於六界」，就認爲一切法都是眞實的，正因爲眾生是這樣，所以其實沒有所謂不壞的六界，諸佛如來還得爲眾生施設及講六界。因此本來就是一個如來藏，爲什麼要把祂區分成六界、十八界呢？就因爲眾生愚惑，所以「無界說界相」，把這一些功能差別的界限一一加以說明。

「見流轉眾生，愚癡著諸邊；菩薩信我無，諸行皆無常。見諸破戒者，信戒不思議；淨戒立禪定，菩薩住攝心。」菩薩就是看見流轉生死的眾生們由於無明籠罩，始終住在漫漫長夜中，因此執著於「有」與「無」衍生出來的各種邊見。「邊」就不是中道了，所以「美」有個相對語叫作「醜」，「生」有個相對語叫作「死」，「聰明」有個相對語叫作「愚癡」。世間的一切諸法都是相對的，相對的諸法就不是中道。如果哪天你當了禪師，人家來問你：「如何是佛？」你就說：「美！」第二天又來問：「如何是佛？」「醜！」把它湊成一對。「如何是佛？」「非男！」「如何是佛？」「非女！」就這樣湊成一對，反正都是各兩邊，兩邊拿來湊成一對，如此一對又一對回答他；他有無窮問，你可以有無窮答。等到哪天被問煩了，又來問：「如何是佛？」一棒把他打出去！（大眾笑…）因爲他這個時候，就需要來個「主中主」，再也不是需要「賓中賓」了，所以一棒打出去。被打了很痛的，所以醫啊、醫啊，醫了三四天，稍微不痛一點了，又來問：「如何是佛？」當胸一拳打過去！因爲他的緣熟了。

所以這些都是兩邊，棒子打過去也是一邊，拳頭擊過去也是一邊，可是這其中，親疏不同；裡面有親有疏，只要他的因緣到了，也就會了。但是一般眾生是愚癡的，所以都落在兩邊；甚至學佛很久的釋印順，也落入增益執及損減執等兩邊之中，跳不出來。但是菩薩深切地相信：「五陰等我是不存在的，五陰我沒有一個常住法，因此我看見這個假我在人間的種種行；但這一些行全部無常，沒有哪一種行可以是常，因此一切行無常。」

然而菩薩看見各種破戒的人，說他們各個都不把戒法好好受持，菩薩卻不因此對戒法喪失信心，反而信受戒法不可思議。因爲眾生初學佛，受戒之後總是犯戒，可是菩薩發現自己心境越來越清淨，最後知道自己原來得力於戒法，所以信受諸佛如來施設的戒法不可思議，很清楚地了知：「**正是因爲清淨的戒法，才能夠建立禪定；如果沒有清淨的戒法，想要發起禪定，完全沒門兒！**」也知道清淨的戒法才能使人證法之時心得決定，不會再退轉而能生忍。

所以九千年後，要去彌勒內院，你得發願自己要好好修行，到那個時候，必須取證阿羅漢果，不能像其他道場的學人是以凡夫身分往生去彌勒內院。可是那時要證阿羅漢果，就這九千年中要好好地訓練自己，把自己的無明去除，因爲諸位將來是要成爲當來下生　彌勒尊佛龍華樹下三會廣度眾生時所用的人，你不是那時的被度者，所以這事情諸位得要上心，再也不能輕忽了！而諸佛如來正是用清淨的戒法來建立禪定，「因戒生定」，有沒有呢？《楞嚴經》告訴你的：「要因戒生定。」如果不是清淨戒法的輔佐，你想要發起禪定或於法生起定心所而能忍，沒機會的！菩薩正好就是依於清淨的禪定而住，以禪定收攝自己的身心，就依於禪定所發起的無欲境界來安住其心，而爲衆生不斷地利樂下去。

「**若見懈怠者，求佛精進力；調伏諸三昧，總持正法智。**」菩薩如果看見有懈怠的人，就求諸佛如來加持自己益發的精進；由於有精進力了，所以能調伏各種的三昧。三昧爲什麼得要調伏？因爲證得三昧之後，這個三昧能否成其所用，端在各人！譬如說你證悟不退了，這時候有「空、無相、無願」三三昧，但這個三三昧能否被你所用，這是個大問題。所以同樣的證悟者之間都有三三昧，可是各人的言行互不相同，這表示有的人對這三三昧有調伏，但有的人對這三三昧是剛證得，還沒有開始調伏，於是心擾動，求世間法的利益，違背了四攝法，去從衆生身上獲得不該得的利益，這就是沒有調伏諸三昧；但是菩薩有能力調伏各種三昧。

「**總持正法智**」是說，能夠把正法的智慧建立爲一個總持，這樣來執持正法。例如世親菩薩鄰於初地，因爲他曾經謗大乘法，後來聽了哥哥無著菩薩的勸導，不割舌了，轉這個謗法之舌，來爲正法作事，於是他寫了很多論，導致他有一個名號叫作「千部論師」。本來他的證量應該是要超越初地的，但因爲曾經謗大乘法，被這個業所遮障，不得入地，可是他的「千部論」很好，譬如他對〈百法〉也寫了一個論：「**一切最勝故，與此相應故，二所現影故……**」，有沒有？最後一句是「**四所顯示故**」，這就是他寫的總持。可是到末法時代，這個總持不太夠，我就加上五陰、涅槃、如來藏等等，把它總合成爲比較完整的佛法，這也是總持。

總持也就是咒，所以咒就是總持；但是「咒」被翻譯成中文流通以後，那個「總持」的意旨就消失了。譬如說〈大悲咒〉，你如果用梵音來唸，印度人聽懂，中國人聽了一會兒也會誦，可是不懂它的意思。所以我悟前跟隨聖嚴法師去朝禮聖地時，有一次受託去送一個東西，回來稍晚被罰，我說：「**好！我就誦〈大悲咒〉——古梵音的〈大悲咒〉給諸位聽。**」我一誦起來，大家剛開始聽第一遍、第二遍覺得新奇，因爲跟他們誦的不一樣；第三遍、四遍習慣了，五遍、六遍開始打瞌睡；可是那個印度遊覽車司機一面開車、一面點頭，原來他聽懂！這叫作總持。

那我們〈正覺總持咒〉也是這個道理，我就把它編輯好了，讓大家來受持；然後就引來一堆的護法神，護持這一首總持咒。所以如果你隔壁鄰居一天到晚請神來他家降乩，很吵鬧！我告訴你：當他們開始準備要降乩時，你就開始唸〈正覺總持咒〉，他就無法起乩了，最後他們就轉移陣地去了；因爲有護法神來護持，他們鬼神無法靠近，只好離開了。這就是「**總持正法智**」。接著說：

「**愚癡著壽命，觀陰無壽者，眾生性寂滅，諸法相亦然；信陰無來去，善惡業不斷；因淨不淨業，不離於生死。**」眾生都是愚癡的，執著於壽命，所以小孩子如果不好養，怕養不大，趕快去算命，天干地支排了出來說：「**這孩子活不過七歲！**」父母就憂心死了：「**那怎麼辦？怎麼辦？**」那算命的老先生告訴他：「**不用擔心，把他送去出家！給佛陀照顧。**」這一出家，活個七老八十！所以壽命對眾生而言很重要，如果能夠活一年、跟活十年，你一定選十年，因爲十年可以作好多事情，一年所作的事情太少。菩薩也是這樣，如果可以活百年，我就活百年，我不要活五十年；因爲百年可以作更多事，雖然菩薩都不爲自己的利益，但是爲眾生作事，能活更久就作越多，沒什麼不好。所以愚癡的眾生執著壽命，但是菩薩觀察五陰，發覺其實沒有壽命，只因爲五陰的存在，所以建立壽命，因此對壽命就不執著；所以說壽命是因五陰而有，因此說「觀陰無壽者」。

「眾生性寂滅」，是說眾生的自性其實是寂滅的，就像《佛藏經》說的「一切諸法無生無滅、無相無爲」，又像《妙法蓮華經》說的「一切諸法，皆悉空寂，無生無滅，無大無小，無漏無爲」；又如《大方廣師子吼經》說「一切諸法無來無去」，聖教量如是說，證悟後所觀的「自心現量」亦復如是，故說「眾生性寂滅」。

從現象界來看，一切諸法全部都有生滅，有生滅就有來去，怎麼可能一切諸法本無生滅？怎麼可能一切諸法本無來去？但是實相法界如來藏不在所生的一切諸法中，而是能生一切諸法者，所以菩薩證悟第八識而看見實相法界，從實相法界來看所生的五陰時，這五陰眾生的自性其實是寂滅的，因爲這一切五陰的喧鬧，終歸只是寂滅性的如來藏自性清淨心體表面的假象，如來藏的境界中還是寂滅的，所以「**眾生性寂滅**」。

那麼眾生的自性如此，一切諸法的法相莫不如是，菩薩就信受說：「**實相法界中五陰其實沒有來去，現象法界中善惡業其實不曾中斷。**」欸！這話有點奇怪吧？菩薩「**信陰無來去**」，可是眼前所見明明這個五陰有出生、長大，然後到了壯年又開始變衰老，最後離去了。是有來去的啊！爲什麼說相信這個五陰是沒有來去的？因爲這五陰是生活在如來藏裡面，而如來藏本無來去，所以菩薩「**信陰無來去**」。

雖然信受這五陰沒有來去，可是看見眾生世世的五陰卻是善業、惡業都不中斷；善惡業不中斷，這就很嚴重了！有人也許想：「**惡業不中斷嚴重我知道，可是善業不中斷爲什麼很嚴重？**」我跟你講：「**你如果善業不中斷，造了善業生天享福，享福完了，福報享盡了，還是下來人間嗎？**」不！所有福業全都享盡了，剩下的就是那一些惡業，死後就得去三惡道了！要回來人間還要等很久，所以善惡業不斷是值得恐懼的事；也因此菩薩行施時，不記憶、不執著於施，三輪體空，不被善業所牽，也不被善業所轉；由於這樣現見的緣故、這樣修行的緣故，菩薩可以離淨不淨業，而把所有的法攝歸如來藏。可是眾生沒辦法，眾生因為淨業和不淨業的緣故，永遠「不離於生死」；當他執著淨業時，死後生天享福，天福享盡，下來三惡道，可能去餓鬼道、可能去畜生道，才又回來人間，又修淨業、不淨業，就這樣「不離於生死」。

「**眾生同法界，法界即生死，是名不思議，菩薩無畏信；勝信不思議，精勤修法智，不為於少智，名為淨信說。**」所謂的眾生其實就是諸法的功能差別，所以人是人、天是天、狗是狗、鳥是鳥，就是諸法功能差別而已，因此說：「**眾生同法界。**」

以前有人每一次晚課作完就迴向說：「**今以此功德，迴向於法界。**」他迴向給法界幹嘛？諸法功能差別需要他迴向喔？諸法功能不需要他迴向啊！所以他不如乖乖地迴向一切種智。可是他們又不相信如來藏，不想迴向什麼一切種智，因為後來知道一切種智就是如來藏所含藏種子的一切功能差別的智慧。因此他們眞的不懂，但咱們懂了，就迴向一切種智，以一切善事、善業來迴向佛地一切種智；所以說「**眾生同法界，法界即生死**」，因爲眾生和諸法的功能差別是相同的，但是諸法的功能差別就是生死，這樣現觀的智慧就叫作不思議，這就是菩薩無所畏懼的信力。

因爲菩薩親眼見到這樣的現象，這種由現觀而產生的殊勝信力是不可思議的，於是精勤修學這樣的法智；然而菩薩不是爲了這種小小的智慧，而是爲了追求未來佛地的智慧，這樣才叫作清淨信的所說。

《不退轉法輪經》上週講到二十三頁第一行，今天要從第二行開始：

「**同信諸眾生，常住無所有，於空無取著，一切法不住；眾生空亦空，同於涅槃界，說法常無相，令眾生信解。**」這還是在說菩薩的信行，說同樣一種信受的所有眾生們，其實都是常住的；雖然常住，但是卻無所有。這到底是在說什麼？這是說，同一個信仰的佛弟子們，譬如以大乘佛法的同一個八識論信仰，也就是信受「**此經**」如來藏的所有有情都是常住的，連一切不信受的六識論者也一樣都不是生滅法，一切有情都是常住的。常住的有情所住的境界卻是無所有，不是有所有。

那麼諸位想想看，以二乘菩提來說，他們從初果乃至到第四果的所證，同樣都是說眞實有，都是有，不是斷滅空。也許有人想：「**這樣說好像不太對！因爲阿羅漢是滅除一切諸法，所以捨壽時，他們可以不受後有而入無餘涅槃，成爲『不受後有』，那他們死後怎麼會是有所有的常住法？**」但問題是，這一種定性聲聞的阿羅漢，他們爲何捨壽時要入無餘涅槃？他們捨壽時，爲什麼不繼續在人間利樂有情？正是因爲他心中有所有，不是「**無所有**」；他們害怕未來世又有個五陰繼續出現於三界中，所以捨壽時得要入涅槃，「**不受後有**」；既然是這樣，就是有所有，他們是面對三界有的時候心中有所畏懼，所以想要入無餘涅槃。

可是依於「**不退轉法輪**」所說所見的正法，同樣這種信仰的人也還是常住的，因爲他們入無餘涅槃以後不是斷滅空，而是依於「**此經**」如來藏而常住；雖然常住，卻不是三界有，所以「**常住**」而「**無所有**」。這樣的菩薩們證得了這個法以後，即使他只是個初果人，同樣對於第八識空性無所取著；

所以證悟空性阿賴耶識以後，只是去觀察、去體會祂的各種別相，即是七眞如而繼續進修；可是對這個空性第八識自身而言，其實無所取、也無所執著。

爲何無所取？因爲你證得第八識空性以後，現觀自己的如來藏本來就在，不從外得；既然如此，何曾有取？所以證悟的時候，不能說是「**我從外面證得空性**」，而是悟得自己本來就在的第八識空性，所以「**於空無取著**」。既然無所取也就無所著，不需要執著祂，而祂自己也不執著自己；因爲「**此經**」如來藏這個空性心，你要賣也賣不掉，別人想買也買不走；既然別人取不走，那你又何必執著祂？正是因爲別人可以取走的，我們才需要去執著啊！假使別人都無法取走，不管用搶的、用買的都取不走，那你又何必執著祂？所以無取亦無著。

像這樣的菩薩聲聞，經由音聲而聞如是妙法，然後實證了，結果是離繫的「**一切法不住**」，不需要也不會特地執著哪一個法；一個法如是，許許多多的其他法亦復如是；因爲一切法不外於自心如來藏，全都存在於空性如來藏阿賴耶識中，所以對於一切法同樣不需要有所住，名爲「**一切法不住**」。

這一切法歸我所用，但我不需要執著一切法而特地安住於一切法中，這就是菩薩的所證。

到這個地步，「**眾生空亦空，同於涅槃界**」；這時候所看的眾生猶如「**咒力起屍**」——就像古時候湘西有趕屍隊，半夜啓程、天亮就睡覺，專走夜路；就像那些被咒力驅動的似有情（那些殭屍不叫有情），然而菩薩所見每一個有情卻不是有情，這個時候就說：「**一切眾生無非就是『此經』如來藏。**」所以我們今天臺北講堂有多少部經存在呢？一部又一部都坐在這裡，都叫作「**此經**」如來藏，又名有情；因爲每一個人都是「**此經**」如來藏阿賴耶識，都叫作「**空性**」。

而這樣的眾生空，其實也是空，因爲當你轉依「**此經如來藏空性**」的時候，看一切有情這個空性阿賴耶識時，如來藏阿賴耶識的自身境界中，都無所見的緣故而說沒有所見的空性，所以「**眾生空亦空**」。當你轉依「**此經**」的境界來看一切法時，無有一法存在，亦不反觀空性自己，所以眾生這個空性也是空。因此當你從這個空性的自住境界來看的時候，也就是依這個空性而把空性所生的蘊處界等一切法放在一邊時，你看這個空性自己所住的境界，其實就是無餘涅槃；但是你不必入無餘涅槃，發覺每一個剎那、每一個當下，無餘涅槃都跟你同在，所以「同於涅槃界」。

你如果有朋友是一神教的信徒，他跟你祝福說：「願上帝與你同在！」你也回他：「願上帝與你同在！而且上帝眞的跟你同在。」讓他驚訝一下：「欸！你不是佛教徒嗎？爲什麼也說這句話？」你無妨告訴他：「我親見上帝和你同在！」讓他懵然無依，因爲不知道你講什麼，你就告訴他：「您信的上帝不正是造物主嗎？現前造作你這個色身的就是你的上帝啊！對吧？」他一定說：「對！」（有些人異口同聲回答：對！）他的回答跟諸位一樣，那你就說：「我看見上帝跟你同在，所以我這樣跟你祝福又有何過失？」這就可以分手了，不用再解釋，讓他好生疑去。

然後他日思夜想，想不通啊！晚上睡覺時在那邊思惟，也思惟不通。有一天一定來找你。這一找上門來，你就想：「上鉤了！」對吧？對啊！上鉤了。就告訴他：「你一天到晚抱著上帝睡覺，每天早上跟他一起起床，可是你看不見你的上帝！可憐哪！」你就說他可憐。這時候他得要跟你探究一下了，你就有機會把他釣進門來。

所以說這一部經第八識如來藏空性，祂其實就是涅槃法界，而每一個眾生無不從常住涅槃的「此經」如來藏而出；「此經」如來藏阿賴耶識，就是他們所講的創造五陰的上帝，只是他們所解釋的上帝落到五陰的層次中了，並不是眞正的造物主上帝。當你把每一個有情的五蘊十八界一切法放在一邊，單看出生他五陰的如來藏時，那不就是阿羅漢入無餘涅槃後的無餘涅槃境界嗎？正是如此啊！所以說「同於涅槃界」。

這時候菩薩無妨轉身住於無餘涅槃界，而與眾生同事利行。怎麼樣利行？就爲他「說法常無相」。一般大師們解說佛法時都告訴你：「佛法就是四聖諦、八正道、十二因緣，以外無別佛法。」你就告訴他：「不！那只是二乘菩提道。」然後你就告訴他：「佛法是常，而且無相。」他就想：「嗄？原來佛法不是緣起性、不是緣生性空欸！原來佛法是常，而且無相；可怪的是佛法裡都是說諸法生滅不住，爲何『常』？又爲什麼無相？」到這裡他又想不通了。但這個實相智慧就是菩薩的所證：佛法是常、是無相。因爲佛法講的就是「**此經**」如來藏阿賴耶識，但「**此經**」常住，永無生滅，所以一切諸法攝歸「**此經**」如來藏時，就說佛所說法是常。而且「**此經**」無相——本來無相、永遠無相；既然無相，當然要爲眾生「**說法常無相**」。菩薩信行位得爲眾生如是說法；當眾生如是理解，你這個菩薩就當得起。

接著說：「**一切法性空，平等觀眾生；三有中勝智，得如是信持；亦名最上信，好樂無畏法。**」從現象界來看時，一切諸法「**法住法位**」；既然「**法住法位**」各有其所依的位次，就有互相歸屬的問題，而且背後必有常住法而令諸法永不斷滅，所以說一切法不空，眾生才會輪迴生死永不終止；但因爲全都歸於空性心如來藏阿賴耶識，故說一切法的法性就是空性，名爲「**一切法性空**」，《楞嚴經》中很詳細地說明這個道理。由於無明遮障的緣故，所以世俗人斤斤計較，一般學佛人何嘗不是如此？可要是哪一天他證得「**空性**」阿賴耶識了，就說：「**一切法性空。**」不再和你斤斤計較了，因爲他現見一切法的自性無非就是「**此經**」如來藏，無得亦無失。

既然一切法就是空性阿賴耶識，一切法的自性就是空性如來藏，當然就看見了一切有情平等平等；既然一切有情平等平等，如是「**平等觀眾生**」，因爲一切有情的如來藏阿賴耶識平等故，一切有情平等。當他這樣來現觀人間的眾生時，依此類推，從比量上也可以看見色界、無色界、三惡道的一切有情同樣都是這樣，那他就能現觀一切有情平等，便是三有中最殊勝的智慧了，故說「**三有中勝智**」。有這個智慧，就可以得到這樣的信受和受持，像這樣的菩薩聲聞，也叫作最上信，故說「**亦名最上信**」。

「信」有很多個層次，一般人的信叫作仰信，是因爲景仰而信受。但如果在努力修行聞、思、修、證後，這時有所證了，已不是聞信、思信、修信，而是實證。實證「**此經**」第八阿賴耶識時，他有了證信，因爲實證而生信，所以也叫作「**最上信**」。這個「**最上信**」的菩薩聲聞「**好樂無畏法**」，一般人你若跟他說道：「**學佛入道第一要務就是開悟明心。**」他聽了，倒退三步，心中覺得很恐懼，因爲他想：「**我何人斯？而與我言開悟之事！**」他對自己不信，認爲自己不夠格，所以他對佛菩提道的證悟心中畏懼，覺得恐怖，心中可能認爲自己要再經過很多劫、很多劫以後才能開悟。

就像二十幾年前，有個大山頭，派了個法師央求張老師在小年夜一起來到我家，說是要請法的；但結果不是來請法，後來我就說：「**那你今天來此，有何公幹？**」他一定是奉命而來的，所以我問「**有何公幹**」。原來他要請我去他們的寺院、以及全省各個定點去說法。我心中想：「**我這個法跟你不一樣，我縱然答應了，你能讓我說多久？一定不久就把我封嘴了。那如果要講你的法，我講不下去；因爲明知道那是錯誤的，我不該講，那要怎麼合作？**」所以我敬謝不敏。

當我敬謝不敏了，這法師就告訴我了：「**你們都說共修半年就明心、見性，**」（因爲我們當年是共修半年就引導明心又見性的）他說：「**我才不信！要是三十年可以開悟明心，我就很滿足了！**」我當場以手刀這麼一切就說：「**好！你就三十年開悟明心！**」欸？張老師！現在經過幾年了？二十幾年了！所以他要開悟，最少還得再等幾年，因爲我說話很毒，說了就算數。

不過，想他三十年可以開悟，也夠好了，就怕不能！所以連每年在美國、臺灣舉辦禪七的大法師座下的法師，都對自己的開悟沒信心，說要三十年才行；那如果像我自己這樣十九天就解決了（其實是最後二十幾分鐘自己思惟而把往世的所悟撿回來時解決的），那他能信嗎？所以他當年是不信我的實證，但現在不得不信。可是他還得要再等幾年，再等幾年後他就能悟嗎？如果他的知見不改，我說：「**再三十世也悟不了！**」也就是說，菩薩「**好樂無畏法**」，對於無所畏之法，菩薩是喜樂的、愛好的，絕不恐懼。所以當菩薩知道：修學般若的實證，就是證悟「**此經**」如來藏時，菩薩心中無所畏懼，一心一意就是要求證。

我們弘法二十幾年到現在，佛教界對於「**證悟**」這件事情開始有信心了，這是好事；但是引發一個後遺症，就是大妄語的人，天下一堆！但從另一方面來看時，這也是好事：讓他們大妄語，引生眾生更大的信心；而他們後來知道自己的大妄語，捨壽前自己去佛前對眾懺，滅盡大妄語業的重罪，重新投生爲人，這也不是壞事。所以說菩薩證得這個法以後，無畏於一切法，這才是「**最上信**」；於一切信中，無以上之，正因爲這個「信」，能使菩薩「好樂無畏法」。

那麼問題緊接著就來了：是證得什麼法，而能無畏於一切法？（大眾答：如來藏。）對！正是如來藏阿賴耶識。如來藏於一切法無所畏懼，因為一切諸法莫不從之生；既然一切諸法全都由如來藏所生而歸屬於如來藏，那麼如來藏對一切法有何畏懼可言？這就是無畏法。所以你假使哪天修得好的神通，把空性如來藏帶到虛空中去，祂也無所畏懼；只要你不畏懼就好，因為你可能會畏懼，但祂從來不畏懼，這就是個無畏法。見到三惡道有情，見到諸天天主，見到諸佛菩薩，如來藏阿賴耶識也無所畏；永遠沒有畏懼，這就是無畏法。菩薩證得這個「無畏法」，也好樂這個「無畏法」。

「**佛法中智人，自信勸他信；如是展轉教，增長諸功德。**」菩薩成為菩薩聲聞而證得這個無畏法，就成為佛法中有智慧的人。想要當佛法中有智慧的人並不容易，一般人總是感嘆說：「**三藏十二分教，浩如煙海，無從下手。**」但菩薩信行，由聲而聞，證得「**無名相法**」阿賴耶識、證得「**此經**」第八識之後，成為佛法中有智慧的人；現見一切有情於此法無所知，現見一切有情於此法的實證心有畏懼，於是依於悲憫之心，「自信勸他信」；此時發覺自己是佛法中有智慧的人，篤信「此經」如來藏阿賴耶識；可是看見眾生愚迷不悟，於是不單單自信便罷，還要勸大眾同樣都要信受「此經」如來藏，所以是自信，也勸他信；像這樣子輾轉教授一切有情，這個功德就不斷地增長。

所以菩薩證悟之後，通常不會是只有一個人，不會是只有自己弘法，菩薩幫助許多弟子同樣證悟之後，也催促著許多的弟子們繼而起之，共同來弘揚這個「無畏法」；就這樣輾轉來教導眾生，於是功德不斷地增長。俗話說：「獨樂樂，不如眾樂樂。」自己一個人享受法樂，不如讓更多的人同樣享受這個法樂。就這樣子，菩薩攝受也催促著更多證悟的人，一步一步走上來，一起來「自信勸他信」。接著說：

「淨心無染著，利益之福田；欣樂調伏施，淨戒及忍辱，精進禪定等，智慧爲開導；方便現淨智，令眾得勝樂，命終離惡趣，菩薩智最勝。」菩薩以清淨心而無染著，這就是眾生利益的福田。菩薩爲什麼成爲眾生利益的福田？因爲菩薩一方面可以教導大家次第實證，可以不斷地擴散出去利益更多人。菩薩同時也是實證般若之人，他本身就是功德田，而他本身也是諸弟子眾的報恩田，所以菩薩是「利益之福田」。

菩薩也很喜歡、很樂於作「調伏施」，不但教導眾生要調伏，同時也要調伏自己。「調伏施」就是在布施時，現觀三輪體空，這叫作「調伏施」，而不是只作布施而已；所以菩薩施時，不冀望回報，因為現前看見沒有布施的自己，沒有受施的對方，也沒有財布施、法布施、無畏施這件事情；這叫作菩薩行施時三輪體空，這樣就是「欣樂調伏施」。不但如是，「淨戒及忍辱，精進禪定等，智慧為開導；」所以菩薩受持清淨戒的時候，一樣是三輪體空，而無妨自己本身受持三聚淨戒，也受持十無盡戒，這就是菩薩的調伏淨戒。所以菩薩不是悟後就沒事了，悟後事更多，因為之前所修的六度，從布施度到達般若度所修所學，一一都要加以調伏。

這個調伏也是非安立諦三品心之所應修，只是這三品心中的一小部分，所以調伏清淨戒，還要調伏忍辱。因此菩薩出世弘揚「此經」如來藏時，不論外道怎麼樣毀謗，他就是不生氣；只針對外道的誹謗，去作法義上的辨正，不作人身攻擊，目的是爲了救護對方。當菩薩這樣作，而無一絲一毫忍辱之想，是因爲菩薩現觀修忍之時，亦復三輪體空：既沒有修忍的人，也沒有被忍的對象，而忍辱這回事也不存在；從「此經」如來藏阿賴耶識空性來看時，就是如此！所以菩薩只管去救護對方，沒有忍可言，根本不需要修忍，所以沒有忍辱這回事！這就是調伏忍辱；精進、禪定的調伏也是一樣的道理，乃至修學般若全都相同。

有一天你終於實證了，實證之後，你來看般若的實證這回事，當你從「此經」如來藏看般若時，沒有般若可證，沒有實證般若的人，也沒有爲大眾宣講般若這回事，這就是調伏般若；而這一切六度的調伏，都是以最後所證的實相般若的智慧作爲開導。如果沒有這個智慧，那就沒有「開」與「導」之可言。開就是打開，導就是導向；當你證了實相般若，你就打開了那一扇門，這扇門打開以後，所見是條條大路通羅馬；那我們應該怎麼說？條條道路通「般若」。

所以當人家問某一個法，你都可以從那個法，依循次第帶到般若來，這就是通達的道理；因爲你知道「法住法位，法爾如是」了。以前我跟孩子們住在一起，他們問我某些世間法是什麼道理，我講著、講著就說到般若了（大眾笑…），他們就說：「老爸！您三句不離本行！」我說：「對啊！這個法的定位本來就是這樣，只是你們不懂。」因爲「法住法位」，每一個世間或出世間法，最後都歸結到「空性、此經」如來藏阿賴耶識，那不就匯通於般若了嗎？不論人家問哪一個法，都匯通到般若，因爲你有這個智慧可以作爲開導依，由這個智慧開導你邁向實證的般若。

接著說，有這樣的方便善巧而顯現清淨的智慧，可以使令眾生得到最殊勝的快樂。那什麼是「清淨智」？既然談到「清淨智」，就表示有的智慧不是「清淨智」。所謂「清淨智」，你如果不提二乘菩提，那就是大乘般若的智慧了。可是你如果從世間法來看，二乘菩提智慧就是「清淨智」了；但是從大乘別教的法來看，二乘菩提智慧仍非「清淨智」；所以眞正的「清淨智」就是證得「此經」如來藏後，所發起的實相般若智慧。那菩薩聲聞藉由如來的法義宣說而得實證之後，他有方便善巧來顯現這樣的清淨智慧，於是有能力使令大眾都得到殊勝的快樂。

當菩薩能如此作到之時，「命終離惡趣」，當然不墮三惡道；因爲他有智慧上的威德，永遠不墮惡趣。「不墮惡趣」就表示見道所斷的未來世下墮三惡道的煩惱，他已經斷除了，因此見道的人，我們就說他「離異生性」。「異生」就是三惡道的有情，那麼他已經永遠離開了「異生性」，就不是一般的凡夫了；由於這樣的緣故，就說「菩薩智最勝」。

所以不說我，我說南洋假使今天還有阿羅漢，來到正覺講堂，遇見了咱們增上班的同修們都開不了口；這是實話，因爲菩薩的智慧很殊勝，絕非二乘聖者之所知，更何況南洋打從一千五百年前到現在，就不曾有過阿羅漢！所以我說這話不但是鼓舞諸位，而且我說的是事實，因爲南洋從西元五世紀開始，他們就不依經論而修，他們只依覺音論師寫的《清淨道論》修行；而覺音論師那部論，不曾提到如何斷我見。連他自己都沒斷「我見」，所以他所要斷除的只是「我所」，對於五陰的「自我」無有能力斷除，何況讀他的凡夫論的修行人呢？所以不說南洋有沒有阿羅漢，縱使有，來到正覺講堂，見了咱們增上班的同修，也是開不了口！因爲「菩薩智最勝」。

「**神通化眾生，世界六種動，光明悉普照；菩薩之妙智，無相師子吼，東西南北等，四維及上下，皆出於法音；誓於佛不疑，教化亦令然。**」菩薩假使超過了三地心，就是說他已三地滿心之後，有五神通可以度化眾生了。當他度化眾生時，世界有六種踊動，而且「**光明悉普照**」；因爲菩薩有意生身了，所以普於十方世界利樂有情，這時候由於具足四禪八定及四無量心，使他的光明普照諸世間。

假使有人證得第三禪，當他三禪具足時，光照半邊天，因爲天眼通的人都可以看見；除非菩薩故意收攝了定光，不放射出去，所以「**光明悉普照**」。但是菩薩的妙智到底有何作用？他不是用來炫耀的，而是用來「**無相師子吼**」，所以菩薩對各種邪見一一拈起、驗證，最後說明什麼才是正確的法，詳細說明無相之法，這就是菩薩之所作，所以諸菩薩都不跟人家和稀泥。因爲菩薩有勝妙的智慧，所說法都是無相之法；既是無相之法，相對於二乘菩提、相對於一般的世俗凡夫所說的都是有相法，那菩薩拈來一一比對、一一辨正，這就是「無相師子吼」。

所謂「師子吼」就是摧邪顯正，當菩薩如是「無相師子吼」時，「東西南北等，四維及上下，皆出於法音」，因爲這個法音流傳很遠。以世間法來講，語音流傳不遠，所以咱們六個講堂得要裝擴音器送到各個講堂，喇叭再放出來。可是菩薩說法「無相師子吼」，是針對天人、鬼神法界說的，不用如是器材，自然就流通出去了；這流通出去，不是只有四面，而且叫作十方，「皆出於法音」。因爲菩薩所說，皆是依「此經」如來藏而言，所說都是法音；而這些法音之中顯示出來：菩薩發誓於諸佛如來都無所疑，而菩薩教化眾生時亦復如是，也令眾生對諸佛如來都無所疑。然後 如來作了個結論：

「以是因緣故，顯現無量相，住於此智者，唯佛能證知。」這是說，由於這樣的因緣，顯現出「法」有無量的行相。所以你說，就這麼一個如來藏阿賴耶識，爲何有那麼多法相？有的人覺得納悶，其實不用！因爲當你證悟之後，繼續修學，就會發覺：這個如來藏眞的有無量法相，菩薩就依於對如來藏阿賴耶識的現觀，而爲大眾開導、宣示如來藏「此經」有無量相。菩薩正因爲住於如此的智慧之中，所以他的智慧不可思議。而凡、愚眾生想要猜測菩薩的智慧永不可得，因爲菩薩這樣的智慧「唯佛能證知」，說只有 如來可以爲他證明，只有諸佛如來能知道他的智慧；因爲諸佛如來已經成佛，而菩薩尚未成佛。

「阿難！是名如來多陀阿伽度、阿羅呵、三藐三佛陀爲諸菩薩如是方便演說信行。」這些就是作一個「信行」的總結。如來告訴阿難說：「我所說實相心的這些道理，就叫作如來、阿羅漢、正等正覺爲諸菩薩們像這樣子方便來演說菩薩信行的境界。」這「如來多陀阿伽度」你們有時候梵唄常常唱唸到，有沒有？怎麼都無所反應？（大眾笑⋯）「多陀阿伽度」就是「達他嘎躂」。「達他嘎躂」（平實導師以梵音唸出來），有沒有？知道了喔？就是「怛姪他」。所以「怛姪他」應該唸作「達他嘎躂」，「達他」要有一個拉長的音。「多陀阿伽度」就是「如來」，所以名爲「如來多陀阿伽度」；「多陀阿伽度」就是把「如來」再重複一遍。接著要進入〈信行品之餘〉，但是這個〈信行品之餘〉我建議把它改名，叫作〈法行品〉。

〈法行品〉第三（原〈信行品之餘〉）

經文：【阿難言：「云何如來復爲諸菩薩說於法行？」佛語阿難：「汝今當知，菩薩摩訶薩不住佛法，而能顯示不離法界究竟不思議界，受持諸法心無下劣；雖說諸法，而於法相無所取著，無念無住；總持諸法如實相性，不取於法、不捨非法，非樂於法、非不樂法；雖能如是而離諸法相，以善調伏心常安樂，善說諸法而無擾亂，於諸法相不離於身亦不住身；是身前際等法界，如虛空，無來無去，同眞際，如如相；是佛所說菩薩，證知清淨無垢，觀一切法空，無見無取。何以故？無故、離故、不著故；不見諸法，無所執持，無有諍論，顯現法界無言無說，體性本空心行處滅。是心不可得，亦不可思議，但示寂滅無緣境界，護持諸法，無所依止；何以故？一切法無體無相故。是菩薩法一相無相，不可稱譽，無畏說法；若爲他說法相名字一切章句，皆已自證；成就此法，名爲種性菩薩摩訶薩。得是種性已，於諸法中無來無去，

無取無捨；持一切法，無動無壞；以不壞故，是名法行。成就法故，便見一切諸法無相；得法利故，亦名法行。」】

講義：這〈法行品〉講的就是要如法而行，所以證得「此經」如來藏之後，要轉依「此經」如法而行，否則就不符合「法行菩薩」的定義了。阿難又爲我們提出問題來：「云何如來復爲諸菩薩說於法行？」這是說：菩薩們要知道〈法行品〉在講什麼，所以我們現在先把它語譯一遍。

語譯：【阿難說：「怎麼樣是如來又爲諸菩薩們演說於法行呢？」佛陀告訴阿難：「你如今應當知道，菩薩摩訶薩不住於佛法，而能顯示出不離於法界究竟的不可思議境界，這個受持諸法的心也並沒有下劣；菩薩雖然演說諸法，而於法相沒有任何的攝取或執著，無念而且無所住；依於『此經』如來藏而總持諸法如實相的法性，不執取於法、也不捨棄一切非法，不樂於法、也不是不樂於法；雖然能像這樣子而遠離諸相，以善調伏的緣故心永遠都住於安樂之中，善於演說諸法而沒有擾亂，於諸法的法相不離於自身，但也不住於自身；而此身的前際等同法界，猶如虛空，無來也無去，同於眞實際，是如如的法相；這是佛所說的菩薩，證知了本來清淨無垢的境界，而現觀一切法都是空性，沒有見、也沒有取。這是什麼緣故呢？是因爲無的緣故、離的緣故、不執著的緣故；沒有看見一切諸法，對一切法也沒有執持，沒有任何諍論，顯現了法界的無言亦無說，而體性本來就是空，一切三界心行的處所全部滅盡。而這樣的心不可得，也不可思議，就只是示現寂滅而無所緣的境界，如是護持諸法，而且無所依止；這是什麼緣故呢？因爲一切法都無體也無相的緣故。這樣的菩薩法一相也無相，不可稱揚、不可讚歎，無所畏懼地說法；如果爲他人演說法相的名字和一切的章句，都是已經自己親證了；成就這樣的法，就稱之爲種性菩薩摩訶薩。得到這樣的菩薩種性以後，於諸法中無來也無去，無取也無捨；受持一切法，而對一切法無動無壞；因爲不壞的緣故，這樣的菩薩就叫作法行菩薩。成就這法的緣故，便能看見一切諸法全都無相；得到這個法的利益故，也稱爲法行菩薩。」】

講義：我們把這一品改爲〈法行品〉，它原來的翻譯是〈信行品之餘〉，可是這一品明明就在講「法行」，不講信行，爲什麼不命名爲〈法行品〉？

所以咱們把它改為〈法行品〉第三。阿難尊者善於為我們挖寶，所以我們今天有這一部經的勝妙法義可以如實理解。諸位增上班的同修們，或者去打三親證「**此經**」的人，雖然還沒有得到我的印證，都可以藉「**此經**」阿賴耶識來印證自己的所悟到底眞、或者假。

佛陀告訴阿難說：「**你如今應當要知道，菩薩摩訶薩不住於佛法，而能夠顯示不離法界的究竟不思議界，**」這句話可厲害了！摩訶薩是證悟以後就稱為「**摩訶薩**」，不但是入地以後，因為在《楞伽阿跋多羅寶經》裡面就說，菩薩證得這個第八識而生起大乘無生忍，就稱為摩訶薩。那麼證得「**此經**」如來藏的菩薩摩訶薩不住於佛法中，這聽起來有點奇怪吧？明明是證得佛法了，而竟然說他不住於佛法中，這是什麼道理？譬如說，當你閱讀經論（經論講的都是佛法），讀了以後，你不斷地思惟它的道理，就是住於佛法中；可是菩薩摩訶薩證得「**此經**」如來藏以後，已經能通實相般若了，竟然說是「**不住佛法**」，這不很奇怪嗎？不！其實不奇怪！因為你已經改住於「**此經**」如來藏的境界了。

當你依於「**此經**」如來藏阿賴耶識來看時，無有一法可得，世間法及蘊處界入等法尚且不存在，什麼時候能住於佛法中？所以「**悟後不住於佛法**」這才是正說；「**悟後依舊住於佛法**」那是方便說，是爲一般學佛眾生而方便建立，不是如實說。那「**菩薩摩訶薩不住佛法**」還有一個原因，因爲《楞伽阿跋多羅寶經》裡面說：「**阿賴耶識變生一切諸法，是菩薩摩訶薩對自心現量的現觀**。（註）」所以阿賴耶識不是施設法，祂是菩薩摩訶薩所證的「**自心現量**」；也就是說，摩訶薩是現觀此第八識如來藏心，而且是現前觀察到一切法莫非阿賴耶識所變現，如實現觀那就是證得第八識的「自心現量」，所以自心如來藏就是菩薩摩訶薩們的現量，這是不可改變的事實；窮諸以前無量際、放諸未來無量際莫不如是——阿賴耶識變生諸法就是菩薩摩訶薩證悟後所見的「**自心現量**」。（註：經文原文爲：「若攝所攝計著，不覺自心現量、外境界性非性，彼有如是過，非我說緣起。我常說言：因緣和合而生諸法，非無因生。……如實處見一切法者，謂超自心現量。」）

那麼一切法既然是第八阿賴耶識的「**自心現量**」，你依於此心而去應對佛法所有的經論所說，所有內容就變成你現觀的「**自心現量**」，而你依舊「**不住佛法**」；因爲當祂變現出了世間、出世間一切法之時，祂自己的境界中卻沒有佛法可言，就是第八識自住的「**自心現量**」。雖然「**不住佛法**」，卻能夠「**顯示不離於諸法功能差別的究竟不思議界**」。諸位增上班同修現前看看是不是如此？所以大乘經講的都不是玄想、不是思想，而是義學，都是可以親證的；所以「**菩薩摩訶薩不住佛法，而能顯示不離法界究竟不思議界**」，所以菩薩摩訶薩觀察一切諸法莫不從「**此經**」如來藏阿賴耶識中生，滅也滅向「**此經**」如來藏中，所以「**此經**」如來藏是一切諸法的根源。

菩薩摩訶薩由於如是實證，所以還能「**受持諸法心無下劣**」。假使你從二乘菩提來看，初果人恭敬二果人，二果人恭敬三果人，三果人恭敬阿羅漢。可是菩薩有兩個看法：一、從現量的親證來看，是有各個階位的差別不同。二、從另一個現量，就是自心如來藏的境界來看時，一切有情平等平等；這個平等性，上從諸佛菩薩，下至三惡道一切有情莫不如是。既然如此，菩薩看待一切諸法就能受持，能受持就能現觀一切諸法「**法住法位**」：這個法在整個佛法中，它住於哪個位階？看得清清楚楚！這時候可以受持一切諸法，但是心中完全沒有下劣想；如果悟後有下劣想，表示他仍然落在五陰中，並非眞悟般若，所以有下劣想。

但如果沒有下劣想，是不是就該有高慢想？諸位搖頭還眞搖對了！因爲有高慢想時，也是住於五陰境界中，所以菩薩現觀諸法「**法住法位**」以後，可以「**受持諸法心無下劣**」；因爲諸佛如來證的是「**此經**」如來藏，我證的也是「**此經**」如來藏，只是悟後進修的次第有別。所以現在七住位、十住位、十迴向位不等，尚未成佛；但是從此以後，「**受持諸法心無下劣**」，就可以開始次第受學，更深入去求證。接著說：

「**雖說諸法，而於法相無所取著，無念無住；**」菩薩雖然爲大眾演說諸法，但是對於諸法的法相都沒有取著，所以菩薩悟後不會跟人家炫耀說：「**嘿！我悟了哩！你還是凡夫呢。**」證悟的菩薩不這樣作！如果他這麼作，佛菩薩就說他是個凡夫！這時你可以戳著他的鼻頭說：「**你才是凡夫！證悟者不必管自己有沒有悟。**」因爲當他這樣不斷公開宣稱自己開悟的時候，表示他沒有轉依成功，依舊住在五陰境界中。所以證悟的菩薩雖然也會像六祖惠能一樣宣稱證悟，但不是常常宣講，而是爲了敘述或證明某些事情時才講；所以菩薩摩訶薩於諸法的法相全都無所取著；因爲知道諸法法相莫不從「**此經**」如來藏而生、而顯、而滅，既然全都歸屬「**此經**」如來藏，而「**此經**」無背無面離諸言說，有什麼可炫耀的？因此於諸法的法相自然無所取著。

菩薩如果有起念，就是思惟佛法；如果有起念，就是爲眾生，所以平常都是無念；無念的人就無所住，因爲不爲自己求安樂，這時心心念念想的是爲眾生如何得離生死苦，因此他的心無所住，不再爲自己這一世的名聞利養、一切世間的種種貪著起心動念，所以「**無念無住**」。

「**總持諸法如實相性，不取於法、不捨非法，非樂於法、非不樂法；**」證悟者本來就應該是這樣的心，所以他所住的境界是總持諸法的如實相、如實性。諸法的如實相、如實性就是「**此經**」如來藏的自性，而「**此經**」如來藏阿賴耶識永遠如實，所以於各種法相中、於各種法性中，都顯示祂如實法性的行相。因此菩薩摩訶薩「**總持諸法如實相性**」，也就是總持「**此經**」如來藏時，「不取於法」也「不捨非法」。

也許有人想：「『不取於法』我倒可以信受，爲什麼卻又『不捨非法』？難道菩薩還要去殺人越貨嗎？」不是這樣的。「非法」有兩個意涵，譬如說你在人間生活，凡有所爲若與佛法無關，就是「非法」；所以每天吃喝拉撒逃不掉，這就是「非法」。可是因爲這是「非法」，就要把它捨掉嗎？可不能捨！因爲非法就跟法在一起，如果你在人間沒有吃喝拉撒，還能爲眾生作各種事情嗎？幹不了的！所以當你不取於「此經」如來藏正法時，同時也不捨離世間的各種法，這就是「不捨非法」。

從另一個層面來講，假使有一個人擬出了一個計畫，要害死很多人，他按部就班執行，到最後一步即將成功時，你在現場要不要把他殺了？（大眾說：要殺了。）諸位是異口同聲：「要把他殺了！」但殺人是不是「非法」？是「非法」！但這個「非法」，你捨不捨？不捨了。你沒有捨棄這個「非法」，可是你也不取於「此經」如來藏阿賴耶識，你直接就把他殺了。你心裡面可沒有在想說：「他也是『此經』如來藏。」沒有取這個法；但是對於「非法」，你也不捨棄，當下就把他砍了。這犯不犯戒？到底是犯、還是不犯？不犯！因爲你的「**根本**」是救護眾生，所以你當下的「**方便**」與「**成已**」也是救護眾生，因此菩薩「**不取於法、不捨非法**」。

菩薩摩訶薩「**非樂於法、非不樂法；**」菩薩摩訶薩對法很愛樂，就好比諸位，每週二晚上都來聽經，明明下班時已經是身心俱累了，來到這裡聽經，竟然不打瞌睡，好生厲害啊！這是因爲愛樂於這個法。可是當你證悟之後，轉依「**此經**」如來藏來看法時，「**此經**」如來藏對法沒有愛樂，所以「**非樂於法**」；所以你在見地上轉依「**此經**」如來藏爲眞實我以後，就成爲「**非樂於法**」了。雖說對法沒有愛樂，卻又每週二晚上都來聽經，所以又說「**非不樂法**」，因爲五蘊對這個法是很愛樂、很喜歡的，但眞實我如來藏對一切法卻是「**非樂於法**」。

「**雖能如是而離諸法相，以善調伏心常安樂，善說諸法而無擾亂，於諸法相不離於身亦不住身；**」這種境界都是可以隨聞入觀的，證悟者一面聽聞，一面反觀自己此心如來藏阿賴耶識，都可以一一驗證。雖然菩薩能如是而離開諸法相，因爲不執著於法了，但菩薩由於善於調伏，所以心永遠都是安樂的。菩薩證悟之後，如果心中老是不安樂，那個證悟是有問題的；所以菩薩實證之後，這嘴角總是往上揚，顯露出微笑來；但爲何往上揚？因爲可以現觀，可以現觀時心中就歡喜起來而有法樂。所以每天看見他總是喜孜孜的，不可能看見他愁容滿面，因爲「**離諸法相**」，卻又善於用「**此經**」阿賴耶識來調伏；調伏了自心以後，心永遠就是安樂的。

到這個地步，菩薩「**善說諸法而無擾亂**」。我記得早年弘法，有位郭師兄第二次法難就退轉了；他有時候爲人說法，一個法連著一個法，一直拉出去開講，講到最後，他不知道怎麼把它收圓，也就是拉不回來了，已經忘了一開始是在講什麼法。一貫道講收圓，我們也是講收圓；但他們收不了圓，我們可以收圓，也就是怎麼樣回歸到原來這個法，所說的法全部收攝圓滿於這個法中。然而那位師兄收不了，講到後來還得問人家：「**欸！我一開始是講什麼？**」（大眾笑…）這就是因爲他不知道「**法住法位**」，所以他讀了很多經論，我那時沒讀幾部經論，但他總是說不過我，結果他跟一位一起退轉的師姊說：「啊！老師很會辯論啦！我哪有辦法贏他？」我說：「天曉得！我才不過讀了少少幾部經典。」

這就是說，善於演說諸法，但是沒有擾亂時，就是一步一步延伸出去以後，最後又依理繞回來就收攝圓滿。善於說法的人得這樣子，可不能像他一個法講了，引生出另一個法，又再衍伸出另一個法，到最後不曉得講到哪裡去？然後自己不曉得如何收攝圓滿，這就是有擾亂。

那麼菩薩於諸法的法相現前觀見「不離於身亦不住身」。例如諸位現觀自己身上所有的一切法，有沒有離身？都沒有離身哪！但是所觀的諸法有沒有住於身中？也沒有住於身中！因爲諸法之所從來，都是從如來藏阿賴耶識心中來，而如來藏阿賴耶識無形無色，你說祂住於哪裡？所以說：「於諸法相不離於身亦不住身。」

我弘法早期，有個師兄很有趣，（他姓林，咱們不提名字。）有一天來跟我講：「老師！我知道要怎麼開悟了！」我說：「你講講看。」他就說：「因爲妄想是從如來藏中生出來的呀，那我就從妄想往前追索，一定可以找到如來藏啊。」我說：「你永遠也找不到！不信，你去找找看！」他果眞去找，找來找去，妄想總是突然間就蹦出來；而如來藏在哪裡？還是不知道！我說：「要找如來藏，不是這麼個找法！你要聽我的，我是過來人。」但他不聽，就用他的方法。結果呢？當然沒找到啊！因爲如來藏阿賴耶識是空性，既然叫作空性，怎麼可以有個地方讓你可以追索得到？所以他從妄想往前追溯，追溯到那裡還是沒有！這是一件趣事，提供給諸位，表示如來藏不離於身，但也不住於身，所以《大般若經》講：「不在內、亦不在外、不在中間。」就是這個道理。所以尋找如來藏時一定要依止善知識，不要自己盲修瞎練。

接著說：

「是身前際等法界，如虛空，無來無去，同眞際，如如相；」你這個色身的前際到底是什麼？（有人答：如來藏。）對了！就是如來藏阿賴耶識。你這個色身還沒有產生之前的第八識，不就是父母未生前的本來面目嗎？所以你的前際就是如來藏阿賴耶識；而「此經」就是此身的前際，但前際如來藏阿賴耶識等同於法界，等同於諸法的功能差別而平等、平等。你如果要說諸法法界遠勝於如來藏，其實說不得，因爲諸法法界都從如來藏中來；可是如果不是有諸法的功能差別，你也看不見、找不到如來藏，所以如來藏與諸法法界平等。

這在說明什麼道理？這在告訴你第七住位的眞如，八住位的眞如，九住、十住、十迴向位的眞如，初地眞如乃至佛地眞如。也就是在告訴你：眞如智與眞如平等、平等。七住位的眞如如是，初地眞如如是，八地眞如、十地眞如、諸佛如來的眞如莫不如是。所以當你證得第七住位的眞如，要觀察如來藏顯示出來的眞如法性，生起你所應該有的眞如智慧。當這個眞如智觀行完成，是說你把第七住位的眞如智慧觀行完成了，然後你馬上要現觀這個證眞如的智慧，和眞如心第八阿賴耶識平等、平等，因爲你這個智慧也是從眞如心與眞如法性而來。雖然眞如心第八識的境界中沒有眞如智存在，可是五陰如果沒有這個眞如智慧，你又看不見眞如；所以說，眞如智與眞如平等、平等，這就是證得第七住位的眞如。乃至於十住位、十行位、十迴向位、十地、等覺、妙覺、諸佛如來莫不如是。證得佛地眞如，就是到達佛地的眞如智慧，這智慧與佛地的眞如心平等、平等，這就是證得佛地眞如。所以說，這個色身的前際—第八阿賴耶識—同等於法界，就是與諸法功能差別平等、平等。

諸法的功能差別就叫作法界。而這樣的眞如也就是「**此經**」如來藏，猶如虛空；所以想要把這個猶如虛空的如來藏找出來，都很困難，因爲祂猶如虛空；猶如虛空卻又能夠讓你找到，這才是難事！所以古來多少人少小出家，入了叢林參禪，到老、到死一無所獲；來世還要再繼續出家、繼續參禪，所爲何來？就是爲了證得實相般若，就是禪宗說的父母未生前的本來面目。可是實相般若的所依自體是此心如來藏，心體猶如虛空，那麼請問：「**虛空有沒有來去？**」不可能有來去，因爲虛空是無法，「無」怎麼會有來去？一定是「有」才會有來去。而「**此經**」如來藏不是無性卻猶如虛空，所以沒有來、也沒有去；但是在沒有來去當中，祂卻「**同眞際，如如相**」。

祂其實是眞實法的本際，因爲一切諸法莫不從之而生，所以祂才是眞實法，祂是諸法的本際。雖然祂是諸法背後的眞實相，但祂永遠都是如如相；

因為是如如相，所以不論你怎麼讚歎祂，祂都不會歡喜而翹尾巴，不會像狗一樣。狗，你一讚歎，牠就尾巴翹起來，對你很歡喜；但祂第八識從來不會高興，祂是如。那你反過來想：「**我讚歎了真如，而祂竟然對我毫無反應！真不識好歹！**」就開始罵祂，可是罵上一大堆了，祂依舊沒有反應，如如不動。為什麼祂是如如相？總有個原因吧！因為祂於六塵境界都不了別，而你褒獎祂、辱罵祂都在六塵境界中；當祂對六塵境界完全不了別時就不知道，不知道就不會反應而如如不動，所以說祂：「**同真際，如如相**」。

《不退轉法輪經》上週說到〈法行品〉二十五頁第六行「**同真際，如如相**」。今天要接著說：

「**是佛所說菩薩，證知清淨無垢，觀一切法空，無見無取。**」這裡是說「**上面所說的這一些法、所說的菩薩們**」，換句話說，就是信行菩薩、法行菩薩們，而這裡主要是說法行菩薩們。說這些菩薩們證得以及了知清淨無垢法了，那到底什麼是清淨無垢？這個「**清淨無垢**」說的就是「**觀一切法空**」。「**觀**」有思惟上的觀，也有諦現觀，還有就是比量上的觀察，而菩薩摩訶薩對這些法的觀察，都觀察到一切法全部都屬於空性，名爲「觀一切法空」；當一切法都攝屬於空性如來藏時，那就是清淨的、就是無垢的。

還記得《實相經宗通》嗎？裡面甚至談到「貪」是清淨無垢，因爲它是實相；又說「瞋」、「癡」也是清淨、實相，但爲什麼說貪、瞋、癡都是清淨、實相？因爲都是實相法界中的事。既然一切諸法都是空性如來藏，那麼空性如來藏是清淨的，是沒有垢穢的，所以 佛所說的這些菩薩們都有親證，都能夠了知一切諸法清淨而使覺知心中沒有垢穢；因爲這些菩薩們現觀一切法都是空性，既然一切法都是空性如來藏，當然「無見無取」。

一般人讀到這裡時，一定說：「這部經是不是有一點矛盾了？明明一切諸法看見就是看見了，有取就是有取啊！怎麼會『無見無取』呢？」可是當一切諸法全都攝歸空性的時候，空性如來藏的自身境界中就是無見亦無取。祂本來就「無見無取」，不是你修行證悟之後才「無見無取」。只是沒有證悟之前不知這個道理，但是證悟之後，你把一切見聞覺知……等法全都攝歸佛法，都攝歸這個佛法的根本心空性如來藏，以空性如來藏來看待一切諸法時，正是無有一法得見得取。所以「觀一切法空，無見無取」，就是這一些佛所說的菩薩摩訶薩們「證知清淨無垢」的內涵。佛就解釋說：

「何以故？無故、離故、不著故；不見諸法，無所執持，無有諍論，顯現法界無言無說，體性本空心行處滅。」現在解釋菩薩們所說所住的「無見無取」的境界，因爲在空性如來藏的境界中，沒有任何一法可得故，也因爲遠離一切諸法的緣故；而且空性如來藏的境界中，不執著任何一法，所以空性如來藏的境界之中，不曾看見過六塵境界中的任何一法存在。諸法的存在與生滅變異等，全都是意識心的事，與空性如來藏不相應；因爲諸法都是現象法界中的事，而空性如來藏是實相法界的事，當你從實相法界來看待一切諸法時，無有一法可見，所以「不見諸法」。

既然「不見諸法」，當然對諸法「無所執持」，所以空性如來藏的境界中沒有法可見可說，任何一法都不可能存在，這時候哪兒來執持？又怎麼可能產生「諍論」？所以一切的諍論在空性的境界當中都不存在。這時候顯現的是實相法界的境界，而實相法界的境界中沒有言語及說明，因爲空性的體性本來就空無一法，而意識覺知心之所行，意識覺知心之所依處，全都不存在，所以「不見諸法，無所執持，無有諍論」，以這個境界來顯示空性的境界當中「無言無說」。而在實相法界中是「體性本空心行處滅」，因爲七轉識的心行只能存在於六塵等三界境界法中，不能運行於實相法界中，表示實相法界的境界中不會有七轉識的心行存在。於是 世尊又開示說：

「是心不可得，亦不可思議，但示寂滅無緣境界，護持諸法，無所依止；何以故？一切法無體無相故。」這是說，在空性心的境界中，是沒有空性心這回事的；知道有空性心這回事是你意識的事，如果你的意識不現行，譬如阿羅漢入無餘涅槃；還不用說到阿羅漢入無餘涅槃，就說你睡著無夢就好了，那時還存有一法可得嗎？眠熟時意根都還在，但已經無一法可得了！更何況是阿羅漢入無餘涅槃後呢？但是話說回來，意根無一法可得，眞的無一法可得嗎？欸！其實意根好像八爪章魚，什麼都抓，但祂就是不反觀自己，所以不知道自己緊緊抓著一切諸法；但因爲意識已經滅了，所以說無一法可得。

可是如果阿羅漢入無餘涅槃，七轉識俱滅，連法塵也不存在了，這時候何曾有一法可得呢？但是一定有人心中生起個疑問來：「**我睡著無夢的時候意根還在，爲什麼任何事情都不知道啊？**」因爲意根沒有證自證分；既然沒有證自證分，就不知道自己抓了很多法；而意識有證自證分，可以反觀自己在幹什麼，所以意識都知道，就差在這一點。

那麼從空性心來看待諸法時，其實就等於是阿羅漢入無餘涅槃的境界；所以這時候連空性心也不可得，因爲已經沒有人可以了知第八識空性心的存在了。假使你說：「**我開悟了，諸法歷然！**」那表示你沒悟。你們別笑！眞的沒悟，因爲諸法歷然呀！每一個法都很清楚分明在那裡，表示你落在意識境界裡，悟在哪兒？可是如來藏的境界中一法也無，從三賢位的所證來看，祂沒有自證分，也沒有證自證分，當然什麼都不知道。這個不知道的空性心如來藏，說白一點，就類似中國傳說的有一個很古早就存在的人，他叫作混沌；什麼都不知道，因爲沒有眼、耳、鼻、舌、身、意，連意根都不存在；假使你是這樣，那你就是如來藏了！可是朋友們好心幫忙，幫他開鑿了眼睛，開鑿了耳朵……等，七竅都有了以後，混沌就死了；因為混沌已經可以了知六塵諸法而不混沌了，也就是不存在，不就是死了嗎？所以中國人很有智慧呢，洋人就是笨，不會想到這一點。

那麼空性心就像這樣，在祂的境界裡——無餘涅槃的本際中，這個境界沒有見分、沒有自證分、沒有證自證分，就不會有內相分存在，所以這時候外相分就與我無關了！相分已經與我無關了，所以這時候什麼法都不存在，要說還有誰能了知這個空性心，根本就不可能！所以 如來說：「**是心不可得**。」但「**是心不可得**」這一句不等於如來藏不存在，因為這是從如來藏的自心境界來看一切諸法而說的，所以這是唯證乃知的事，不可思議！用思惟想像的永遠都隔了那麼一層厚厚的牛皮。不是只隔著一層紗，而是隔著一層厚厚的牛皮，所以說「**唯證乃知**」。

如來又說「**但示寂滅無緣境界**」，說這一些菩薩所證的這個境界，什麼法都不存在，就只是示現寂滅的、無所緣的境界。所以當你證悟以後來看自己的如來藏時，祂只顯示寂滅的境界、無所緣的境界，依於這樣的境界而安住，來「護持諸法」，可是心中「無所依止」。

這一句聖教倒讓我想起弘法最早期，那時候有個師兄覺得自己很厲害、很行，就私下裡告訴諸同修們說：「**老師教我們證得的第八識阿賴耶識，教我們現觀五陰的所依是第八識，可是這第八識應該也有所依吧？**」於是他創造了第九識，可是法界中沒有第九識這回事，而他創造出來，說有第九識出生了第八阿賴耶識。所以楊一半先生不是創始人，他在同修會中還排不上輩分，因為在正覺同修會出現之前，我的學生就有人這樣主張了；他私底下跟同修們這樣講，後來終於傳到我這裡來，我說：「**嗄？還有個第九識喔？**」然後把他們講的弄清楚了，我上課時就開始破斥九識之說；那時候我還在三個地方上課，同修會還沒有成立。這是說，這種事情自古以來如是，不是現代才如此。

玄奘當年也有人主張第九識，就是那個眞諦三藏。那玄奘知道沒有第九識這回事，但是口說無憑，得要有聖教根據才能破他，而且把慧解脫的證量拿回來了，也有證悟明心以及眼見佛性了，但是悟後起修到成佛這個過程的經教依據，在大唐國度找來找去，就是沒有一部經論談到這個。後來他聽到人家說有一部《瑜伽師地論》，又叫作《十七地論》，有講到這個部分，所以他下定決心要去天竺取經，就肇因於這件事情。從西天回來之後就楷定為「八識論」，沒有第九識、第十識。

這正見必須建立起來，否則每一個人都可以繼續發明；你發明第十識、我來發明第十一識，我比你更行！然後就會有第十二識……等，佛法就無窮無盡，就沒有人可以成佛了；所以第八識「**無所依止**」才是正確的。《六祖壇經》中六祖也講過了：「**如日處虛空。**」太陽有依止嗎？沒有啊！它就獨自一個在天空運行，就這樣一直繞。就好像太陽處於虛空，「**無所依止**」，所以菩薩依於這個空性心「**無所依止**」的道理，依於這樣的諦現觀而安住其心；如是安住以後，不斷地生心，這叫作「**應無所住而生其心**」，就這樣「**護持諸法，無所依止**」。

世尊解釋這個道理說：「**何以故？一切法無體無相故。**」因為一切諸法不論你從現象界來說，或者從實相法界來說，一切諸法全都「**無體無相**」。

你若是從現象界來看一切諸法時，無有一法不是生滅不住者；所以任何諸法都是生滅不住，生滅不住的法當然沒有常住及能生萬法的主體性，也就不會有眞實法的法相。你如果說：「那我轉從實相法界來看吧。」對不起！一樣是一切法無體無相，因爲當你從實相法界來看一切諸法時，一切諸法都不存在，既然不存在法，又何曾有體、有相？這樣才是眞的解脫於一切法的繫縛。

世尊接著又講：

「是菩薩法一相無相，不可稱譽，無畏說法；若爲他說法相名字一切章句，皆已自證；成就此法，名爲種性菩薩摩訶薩。」所以說，你是要當一般的凡夫菩薩，或是要當種性菩薩摩訶薩？（眾答：種性菩薩摩訶薩）對了！這就是眞正的菩薩大心啦！假使你到正覺講堂來聽經，每週二來聽這個了義經，但是一談到「種性菩薩摩訶薩」，心裡面就退卻，打起退堂鼓來說：「這是大菩薩們的事，跟我無關！」那你乾脆就甭聽了！

你可別說：「蕭老師！您怎麼趕人了？」對啊！我就是這樣講的。既然你敢來聽這了義經，就得有這個大心，要設法去實證，一定要證得「諦現觀」；

不然四處道場去混就好了，何必來正覺這麼辛苦幹嘛？對吧！正是這個道理。所以當「**種性菩薩摩訶薩**」很重要，因爲一當上了，即使燙了頭髮、點了胭脂、撲了粉，妳還是叫作菩薩僧，因爲妳已證得沙門法，心出家、身不出家，這就是大乘勝義僧。《楞伽經》裡面說，這樣的人叫作「**菩薩摩訶薩**」，所以應當要立志，拼這一世得要拼上一個「**種性菩薩摩訶薩**」。

但是要拼上這個階位得有實證，實證的內容就是「**菩薩法一相無相**」。實相只有一相，沒有第二種；不像斯斯有兩種（大眾笑…），聽說現在斯斯有四種了。實相只有一種，所以不可以主張說：「**你悟你的，我悟我的，爲什麼一定要我悟得跟你一樣的如來藏？**」就有不懂的法師這樣質疑過，可是我說，難道實相會有兩種嗎？所以這裡 如來也告訴我們說：「**菩薩法一相無相。**」只有一相，沒有第二種法相，而這個永遠一相的法相正是無相。

一般人想來想去就會懷疑說：「**既然無相，怎麼可以叫作一相？**」對啊！既然無相，那就什麼相都沒有了，爲什麼又叫作一相？因爲祂有眞如法相，祂藉著現象法界諸法在三界中運作的時候，每一剎那都不中斷地顯示出祂就是眞如法相。而這個眞如法相沒有蘊處界入中的任何一相，所以說爲無相；永遠都只有這個一相，沒有第二相，所以想要對祂生起勝解眞的很困難，要證祂就會變得更困難；但對於實證以後的人來講，清楚了然、無有遮隱，眞的「**是菩薩法一相無相**」。

那麼這個法「**不可稱譽**」，你早上一醒來，就開始讚歎這個法如來藏，從早讚歎到晚上睡覺爲止；但祂從來不理會你的讚歎，你怎麼讚歎對祂都無所謂。祂眞的無所謂，因爲不論你怎麼讚歎，祂都沒耳朵、沒耳識，所以祂聽不見；你讚歎祂的事情，對祂而言沒有作用，因此說「**不可稱譽**」。你讚歎祂，對祂沒有用，不會因爲你對祂極力讚歎，祂就對你特別好；但你不讚歎祂，或者辱罵祂，祂也不會對你壞一點點，就是這樣的「**一相無相，不可稱譽**」。

菩薩因爲證得這個「**一相無相**」的法，所以爲人說法時無所畏懼，名爲「**無畏說法**」。因此會外有的人以爲蕭平實長得人高馬大，粗獷大力，所以無所畏懼，沒想到一見之下說：「嗄！就這小個子喔？」沒料到！但是我們無所畏懼，所以該說的就說，該講的就講，還得把它講清楚、說明白才算數，因此成就了正覺名號在外的事實。

所以不懂的人說：「正覺一天到晚都在罵人！」有智慧的人拿到書，翻出來一看：「這不是罵人哪！這是法義論述，或者叫作法義辨正，不是罵人哪！」所以菩薩因爲證得這個第八識眞如法，說法無所畏懼。如果爲別人說法的時候，他所說的法相名字，或是解說經中、論中的一切章句時，「皆已自證」。菩薩是實證之後，來爲大眾說法；就好像《佛藏經》中說的，如來說：「末法時代，有許多比丘們藉小事因緣而聚眾説法辨爲大事。」什麼叫作小事因緣？就是世間法，不涉及實相法界，那就是小事因緣，就是經中說的：「以小因緣而起大事。」

如來降生人間爲大眾說法，是「以一大事因緣」，也就是證悟這個第八識妙法，然後爲大眾說法，令大眾同得悟入，這不是小事因緣。可是末法時代，很多比丘們都以小事因緣聚眾說法；譬如說，證得一念不生的欲界定，或是證得離念靈知……等，全都是小事，因爲那種定境都同於外道。必須證得這個「無名相法」第八識如來藏，然後出世說法，才叫作大事因緣。而菩薩出世說法，「若爲他說法相名字一切章句，皆已自證」，都是自己已經親證了，才出世爲大眾說法。假使有人能如是作到，世尊說：「成就此法，名爲種性菩薩摩訶薩。」因爲你已經成就菩薩種性了，所以稱爲「種性菩薩摩訶薩」，不再是一般的菩薩。世尊又說：

「得是種性已，於諸法中無來無去，無取無捨；持一切法，無動無壞；以不壞故，是名法行。」你看，信行不容易，這個法行也不容易啊！一切諸法都是已經親證，所以說，菩薩證得這個種性以後，在諸法來來去去之中卻住於諸法無來也無去的境界中。假使你不曾證得實相法界，那你一定是在諸法中來來去去；可是當你證得實相法界以後，無論你在諸法中如何來、如何去，去了又來、來了又去，依舊是無來也無去。

還記得土城那位不識字的老和尚嗎？對啊！人家問他佛法，他說：「無來也無去。」眞的沒有來、也沒有去。不然你們證得如來藏的人現觀看看，看你的如來藏曾經有來、曾經有去嗎？打從無始劫以來就無來也無去，而你只能證知祂，不能改變祂成爲有來去之法。所以如來藏儘管不斷地生現諸法，看起來諸法有來有去，不斷地來來去去，而如來藏始終不來也不去；不來不去的法，祂對於一切諸法「無取無捨」。你可以現前諦觀自己的如來藏，曾經取何法、捨何法？一直都沒有啊！從來「無取無捨」。也許有人想：「那我死了，就是祂捨我而去，不就是捨嗎？到了中陰身又投胎去了，不就是取後有了嗎？」不！那是意根的事，意根藉著意識，帶累如來藏又去投胎；如來藏是被帶累者，如來藏何曾有取有捨？眞的叫作「無取無捨」。

「持一切法，無動無壞；」眞的如此啊！空性如來藏這個心受持一切諸法，乃至器世間山河大地，莫非是如來藏所持；更何況是執持這個五陰身心。雖然空性如來藏持一切法，但是永遠「無動無壞」。說「無動無壞」，咱們從兩個層面來講：一、從空性心如來藏來看一切諸法時，一切諸法本不生滅，怎麼可能有動有壞？二、再從現象界來看一切諸法時，這一切諸法不斷地有各種舉止，但是這個舉止之所出，卻都不是五陰身心之所爲，很奇怪吧？如果你聽懂了，就是會心一笑，因爲一切諸法都不是五陰身心之所爲，全部都是如來藏之所爲，因此說如來藏「**持一切法，無動無壞；**」那你如果從現象界來看，一切諸法生了就滅、滅了又生、生了又滅、滅了又生，無有了期！既然可以無有了期，當然是由常住的如來藏所攝持，所以能「**持一切法，無動無壞**」。因爲這生滅諸法會不斷地生了又滅，表示背後有一個恆、常住、不生滅法攝持著。你再從這個常住法來看一切法，原來一切法都是這個常住的空性如來藏所執持，而這個空性如來藏永遠「**持一切法，無動無壞**」；如果你能夠這樣作，能這樣諦現觀，佛說：「**以不壞故，是名法行。**」正因爲證得不壞法的緣故而不必壞滅一切法的生住異滅，成爲法行菩薩。所以你看，想要當個法行者還眞的不容易欸！接著又說：

「**成就法故，便見一切諸法無相；得法利故，亦名法行。**」如來把這一段開示作個總結：成就這個法的緣故，「**便見一切諸法無相**」。從一般人來看，一切諸法莫不有相：這是貪、這是瞋、這是愚癡，乃至這是慢心等等無量諸法各有不同法相。可是你如果成就了這個法，也就是你證悟而轉依眞如成功了，你就可以看見「**一切諸法無相**」，因爲你把一切諸法攝歸空性如來藏，此時空性如來藏就是一切諸法了；而空性如來藏無形無相，所以「一切諸法無相」。最後說：得到這個法的利益的緣故，這個菩薩就叫作「法行」的菩薩。接下來：

經文：【爾時世尊而說偈言：

法不退轉，諸佛亦爾；若能持者，是名法行。
顯示佛法，無形無相；甚深無染，是名法行。
不離諸界，即不思議；到於法界，是名法行。
護持諸法，如佛顯示；心無瑕穢，是名法行。
轉不退輪，名爲無相；而不取著，是名法行。
無取無住，受持法智；如是持者，是名法行。
心常好樂，求法無厭，遠離懈怠，是名法行。
聞法受持，無漏無依，善住安樂，是名法行。
若說法者，不念不著，無相受持，是名法行。

著身善住，住無處所，是身非身，名知身相；
無前後際，等於法性，無來無去，名知身相；
亦如諸佛，顯示菩薩；得是法已，是名法行。
空界性相，一切無著；能如是持，是名法行。
又於諸法，空無所見；若無所見，則無障礙；
顯示無相，無有諍論，無言無說，亦無所有；
離諸心相，而無所得；若心無得，名不思議。
無來無去，非不顯現；無緣無說，名不思議。
若持是法，不可依止，名無所有，是名持法；
如是法者，菩薩所說；無合無散，顯示無作，
名爲行處。是種性處，得如是利，名爲行處。
從是種性，無可譏呵；得如是界，是名持法。
見法無滅，雖行無去；來而不來，不見有法；
若來若去，諸法亦爾；如是持法，亦無動搖；

不增不減，是無作法；若無增減，是名持法。

法相如如，無緣無説；得此法者，是名持法。

是故阿難！顯示菩薩，得深法利，是名持法。

是故阿難！顯示持法，爲不信者，而説是法。

如是分別，爲菩薩説；皆以方便，開示佛法。

如是，阿難！如來正覺爲諸菩薩摩訶薩説斯方便、顯示持法。

語譯：【這時候，世尊說完「長行」，又演說偈頌說：】

眞法不退轉，諸佛也都是這樣的；如果能受持的人，就稱之爲法行。

顯示佛的諸法，沒有形也沒有相；甚深而沒有雜染，這就稱爲法行。

不離種種的功能差別，這就是不可思議的法；到達諸法的功能差別時，就稱之爲法行。

護持諸佛如來的法，猶如佛陀之所顯示；心中沒有任何的汙點垢穢，這就稱爲法行。

運轉不退轉的法輪，稱之爲無相法；而心中沒有絲毫的取著，這就稱爲法行。

沒有取也沒有所住，受持這樣勝妙法的智慧；像這樣子受持的人，就稱之爲法行。

心中永遠都喜好和愛樂，求這種法而無所厭倦，遠離懈怠而實修的人，就稱之爲法行。

聽聞這樣的法而受持，無所漏失也無所依止，善於安住在這種安樂法中，這個人就稱之爲法行。

如果說法的人，不憶念也不取著種種法，依於無相而受持此法，這個人就稱爲法行。

取著於這個色身而善於安住，住在無有處所的實相境界中，現見這個色身不是色身，這樣就稱爲了知身的法相；

沒有前際也沒有後際，相等於這個法的法性而安住，心中沒有來也沒有去，這樣的人稱之爲了知身相的人；

也如同諸佛如來一樣，顯示此法的諸菩薩眾們；得到了這樣的法以後，就稱之爲法行。

空性法界中的自性與法相，一切都沒有執著；能夠如是受持的人，就稱之爲法行。

而且對於一切諸法，都轉依於空性而無所見；如果像這樣都無所見時，就不會於諸法有所障礙；

顯示沒有任何諸世間相，也沒有任何的諍論，實相的法界中無有言語也沒有說明，也沒有任何所有；

遠離七識心各種心相，而住在無所得的境界中；如果心中都無所得，即名之爲不可思議。

實相法界沒有來也沒有去，卻不是什麼法都不顯現；沒有所緣也沒有演說，稱之爲不可思議。

如果受持這樣的法，而這樣的法是不可有所依止的，稱之爲無所有，這樣就稱他爲持法的人；

像這樣的勝妙法，就是菩薩們的所說；沒有聚合也沒有壞散，顯示出來的是無所作的法，這樣叫作菩薩的行處。

這個種性的處所，得到了這樣的利益，也稱之爲行處。

由於這樣的種性來看，沒有可以譏嘲呵斥的地方；得到這樣的法界，就稱之爲持法的人。

看見法沒有減少，雖然已經行去了卻是沒有去；雖然已經來了卻是沒有來，不曾看見有一法可得；

或者來了或者去了，諸法也都是像這樣子；像這樣子受持法的人，心中也不會有所動搖；

不會增加也不會減少，因爲這是無作之法；如果是沒有增減的人，這個人就是持法的人。

這種法的行相如如不動，沒有所緣也沒有言說；得到這種法的人，就稱之爲受持佛法。

由於這樣的緣故，阿難！顯示了菩薩摩訶薩們，得到了很深厚的法利，這樣就叫作持法。

由於這樣的緣故，阿難！顯示受持這個法的人，爲了諸多不相信的人，而演說這樣的法。

像這樣子爲別人加以分別，爲其他的菩薩們演說；都是以善巧方便，來爲他人開示佛法。

就像是這樣子，阿難！如來正等正覺爲諸菩薩摩訶薩們，演說這樣的實相妙法方便、顯示如是受持諸法。】

講義：這一段重頌釐長的。前面是「長行」，「長行」說完了又說「重頌」。

「法不退轉，諸佛亦爾；若能持者，是名法行。」是說對這個勝妙法能如法受持的人而又不會退轉。會退轉的人都是不如法受持，一定是有誤會才退轉了。有誤會時應該向師長提問，如果又覺得自己很行，不肯提問，或是提問之後不願接受善知識的指導，就會有退轉的事發生。但是諸佛如來及諸不退菩薩持法時永遠不退轉，所以世尊說：「如果能這樣受持的人，就叫作法行者。」

「顯示佛法，無形無相；甚深無染，是名法行。」受持這個法的人，可以把眞如這個法爲大眾顯示，所以他有能力顯示這個勝妙法，表示他有親證。談到親證，就要說到誰是第一位親證的人？兩千五百多年前，當然就是釋迦如來。但是 維摩詰大士是 金粟如來倒駕慈航而來的；文殊菩薩、觀世音菩薩也是倒駕慈航來的妙覺菩薩，難道他們都沒有親證嗎？當然有啊！然而既是來示現爲菩薩擁護 釋迦古佛，當然就要示現爲沒有親證的模樣，專要等候 釋迦古佛再來示現成佛時，然後他們才可以來見 佛陀；而且也不能主動開口說法，得要 釋迦古佛授意之後才能開口，這就是佛教倫理。

所以「佛教倫理學」並不是那一些比丘、比丘尼他們寫了什麼《佛教倫理學》中所說的那樣，那不是眞正的佛教倫理學。譬如 文殊菩薩，你們曾看見他在沒有 佛陀的授意之下而爲人說法嗎？又譬如說一生補處的 彌勒菩薩，你們看他一生多麼低調！他從未出來說：「**我是一生補處欸！怎麼不可以爲人說法？**」全都沒有！他從來不這樣，得要在 釋迦如來授意之下，才會爲人說法，這就是佛教倫理。

所以在正法當中，這個佛教倫理很重要；因爲你們已經進入了義正法中，將來不久之世，都會成爲襄助法主的人，這道理我也得教給諸位。這就是說，有所實證的人一定要修學這個法，要不然智慧不可能不斷地增上；可是這個部分的佛教倫理諸法沒有跟上來，未來就會出差錯；而他的所證、所悟的層次，也將是永遠停留在第七住位，永遠原地踏步。

例如以現代的正法來講，現代是誰第一個開悟？對啊！當然是我啊！（大眾笑…）難道還有別人？但是這個倫理得要學好。有的人悟後就是不聽話，所以現在還在外面混，但是混得成功嗎？不會成功。所能得到的微小利益，比之於來世的不可愛異熟果報，那是相差太多了！這就是沒有智慧的人。所以在弘法的過程中，原則上諸佛菩薩都會尊重人間住持正法的法主，這就是佛教倫理。

因此某一個山頭，他要搞禪、淨、密三修，佛菩薩也尊重，因爲他是法主，所以他要搞密宗，就讓他去搞，佛菩薩都不干預。譬如說咱們正覺，決定誰可以開悟、誰目前還不該開悟；誰可以見性、誰還不該見性，佛菩薩們也尊重法主。所以不論誰去求佛、求菩薩，往往就是一念間告訴你：要依照法主的意思。但是你去問：「這一回我能不能悟？」當然會告訴你：「你能悟，但是因緣在法主身上。」這就是佛教的倫理。

所以如果哪一個道場說：「我大乘法講不下去了，我要講南傳佛法了。」佛菩薩也尊重：那你就去搞南傳佛法。佛菩薩不會有意見。因爲從佛法來講，你要怎麼弘法，那個因果就是你自己承擔，佛菩薩原則上不干預；等到捨壽以後，以下一世的可愛或不可愛的異熟果來作分曉，這就是佛教倫理。

所以同樣的道理，當你實證了以後，可以爲人家顯示佛法；因此當年很多人讀到了《邪見與佛法》時很震撼，爲什麼很震撼？因爲天下的大善知識幾乎一網打盡，獨獨漏掉一個「現代禪」。對吧？對啊！那是我故意漏掉的，因爲居士弘法在當年而言是非常困難的事，其他的大小山頭我是一網打盡；可是一網打盡之時，我卻把眞正的法顯示在那裡。所以有世俗智慧的人，讀完了說：「喔！原來佛法是這樣！原來那些人都悟錯了！原來佛法是這個樣子，我現在讀後終於懂了！」所以就把整個佛法的總相顯示在那裡。

可是這個佛法的總相無形無相，既不是物質，當然無形；而佛法總相不落於現象界諸法中，當然無相。如果你眞要說祂有什麼相，就只能說祂有眞如相，而眞如無相，所以說「顯示佛法，無形無相」。能這樣顯示的菩薩，一定所證甚深而沒有染污；如果悟後心中還存有染污，爲自己個人的私利去作事，表示這個人的證悟是有問題的。我永遠都是這個說法，二十幾年來沒有更改過。所以外面縱使有人知道密意，知道了也沒用，他還是沒有開悟！因爲開悟的密意對他而言只是一個知識，而不是親證！所以開悟的定義不是在知不知道般若的密意，而是在於他有沒有轉依所證的如來藏所顯示的眞如法性。否則的話，九千年後，手機一打出來搜尋，「開悟」就是這樣，那是不是每個人都悟了？沒有！那只是變成知識，因爲開悟應該有的內涵，他都沒有。

開悟應該有哪些內涵？首先是解脫，有解脫之後才能談到般若實相，才能談到法身的德行，這是開悟者最基本、所顯示的內容；但他沒有顯示出來，而且他還在謀求自己私人的利益，到現在還在會外混，還沒有回到同修會來，對於會中可以修學更多的深妙法也沒有興趣，只對名聞與利養有興趣，那你說他到底有沒有悟？這就很分明了。所以說「**甚深無染**」也是檢驗一個人有沒有開悟的條件之一。他所說的法甚深，因爲他的證量無法想像、無法猜測，而他形之於外的就是沒有染污；他不被世間的各種法所引誘污染而沉淪，這叫作「**甚深無染**」。所以「**法行者**」並不容易，那你如果能這樣作到了，就是法行者。

「**不離諸界，即不思議；到於法界，是名法行。**」證悟了之後，不是躲到深山裡面隱居，而是垂手入廛，反而要走入都市中度化眾生。所以誰悟了，想要當自了漢，我一定趕上門去給他一棍；因爲變成是我有眼無珠，度到個自了漢。所以悟了以後不離諸界，不管是六法界、十法界，或者一切眾生法界都好，永遠都在諸界當中來來去去，卻又無妨是本來性淨涅槃的解脫者，這樣才叫作「**不思議**」。如果悟了以後，就躲入深山自己修行，那他的境界有限量的，不是不可思議的境界，說穿了，他就是沒有證悟般若；所以不思議的境界是「**不離諸界**」，如果能這樣，到於諸法的功能差別中，不捨一切諸法；也就是不離眾生界，不捨一切諸法，這樣的人才是眞正的法行者。

「**護持諸法，如佛顯示；心無瑕穢，是名法行。**」證悟之後，當然就是要護持諸法。證悟的人跟聲聞人不同，聲聞人要拼一世成阿羅漢，證悟般若的人不然，是有計畫的：「**我將來到什麼時候要成爲阿羅漢，所以這一段時間裡，我應該要作什麼。**」是有計畫性的，也就是依著菩薩道五十二個階位的次第，一一付諸於實行，不急著取證聲聞解脫果。所以證悟之後是要「**護持諸法**」，要讓佛教所說的種種法繼續流傳下去，永不中斷；而這些法不能是自創的，就像是 佛陀所顯示的那樣傳下去。

換句話說，在佛法中沒有「創見」這回事，一切都要依止 如來所說法，不可以自己有創見。在學術界，創見非常棒，如果你的學術論文發表了，人家說你有創見，那是讚歎的話。可是如果哪天誰來跟我說：「**欸！導師！您很有創見！**」我就給他一巴掌（大眾笑…），因爲表示我說的已經不是佛法了。如果我說的是佛法，永遠都會跟 佛說的一樣，怎麼可能有創見？所以我剛出來弘法的時候，佛教界認爲我蕭平實是一個創見者，但那是他們所認爲的，而我認爲自己不是創見者，如我所說的都是諸佛如來所講的，沒有任何一個創見。

他們認爲我是一個創見的人，因爲是第一次聞所未聞法，所以認爲我是個創見的人，其實我說的才是 佛陀所說的，而他們所說的並非 佛陀所說的。我倒想起來，臺北市中山北路跟忠孝東西路交叉口，就是舊的市議會對面有一棟大樓，有個「創見堂」，有沒有？佛教單位這樣取名就不好（大眾笑…），因爲佛法中沒有「創見」這回事，你如果有創見，你說的就不是佛法！果然，他們都在講離念靈知，也許這幾年改了。所以必須「如佛顯示」，不可以自己有創見。

並且這樣的菩薩，心中沒有瑕穢，他不會一天到晚想著：「昨天誰來供養我五百萬元。今天該有誰來供養我一千萬元吧！」他從來不想這個事情，因爲從如來藏來看，無有一法可得，貪這些錢財作什麼？所以一定不會有貪求，乃至連眷屬欲都不存在，這才叫作「心無瑕穢」。

「瑕」比「穢」好很多，一塊白璧都純白而無瑕，就是絕頂好璧。譬如說藺相如有一塊白璧，有沒有？璧而有瑕，瑕就是有一個缺點，它就那麼一點點就叫作「瑕」。可是如果「穢」呢？表示整片都被染污而髒了，所以「瑕」與「穢」是有差別的。佛說這樣的菩薩「心無瑕穢」，表示他心裡沒有穢，連瑕都不存在。說證悟之後，要轉依如來藏，「心無瑕穢」，這樣才叫作法行者；所以要當法行者還不容易。

「轉不退輪，名爲無相；而不取著，是名法行。」這樣的菩薩出世說法時，所運轉的是不退法輪，而這個「不退轉法輪」是無相之法。這又讓我想起來，以前有個某某山，常常說他們那個大殿的玻璃窗上都有法輪，說那是佛菩薩的示現。可是我告訴諸位：每一塊玻璃，從玻璃廠出廠的時候，就已經有法輪了。知道甚麼緣故嗎？因爲玻璃廠都要用兩個大吸盤，往玻璃這樣一吸，就可移動玻璃了。但因爲那個吸盤都要上油，要有一種特殊的油抹在吸盤上，吸取玻璃時才不會掉落；吸取了以後就送到某處去放好再鬆掉，那每一片玻璃上就會有兩個法輪。每一塊玻璃都有兩個，沒有霧、沒有水氣的時候不會顯示出來，就沒有法輪；空氣中有水氣時就會顯示出來兩個法輪，那叫作人造法輪，或叫作玻璃吸輪。我家佛堂及其他房間的玻璃上也有。

可是菩薩運轉的眞是「不退轉法輪」，所以只要你如理如法實證了，也就是說，該修的次法已經修好了，這時候實證了，你智慧開始出生，得到解脫的功德受用，這時候有三德：解脫德、般若德、法身德；這時候就可以爲人運轉「不退轉法輪」了。而這個「不退轉法輪」的法是無相法，祂不與現象界諸法的法相相應，也不與現象界中的各種名相相應，所以稱爲無相法。證得這個法的人，轉依於這個無相法，從此依於實相心無相法所住的境界而住，而這個實相心的境界是無所住的，所以他也無所住；但在無所住當中，不可以一天到晚住在實相心的境界中，而應該時時刻刻生其心，不斷地爲眾生、爲正法運轉，叫作「**應無所住而生其心**」。這樣的菩薩摩訶薩就是「**而不取著**」的人，依止此心如是運轉，是名法行。

「**無取無住，受持法智；如是持者，是名法行。**」在這裡還沒有談到類智，只談到法智。法智與類智有差別。法智是自己的所證，尚未推及他人；如果是類智，就是推及其他有情；從自己的所證，再去觀察一切的有情莫不如是，這才稱爲類智。但是在法智出現之前，先要有法智忍；佛法中常常說到忍，比如無生忍、無生法忍，爲什麼要講忍？忍就是接受，你有接受這個法，就有忍；心中不接受，口上說接受了，還是無忍。已忍而接受的人就是轉依成功的人，心中不接受的人就是沒有轉依成功的人。那麼法智忍先要出現，然後才能有法智。同樣的道理，先要出現類智忍，才能有類智，所以這是一對一對的。當你證得如來藏，如果心中不接受祂爲眞實我，那你就沒有法智忍；沒有法智忍的時候，智慧生不起來，所以未來將有什麼進境都不懂。可是當你得忍，對這個法接受了，你的智慧就開始出現。

所以我們禪三考那麼多的題目，就是要讓你於法得忍；要不然我乾脆幫你們悟了就好了，也不用考；更不用上山來三次、五次、七次、十次的，都不需要了。但爲什麼我們要這樣作？是爲了讓諸位得忍。當你有法智忍了以後，你的法智就開始出現，所以懂得什麼叫眞如，懂得如來藏爲什麼是萬法的根源……等，這些智慧就開始出現了，這就是因爲有忍才有智。所以你看，只要忍一失去了，智慧就失去了；我們三次法難的人都是這樣啊，本來還好好的，可是當他失去了那個忍，他的智慧就開始產生偏差，偏差的智慧就不叫智慧了，表示他的法智失去了。

那麼這裡說「受持法智」，表示還沒有涉及類智。「受持法智」的人是就自己的所證，觀察自己所悟的內涵而依止，這叫作「受持法智」。那他轉依自己所證的法而安住，這是內心的境界，能現觀一切法都是自心如來藏之所變現的事實，叫作「自心現量」；然而眞實我如來藏卻是從來都無所得，所以依於這個「自心現量」而表現於外就是「無取無住」。假使有一個人證悟了，但是他悟後去貪取大名聲、搞錢財、搞眷屬等，就表示他不得忍，他其實沒有法智；換句話說，他沒有開悟，悟的內容對他而言只是知識，轉依不成功。法界中就是這麼回事，誰都無可推翻！所以當他有這樣的實證時，表現於外就是「無取無住」。

如果還對外法有所貪著，表示他轉依沒有成功，轉依不成功的人才有所取、才有所住；住於什麼？住於世間法。世間法很簡單，不外財、色、名、食、睡，財擺第一位；所以檢驗一個人很單純、也很容易，看他貪不貪財？他是不是藉這個開悟在謀求世間法的利益？這樣一檢驗就出來了。所以假使哪一天，我接受人家供養（不說三十萬、五十萬，那太小了！）五千萬、一億、兩億，納爲己有，放入自己口袋裡，我告訴諸位：你們就要離開正覺同修會了。因爲我這個開悟一定是有問題的，否則不會這樣作。

那如果我從弘法以來到現在，乃至盡未來際都不受供養，我只是來付出——法的付出以及精神體力的付出，以外沒有所得，這叫作「無取」，因爲我不住心於此。所以一個人有沒有法智？就從他表現於外的行爲來斷定，如果他是「無取無住」的人，表示他眞的「受持法智」了。「受持法智」是自心內境，「無取無住」是自心外境；所以判斷一個人有沒有「法智」時，你雖然不知道他的自心內境，但可以從他表現於外的現象來作判斷。然後 如來作結論說：「像這樣受持法的人，就叫作法行。」所以反過來說，如果有人將一個實證三乘菩提而且「無取無住」的人，謗爲「沒有法智的無知者」，那個人即是沒有「法智」的愚人，或是居心叵測的人。

「心常好樂，求法無厭，遠離懈怠，是名法行。」說一個菩薩心中永遠都喜好這個法、愛樂這個法，所以他追求佛法永遠不厭倦。追求正法永遠不厭倦的人才是眞菩薩，一般人聽到某一個法是可以實證的，但是心裡面不敢求這個法，那他就不是「**種性菩薩摩訶薩**」，因爲他的六度還沒有修學滿足，至少他還得在布施度上面繼續努力進修。所以諸位別覺得奇怪，說後山那個團體，那麼多的有錢人，爲什麼都不懂得要追尋眞正的佛法？你們不用覺得奇怪！因爲他們認爲自己那個法就是眞正的佛法，不知道那是相似法；這表示他們十信位還沒有修滿，所以這很正常。

那你今天坐到正覺講堂裡來聽經了，表示你十信位滿足了，否則你留不下來的。但是如果你今天還沒有實證，你就自己判斷一下：「**我到底是在初住位、二住位、三住位，乃至六住位？**」自己作個抉擇：「**我如果這一世就要實證，我該如何努力？**」答案就很清楚了。但是一般人聽到可以實證佛法，心中總是畏懼，對自己沒信心，不然就是對善知識沒信心，不然就是對這個法沒信心，這是很正常的事。

所以很多人進禪淨班以前，人家送給他正覺的書，第一次看到封面，不是出家人寫的，就把它往書架上一插；第二次可能是在三年後、五年後，人家又送一本來，看一看說：「欸！這作者的書我好像有。」（大眾笑⋯）然後書架上抽下來看，一樣的作者！又把它一併插上去，就這樣。然後過了十年，有人送他另外一本書，他看了說：「欸！這個作者的書好像我那裡也有哩！」然後才說：「那麼多人送給我！」於是就去讀，讀了以後，趕快！半夜裡把書架那兩本又拿下來讀，讀到天亮。這樣的人很多啊！因爲他不曉得，誤以爲正覺跟其他那些以前逛過的道場都一樣，這也很平常啊！所以說，對於了義的、第一義諦的法，心中是否永遠「好樂」？這是斷定他是否爲「種性菩薩摩訶薩」的條件之一。如果他眞的是「種性菩薩摩訶薩」，這一世固然有胎昧，忘了往世曾經悟過，但是一投入正法，那可就沒日沒夜一心精進了；這樣的人就叫作「心常好樂，求法無厭」。

求法無厭的人，聽經、上課不打瞌睡（大眾笑⋯）。爲什麼會打瞌睡？因爲對正法沒有很強烈的愛好。「求法無厭」，是因爲他對於法，希望具足吸收，所以不想錯過任何一個法，因此求法無厭。「求法無厭」的人應該就是精進的人吧？但不一定，有的人精進時都往偏的方向一直走，永不休止、一直走下去，所以每天上座就是離念靈知，以爲開悟了，就每天這樣坐。都不知道悟是悟個什麼？他認爲「一念不生」就是開悟的境界。從世間法來講，那叫作邪精進；因爲「精進」這個佛法裡面，從來沒有邪精進哪！表示從正確的法一向不迴轉，勇猛直前，才叫作精進；所以他一定「遠離懈怠」，求法時，沒有心思在世間法上用功，一心專精追求此法，所以這種「遠離懈怠」的人，稱之爲法行者。

「**聞法受持，無漏無依，善住安樂，是名法行。**」聽聞佛法、受持佛法的時候，那個法一定是無漏性的，也一定是無所依的；如果有人教你證悟的法，那個法是要有所依才能存在的，那就不對了！有所依就不是常，譬如意識離念靈知，必得要依這個五根身，必得要依意根，也必得要依六塵（至少要有第六塵的法塵）才能存在。那如果這離念靈知可以是所證悟之標的，表示所依止的法塵應該是實相，意根也該是實相，而你這個五色根也該是實相了；因爲你說意識是證悟之標的，意識就是實相，當然其所依更有資格說是實相；這麼一來，實相就有四個了。眞要細推下來，還不止四個哩！因爲意識的所依遠不止此，所以所受持的法一定是無所依的，因為祂本身是萬法的所依，不該另有所依。

並且祂也得是本來就無漏的。請問諸位：如果大師教導你所證悟的法是離念靈知，那我要請問：「離念靈知是有漏、還是無漏？」（眾答：有漏。）因為一天到晚在六塵境界中運轉，對於六塵境界就有貪厭，不能像諸地菩薩一樣無貪無厭，一定是有取有捨，這當然是有漏法呀！但是這個六識等有漏法也可以修成無漏，譬如到了成佛時就是無漏的，可是這個無漏卻是依於如來藏的本來無漏而修行成就，不是六識自己本來無漏；因此所證悟的法，必然得是本來無漏的法才行，那就只有第八識「無名相法」了。

如果是有漏之法，那就一定是有所依的法；有漏有依的法實證了，不會生起三德：不懂什麼叫法身、也不懂般若、也沒有得解脫；這樣的人，不可能「善住安樂」。所以當你聞法受持之後，所受持的法是本來無漏性的、本來無依性的，你才能「善住安樂」，從此以後腳踏實地，心中很安定，一點都無所疑。因為所證是無漏的，就不會去求錢財、廣求眷屬、廣求名聲。也因為是無所依的，所以依於這個法，於一切法都無所依，這樣子就能「善住」，否則於一切眞正的「安樂」境界沒有辦法「善住」，因爲他的所證不是究竟的「安樂」，都屬於世間法的層次，不是畢竟的「安樂」。如果「種性菩薩摩訶薩」如是「善住安樂」，就稱之爲法行者。今天只能講到這裡。

《不退轉法輪經》，上週說到二十六頁第十行，今天要從第十一行開始：

「若說法者，不念不著，無相受持，是名法行。」說法的人不念，也就是不憶念；不著，也就是不取著。修學佛法應該對法有所理解，那豈不是應該憶念嗎？所修學的法也應該有所受持，不就是應該要有取著嗎？卻說「不念不著」。這是說，這樣的一個說法者，應該自己有所實證了，然後出世說法；所以他出世說法的時候，從實相法界如來藏的立場來看時，對於所說的法不憶念、也不執著。憶念是意識的事，他雖然已經憶念了他所說過的那些法，雖然能受持而爲眾人演說，所以其實已經受持了；可是他所住的境界卻是不憶念、也不執著，因爲他轉依如來藏而安住。在這種不憶念、也不執著的境界中，他所住的境界是無相的，住於無相境界中，所以受持了眞正的第一義諦；如果他對於所說的法有念、有取著，那就不是無相法。既然受持的法是無相的，他就是受持眞正的第一義諦，就是「**無相受持**」；這樣的說法者，才是眞正的法行者。

「**著身善住，住無處所，是身非身，名知身相；**」雖然看來他和一般的眾生一樣，取著自己的色身而沒有捨棄；雖然如此，他卻善於安住，懂得如何住身於人間。但是雖然住身於人間，他所住的境界卻是沒有處所的，因爲他證知這個色身非身。從他的所見，這個色身就是如來藏身，不是一般人所見的五陰身，所以「**是身非身**」；這樣的人叫作如實能知身相的人。

「**無前後際，等於法性，無來無去，名知身相；**」是說這樣的說法者，他所住的境界是離開時間相的，不住在時間相裡面。五陰容有時間相，也一定不離時間相，所以就有前際、也有後際；但他悟後所住的境界，是依實相如來藏的境界而住，但如來藏的境界中沒有時間相、沒有前際與後際，他自己當然就住於無前後際的境界當中。這種境界和法性是平等的，因爲如來藏的這個法性沒有前際與後際，所以他住於「**無前後際**」的境界時，就「**等於**

法性」。第八識法性的境界中，無來亦無去，所以沒有來去可言；當你落在五陰身心之中，才會有來有去；如果不依五陰身心而住，你就沒有來去。所以當你的五陰身心依止於實相法界如來藏時，也就沒有來、也就沒有去了。這樣的說法者，名之爲如實知道身相的人。

「**亦如諸佛，顯示菩薩；得是法已，是名法行。**」這四句是總結前面那八句，說這樣的說法菩薩，也好像是諸佛一樣，顯示出菩薩所住的境界。得到這樣的法以後，就是一個法行的人。

「**空界性相，一切無著；能如是持，是名法行。**」「空」指的是如來藏。「空界性相」指的就是如來藏空性各種功能差別的法性與法相。能如是說法的菩薩，對於如來藏的功能差別、法性、法相種種諸法，都是依現觀而演說的，知道一切法都是第八識的「**自心現量**」，無失亦無得，所以一切都沒有執著；能像這樣子受持這個法，就稱之爲法行的人。

「**又於諸法，空無所見；若無所見，則無障礙；顯示無相，無有諍論，無言無說，亦無所有；離諸心相，而無所得；若心無得，名不思議。**」現在請諸位來看看，你所證的第八識空性如來藏，是否符合這個「不思議」的定義？說這樣一個實證空性的說法菩薩，他對於諸法「空無所見」。從你的如來藏來看待諸法時，迴無一法可得，所以「又於諸法，空無所見」。如果確實能夠無所見的話，於諸法就不會有障礙了。

過了像法時代而到末法時代，學習佛法有所障礙都因爲有所見，所以一天到晚看見別人的過失，都沒有看見自己的過失。但是實證的人，不但沒看見別人的過失，也沒看見自己的過失，因爲「空無所見」哪！可是他知道別人有什麼過失，也知道自己有什麼過失，但是當人家一問起來，他竟然說：「我都不知道！」因爲空性心於一切法都無所見。「空無所見」的人，於一切諸法不會有障礙，因爲他可以運用這個唯一之法，左右旁通、上下貫通，都沒有障礙。

像這樣的說法者爲人說法時，顯示出來的是無相的境界，所以他說法時和別人不會有諍論。那麼現在一定有人想：「你蕭老師不是實證了嗎？爲什麼一天到晚跟人家諍論？還寫了那麼多書，破斥那些說邪法的大師們！」但是我並沒有諍論，如果有諍論，那一定是心中有瞋、有恨，或是錯誤了還要堅持說到令別人相信他正確；可我寫書辨正諸方大師過失時，法喜充滿、很快樂啊！沒有一點點的瞋或恨，一心只想救他們上來；所說也都是他們的錯誤，他們都無法具文辨正；所以對我而言，這些法義辨正都不是諍論。對他們而言，那就是諍論，因爲他們說的法錯誤，卻又要維持他們的身分與形象，於是才有諍論。

就好像　佛陀在世時，那一些外道都說：「**瞿曇與我們有諍論。**」聖弟子們聽了，回來告訴　佛陀。佛陀說：說法如實，即無諍論；說法不實，方有諍論。因爲　佛陀是如實說法，而外道們說的法錯了，還要狡辯到贏過別人，那才是諍論！所以如實說法者所顯示的法是無相法，「**無有諍論**」。所以佛陀在辨正外道法的時候，心中也沒有一點點的生氣；因此說，能如實「**顯示無相**」勝妙法的人，他說法時一定「**無有諍論**」。然而這個「**無有諍論**」顯示在什麼地方？在他所說的法「**無言無說，亦無所有**」；所以說法時，所說的內涵一定是「**無言無說**」的第八識眞如。

那，什麼叫作言說？或者說，什麼叫作口行？言說就是口行。很多人都說：「我面臨一切境界時，心中了了分明而不分別，所以我是迴無言說的。」他還說自己迴無言說。可是佛經不這麼講，且不談大乘經，就說《阿含經》好了，《阿含經》說，覺觀即是口行。（《雜阿含經》卷二十一：「覺、觀已，發口語，是覺、觀名爲口行。」）只要有覺、有觀就會引生心中或嘴上的口行，跑不掉；除非你離諸覺觀，只有遠離覺觀的第八識心，才能遠離口行，所以說覺觀就是口行，因爲口行來自覺與觀。

有覺有觀就是有言有說的心，有言有說不是「無言無說」，那就一定是三界有；落入三界有之中，就不免有言說。而三界有之中，最主要的兩個心就是意根與意識；睡著無夢了，剩下意根；清醒位則有意根，也有意識。有意根與意識就必然有覺觀，有覺觀就不免有口行，有口行就是落入三界有，不是「無所有」。但是這一個說法的人，所說的法是離諸覺觀的，所以「無言無說，亦無所有」；他所說的這個法，就是空性心第八識如來藏，而這個空性如來藏的境界當中，無有一法可得，所以沒有任何三界有可說。

只要落入三界有之中，就不免各種不同形式的言說，就是三界有的法，不是一無所有，不是證得「無所得法」的常住眞如。這樣不墮三界有的眞如法是「離諸心相，而無所得」的；這種法不是二乘聖者之所能知，更不是世間凡夫之所能知，因爲世間凡夫之所知都是在前六識等生滅法的範圍中。二乘聖者之所知，亦復不離前六識的境界，他們也不曾證得空性心如來藏，所以他們永遠都有七識的心相；一直到捨壽入無餘涅槃後，才能「離諸心相」。阿羅漢們捨壽之前不離各種無常的心相，所以他們仍住於有所得境界中，除非入了無餘涅槃；但是菩薩出世說法，所說的是無所得法的如來藏空性心，這個心眞的不能叫作心，所以又名「非心心、無心相心」；這個心沒有意根的心相，沒有前六識的心相，所以「離諸心相」。而這個第八識眞如心的情境中，於一切諸法皆無所得，所以這個心不會攝取三界有的境界，永遠不落於六塵萬法之中，所以說祂「而無所得」。如果所證的心、所弘揚的心是「無所得」的，那就稱之爲不可思議。

但是這個心無所得，在像法和末法時代始終都被誤會了，因此他們都說：「我離念靈知了了分明，從來都無所得。」但是從第一義來看，「無所得」不這麼解釋，而是你有沒有了別；因爲這講的是佛法，不是講世間法呀！所以當他們心中了了常知，而自稱爲不分別的時候，你伸手往他臉頰狠狠捏了一把，他馬上質問你：「你爲什麼捏我？」可是你問他說：「你不是都不分別嗎？你現在知道我捏了你、知道痛，你就是有覺受的所得嘛！」這時候他又不講話了。

所以無所得的心是不接觸、不領納六塵境界的，能接觸六塵的心就是有所得。你聽到某個聲音，知道這是風聲、水聲、人聲、狗聲，一聽就分別完成了，那就是有境界上的所得了。你看到某些圖案、某些字，一看就知道，都還沒有唸出來，就先知道它的意思了，那就是有所得；不是說心中不起語言、文字的分別，就是無所得，已經領受了就是有所得。所以所說的心、不見所住的心是無所得的，也就是離六塵見聞覺知、不在六塵中作了別及領受的，這才是眞正的無所得心；這樣的無所得心叫作不思議的心，即是第八識眞如，這不是三界中人所能思惟分別而了知的，這是唯證乃知的事。

「無來無去，非不顯現；無緣無說，名不思議。」請問諸位：「你們今天有沒有來正覺講堂？」（眾答：有。）再請問諸位：「你們今天有沒有來正覺講堂？」（眾答：沒有。大笑…）對！這樣就對了。欸！不愧是正覺門下弟子！對啊！你從五陰來看，有來正覺講堂；可是你若從如來藏心來看，根本沒有來。為什麼你五陰知道有來？因為你知道自己來了，經由六塵而知道自己來到正覺講堂了，所以有來；可是如來藏不了知是否來到講堂，所以對祂而言，沒有來。

講經圓滿回家了，回到家裡，你五陰身心知道：「我回到家了。」可是你的如來藏不知道：「我回到家了。」所以你們答得好。這要讓我去外面講經，我要問誰去啊？無人可問了。所以諸位是咱家的知心。這就是說，實相心沒有來、也沒有去；可是如果因為祂沒有來也沒有去，你就說：「那根本就不存在嘛！」那你又錯了！因為祂非不顯現，第八識真如確實有顯示出來，祂真的在；祂和你五陰身心同時同處。

那為何說祂「非不顯現」？因為第八識時時刻刻顯示出真如法性，所以眞如就是第八識如來藏運行時的相分，因爲祂藉著這個五陰身心顯示出來，而讓有慧眼者可以觀見第八識眞如，所以「非不顯現」。但對於一般凡夫而言，他們說：「哪兒有如來藏？我怎麼找都找不到哩！」但其實分明顯現，他自己沒有慧眼而看不見，不能怪如來藏；因爲如來藏從來不跟人家捉迷藏，是那樣分明的運行著而顯示出眞如的法相來。因此 如來《不退轉法輪經》講了這麼多，沒有一句妄語，都是依空性心如來藏而宣說的。

這個「非不顯現」的空性心如來藏「無緣無說」，因爲一切有情都在六塵境界當中不斷地攀緣、不斷地言說；可是如來藏從來不落入六塵境界當中，因此祂對六塵境界都無所緣。人之所以會有言說，是因爲有所緣，緣於某一法，就有對某一法的言說；緣於另一個法，就有對另一個法的言說；如果都無所緣，也就沒有言說。而空性心如來藏不緣任何一法，所以說祂無緣亦無言說；這樣的心就是不思議的心。

對一般人來說，特別是到了末法時代，想要瞭解無緣無說的心根本不可能，因此所說諸法都落入欲界法中。如果你所說的法是可以出離三界生死的，這樣的法就已經很厲害，世俗法中的大師們已經無所理解了，譬如阿羅漢們的證境。但是阿羅漢們的證境，他們的所修、所斷都是三界法，是在這三界法裡面修行，設法斷除對三界有的執著，才能使他們死時入無餘涅槃；他們得要入了無餘涅槃以後，才是「無緣無說」的不可思議境界。但是菩薩的所證、菩薩的所說，是現前當下就已「無緣無說」；當菩薩正在為人演說的時候，當下就是「無緣無說」的境界，這才奇特啊！如果是像阿羅漢那樣，入了無餘涅槃才能說是「無緣無說」，那是可思議的；雖然對凡夫眾生而言，依舊不可思議。但是菩薩之所說與所證，是在言說的當下即無言說；正在言說而有所緣的時候，就已經無所緣，這樣的境界才名為不思議的境界。

「若持是法，不可依止，名無所有，是名持法；如是法者，菩薩所說；無合無散，顯示無作，名為行處。是種性處，得如是利，名為行處。」如果受持這樣的法，而且同時是不可依止的，這樣才叫作「無所有」。受持這樣的法，就是說受持空性心如來藏，然而受持這個法的時候，不可依止。這時候一定有人生起了斗大的問號：「以前你不都說要轉依呀？既然轉依第八識了，**不就是依止嗎？**」說的也是喔？其實不對！因為你所依止的空性心如來藏，祂沒有任何的依止。你依止於祂，但祂不依止於任何一法，可以獨存而常住，所以沒有什麼法可以作為祂的依止；因為祂離六塵境界，從來不在六塵中運轉，那你說，祂要依止什麼境界？所以祂的境界中「**無所有**」。證得這樣「**不可依止，名無所有**」的境界，你來轉變自己、依止於祂；當你依止祂的時候，你的心也就沒有依止，所以同樣叫作「**不可依止**」；這樣的境界稱之為「**無所有**」，能這樣受持的人就叫作「**持法**」者。

像這樣的法是菩薩的所說。如果是聲聞人，他們要怎麼依聲聞法來解釋，我們不理他，除非他們說的違背了《阿含正義》，因為《阿含正義》所說都符合《阿含經》。如果依止第一義諦，所說的法必須要符合第一義諦，而菩薩說法正是演說這一種法，所以說：「**如是法者，菩薩所說。**」如果我們把這八個字，兩句話翻面來作另一個解釋：所說的法如果不符合「**如是法**」，那就不應該是菩薩所說。可是明明放眼現代佛教界，不管大陸、臺灣都一樣，不管南洋、歐美也是一樣，他們所說的佛法都不屬於「**如是法**」，都落入常見或斷見外道法中，那表示他們的身分是什麼？（有人答話，聽不清楚）假名菩薩喔？說的也對啦！但是只限定在北傳佛法地區，因爲他們說的不是「如是法」。既非「如是法」，顯然他們叫作假名菩薩。

可是你如果實際探究那些假名菩薩的本質，一定會發覺：他們本質上全都是聲聞人，活脫脫是古時聲聞部派佛教僧人的翻版。將來我們還要重講《成唯識論》，重講的時候舉證而作辨正時就可以看得出來，從上座部分裂出來的說一切有部，然後從說一切有部又分裂出來，又有人從上座部再分裂出來，不斷分裂，後來總共成爲十八個部派，他們說的都是聲聞法，可是他們也寫大乘論來跟菩薩諍論，譬如：清辨、佛護、安惠，最有名的是安惠的《大乘廣五蘊論》，不就是這麼來的嗎？那我就把它破了！

所以那些部派佛教時期的各部派全都是聲聞人，他們並不是菩薩！但他們以凡夫的身分自認爲證得阿羅漢，然後不斷地從上座部、從說一切有部繼續分裂出去；而他們也同時研究大乘經論，研究了以後，也來寫大乘論，可是說的內容都是以二乘法來解釋大乘法。那麼請問：他們是聲聞人，還是菩薩？（眾答：聲聞。）正是聲聞！那釋印順就是個老糊塗，從年輕糊塗到老，就把那些聲聞部派的凡夫僧指稱為大乘菩薩，然後指稱大乘菩薩們的法義有所演變；但他們何曾是大乘菩薩？都是聲聞部派佛教中的凡夫僧人！

菩薩們沒有搞分裂成功的，搞分裂的都不是菩薩！所以自古以來，菩薩僧團沒有被分裂成功；古來也有一些凡夫、或者有些悟了又退轉的人試圖分裂，但是都沒有成功，大乘佛法自古以來便是如此。而菩薩們所說的法，才眞的是「如是法者」，所以「菩薩所說」，一定是這個空性心如來藏的相關諸法。那麼聲聞人也來揣摩測度，然後寫了一些所謂大乘法的論；其實證悟的人因為不忍卒讀，讀上幾頁就讀不下去了！所以沒有寫下「讀過以後」的事，因為讀了就發覺：這些論到處是錯誤，沒辦法讀下去。當然發覺那不是菩薩所說，根本就是聲聞凡夫僧所說。

但是菩薩所說的法「無合無散，顯示無作」，從表面上來看，菩薩在人間各有所作，因為利益眾生而有所作，有合有散；所以有時與這個法合，有時與那個法合；合了以後就離開了，成為有散，所以有時離開這個法、有時離開那個法。有合有散的法都是三界中法，然而菩薩藉三界有爲助緣所說的法，從無量阿僧祇劫以前又復無量無數倍之前，本來就是「**無合無散**」的，而這個法「**顯示無作**」。

這時候有的人一定想：「**我看來好像有作啊！**」但問題是：「**到底誰決定要作？又是誰了知在作什麼？**」都是意識與意根，凡有所作都是意根之命，所以全部都是有作。但意根之命來自於意識對六塵的觀察，都是有作。可是如來藏知道自己作了什麼？或者知道自己沒作什麼嗎？完全不知道呀！那你怎麼能夠說如來藏作了什麼？欸！這時候有點奇怪了吧！有時候說：「**一切都是自心所作。**」自心不就是講如來藏嗎？顯然一切都是如來藏所作，但如來藏有想過要作什麼嗎？如來藏知道作了或正在作什麼嗎？根本不知道啊！那你又如何說是祂作了什麼？所以從祂的境界來說，顯示如來藏一無所作，卻是在一無所作之中作了一切事。

眞怪吧？是很怪啊！可是對凡夫及愚癡的二乘聖者來說，法界中本來就很奇特，如果實相法界不是很奇特，那每一個人生下來就悟了，還要等你學佛？學佛還悟不了呢！還得要遇上善知識才能實證。那到底又該怎麼說？到底是有作、還是無作？這個如來藏，你眞不好說！說祂有作也不對，說祂無作也不對；可是有時候說祂有作也對，說祂無作也對，那你該怎麼說？所以很難理解，這就是佛法的厲害。

你要是沒有眞的證悟，還眞弄不懂！可是你要眞悟了，聽我這麼一講，隨聞入觀，「**啊！果然如此！**」再無二話。所以這個心「**無合無散，顯示無作**」。如果你能住於這樣的境界，說這就是你的行處，你的心正應當如是行；住於像這樣的「**種性處**」，你得到像這樣的利益，就稱之爲菩薩「**行處**」。前面也說，這個法是菩薩種性才能實證；所以進入正覺，就是要當這種「**種性菩薩摩訶薩**」，眞正修學這個法；有朝一日實證了，就能獲得這樣的法利——法上的利益，不是世俗法中的利益，像這樣如說而行的人，「**是種性處，得如是利，名爲行處**」。

「**從是種性，無可譏呵；得如是界，是名持法。**」得要從這樣的種性來自我認知、自我修行，來爲眾生辦事行道，這樣的種性者「**無可譏呵**」。爲何無可譏呵？當然得有理由，不能自己說了算。「無可譏呵」是因爲他轉依空性心如來藏時，從此以後再也沒有私心，一切爲正法、一切爲眾生，不會設想自我的世間利益，一心一意爲正法、爲眾生，這樣的菩薩有什麼可譏嘲、呵責的呢？所以說「從是種性，無可譏呵」，這是如實語。

得到這樣的功能差別的人，是名持法者。所以佛法中眞正持法的人，就是這樣的菩薩。如果證悟了之後，藉這個法謀取世間法上的利益，他就遭人譏呵，因爲他追逐的是自我的利益。如果有人藉這個法追逐自我的利益，去攝取世間法上的利益，表示他悟錯了；縱使他講出來的、所悟的內容是正確的，我依舊說他悟錯了！因爲他擁有的是開悟的知識，可是他沒有轉依成功，所以他悟錯了！

證悟而不退轉是如何定義的？在律部有一部經典《菩薩瓔珞本業經》，說菩薩胸前都掛著瓔珞，可是那瓔珞有不同的材質：銅寶瓔珞、銀寶瓔珞、金寶瓔珞、琉璃寶瓔珞、摩尼寶瓔珞、水精瓔珞。剛剛眼見佛性，進入第十住位，這是叫作銅寶瓔珞成就。從初行位開始，到了十行位爲止，成就銀寶瓔珞。從初迴向位到第十迴向位，終於修滿十迴向了，成就金寶瓔珞。可是要更好的瓔珞，那是入地後的事，到了十地滿心成就琉璃寶瓔珞。然後等覺位是另外一種瓔珞，名爲摩尼寶瓔珞；成佛了叫作水精瓔珞，所以菩薩的瓔珞是無形的，凡愚都一樣看不見的。

那你如果眞要去買銅寶瓔珞等莊嚴物戴起來，眞的不能亂戴，否則諸上位菩薩會譏呵你：「**不可以亂戴！**」那麼這樣的種性菩薩摩訶薩，他們之所以被稱爲「**種性菩薩摩訶薩**」，是因爲他們「**無可譏呵**」，這表示他們都是不退轉住的菩薩。所以在《菩薩瓔珞本業經》裡面說到，第一種不退轉的菩薩是進入第七住，他們可以在第七住中常住不退，不再退回六住位去，那才叫作不退菩薩；這樣的菩薩就開始不爲自己謀求利益了，因爲他轉依成功了，所以「**無可譏呵**」。如果有誰證得這樣的法，就得到這樣的功能差別，名爲「**得如是界**」；有這樣的功能差別，這才叫作「**持法**」者，否則這個人不是持法者。

因此諸位可以看我們正覺同修會，從我出來開始弘法就已經是這樣。我剛開始弘法，那時候還沒有正覺同修會，我在三個地方說法，那時候就出了《無相念佛》一書，於是有人說：「我要助印啊！」我就想：「欸！這麻煩了！」人家要出錢，我覺得麻煩，因爲管錢是麻煩事，所以我就說：「那這樣，找三位同修來，一個經手助印的錢財，這個經手的人不管帳目；管帳目的人不能管財務，所以銀行存摺錢財進出是另一個人管。這樣由三個人來管。」一直到現在，都沒有弊端。那爲什麼咱們要這樣作？因爲我們是「種性菩薩，無可譏呵」。

這大約是三十年前的事了，我們是當年一開始就這樣作了。《無相念佛》是我弘法後一年出版的。因爲我們轉依如來藏，不但如此，我弘法以來，我繼續捐錢，你們捐比我多的人，還眞可以數得出來！所以什麼叫「持法」？它有定義的，也就是說：只有不退轉住以上的人才能叫作「持法」者；如果沒有轉依成功，利用這個法賺取世間的利益，那就不是「持法」者，表示他退轉了。這樣的人已經有兩、三批了。

那除了退轉，我倒聯想起一種人，叫作得少爲足，也有這種人。他只要明心了以後，從此待在會裡無所事事！增上班上課就來，週二講經就來，什麼事他都不作，就當個無事人，眞的日日是好日！對他而言，這眞的是日日是好日。可從我來看，他叫作「得少爲足」，他這樣就滿足了，每天晚上睡兩個枕頭（大眾笑…），正是高枕無憂。可是我們正覺的法不是只有明心而已，我們有很多法；而蕭平實不是吝法的人，不怕你得法！如果怕你得法，我到何時成佛？所以我希望大家努力求法，我不怕人家挖寶；大家進步越快，我成佛就快了，這就是攝受佛土的道理。所以「持法」者一定「得如是界」，「得如是界」的人，表示他轉依成功了；轉依成功了所以沒有私心，一切爲眾生，一切爲正法。

那麼這樣的菩薩「**見法無減，雖行無去；來而不來，不見有法；若來若去，諸法亦爾；如是持法，亦無動搖；不增不減，是無作法；若無增減，是名持法。**」你看，佛法厲害啊！一個法可以講上長篇累牘，都不會互相矛盾、互相衝突，也不會重複，就這一個法。也因爲單單這個法的緣故，因此可以從凡夫地修行去到佛地，歷經三大阿僧祇劫！你看這個法厲害不厲害呀？

話說回來，「見法無減，雖行無去」，任何一個證悟的菩薩，當他見法時，就是見如來藏；不論是誰，看見這個法的時候，都發覺這個法永遠不增不減；法若有減，就不眞實，法一定不增不減。這倒是讓我想起來，我們這《不退轉法輪經》講完，可以來講《不增不減經》。這《解深密經》也許稍微延後一點好。諸位一定想：「又吊我胃口！」不是的，我希望講《解深密經》時，有更多的人證悟了，因爲《解深密經》的法，對於尚未證悟的人而言眞的太深；而且我們該講的還沒講完，就講《解深密經》，好像很甜的東西吃過了，你再來吃其他的就不甜了；所以要倒吃甘蔗，不要把蔗頭跟中間的部分吃了，再去吃蔗尾，那是鹹鹹的，都不甜。所以我想可以先來講《不增不減經》，講完了，有一部《佛說解節經》以及《無上依經》，這三部經都可以講，那就差不多把三乘經律厚厚的那一本幾乎講完了。（編案：此經講完時，仍是先講《解深密經》。）

這是因爲其中的《楞伽經》我講了，《楞嚴經》我也講過了；而我讀懂《成唯識論》是從什麼時候開始的？是我讀過《楞嚴經》、《楞伽經》加上《解深密經》才讀懂的；以前剛悟時讀不懂，悟了也沒用！所以這三部經很重要，我講了兩部了，剩下一部《解深密經》一定得講；但是在這之前，可以把淺一點的《無上依經》、《佛說解節經》、《不增不減經》來講一遍。那麼《三乘唯識——如來藏系經律彙編》裡面，其他的都是很大部頭的，一百卷的、幾十卷的，那就不用我來講；像《大般涅槃經》請諸位自己讀就好。

言歸正傳說「**見法無減**」，你所證悟的法一定是不增也不減的，如果你所證悟的法可以增、可以減，那個法絕對是錯誤的；所以 如來才要講解《不增不減經》。《心經》也告訴你「不增不減」哪！但是到了末法時代，有那種附佛法外道的密宗，說你要觀想自己是子光，阿彌陀佛是母光，然後子光融入母光去，就跟 阿彌陀佛合併，說這樣就是成佛了，但這不就是增減了嗎？兩個變成一個，不是減了嗎？阿彌陀佛的第八識增加了，不是增了嗎？那要改為「可增可減經」了吧？顯然不是！所以那些密宗外道胡說八道，咱們別理他！說「**見法無減，雖行無去**」，這有沒有感覺怪怪的？這個道理《三乘唯識——如來藏系經律彙編》裡面，有一部出自阿含部的經典也提到，就是

《央掘魔羅經》！

那央掘魔羅準備殺害他的老母親，因爲想要湊足一千個指頭，串成指鬘，佛陀於是去救人。他看見 佛陀來了，不殺老母親了，改爲要殺 佛陀；因爲媽媽畢竟是媽媽，能殺外人就殺外人。沒想到 佛陀徐行，是在前面慢慢地走，而他在後面追趕，卻始終追不上，於是就開口說：「住！住！今當稅一指。」意思是說：「你停下來！你停下來！送給我一根指頭吧。」佛陀說：「我住無生際，而汝不覺知……我住不死際，而汝不覺知。」意思是：我已經住於無生、無死的境界，而你都不能覺知。他就這樣聞法而悟的，而這其實是 佛陀無數教外別傳的公案之一。

佛陀徐行，而他跑步很快卻是跟不上，然後就說：「你停下來！你停下來，送我一根指頭！」佛陀說：「我早就停下來了，是你沒有停下來！」他就這樣可以悟入般若。怪不怪？這裡就說了：「雖行無去。」明明行走了，就是已經去了，怎麼會沒有去？諸位想想看爲何如此？他雖然行走、離開了，可是並沒有離開；沒有離開是還在這裡嗎？也不是還在這裡啊！是因爲祂無形無色，怎能離去？而祂也根本不知道離開了，所以沒有離開或者離去可說。不知道去了，當然就沒有去；不知道來就沒有來，所以諸佛世尊叫作如來，是好像有來，其實沒有來。

這佛法有點怪吧？果然是怪！但是你有了慧眼就不怪，因爲法界的實相正是如此：「雖行無去。」好了，不說祂「行」，不然就講「來」吧。說「來而不來，不見有法」。奇怪！明明都已經來了，明明就是來了，眾所皆知，所以張三來了，李四來了，王五、趙六來了，大家都知道，怎麼又說沒有來？因爲如來藏和他一起來了，可是來的時候，如來藏沒有來與去的事可說，也不知道有來，當然就沒有來；是你五陰身心知道有來，而你五陰身心邁步來到正覺講堂，但其實你的五陰身心沒有來。這又怪了吧？五陰身心知道有來，可是五陰身心眞的有來嗎？來的是如來藏啊！如來藏如果不來，你五陰身心就來不了！那麼有時說如來藏來了，有時說是五陰身心來了，到底是誰來了？眞不知道！只有慧眼者才能知道。

所以佛法不可思議，我說的都是法界中眞正的事情，沒有一句謊言。可是這麼聽完了，應該就開悟了吧？偏又悟不了！所以眞的叫人恨得牙癢癢的：「**哪天找到了如來藏，我狠狠咬祂一口！**」偏偏你咬不著。所以佛法厲害，「**來而不來**」，因爲祂根本沒有來去，也不知道有來有去，所以祂「**不見有法**」；在祂的境界中，迥無一法可得，六塵連一塵都沒有，所以不可能看見有法。那麼來與去這上面是如此，諸法也是一樣，所以說：「**若來若去諸法亦爾；**」這個道理一定要現在先講，如果這個道理現在不講，到了〈降魔品〉，大家聽了，沒感覺！可是這些道理都講了，〈降魔品〉的經文只要一唸完，你就想：「**唉！拍膝驚奇！**」不是拍案驚奇。

所以說或者來、或者去，都是無所了知的，所以來而不來、去而不去，因此叫作如來，也叫作如去。那麼來去上面是如此，增減、生滅、垢淨，或者種種的一切諸法莫非如是；像這樣子持法的人，他心中不會有動搖，因爲所證是實相。如果像這樣持法的人會有動搖，這個法便一定有問題。但因爲這個法從來都沒有問題，過無量無邊不可思議阿僧祇劫之前，再過三倍、四倍、百千萬倍亦復如是，永遠如此，祂都不會改變。所證的法不能演變時，法就不會有演變的事；所以法沒有演變的事，有演變的都是聲聞部派佛教那些凡夫聲聞僧，在試圖理解大乘法時所知不正確，因此他們說出來的法都有過失，都會被別人指正，就不得不持續改變；就這樣一個指正一個，另一個又指正另一個，於是不斷演變。

可是你看眞正的佛法，從 世尊以來直到現在的正覺，一模一樣，前後都沒有演變過！所以有演變的都是二乘凡夫僧的事，釋印順等所謂學術研究者等人，就把那十八個部派等聲聞僧人所說的佛法的演變，當作是大乘佛法的演變。所以我把這個事實眞相寫了出來以後，釋印順窮其一生都不敢置一詞以辯，因爲他知道我講的對，所以他不敢回應。我很多本書裡指名道姓點破了他，那個眼睛裡容不下一顆很小金屑的人，竟然可以忍受我一本又一本的書來指稱他、破斥他。

所以說，法的正眞無訛要經得起檢驗；如果經得起檢驗，像這樣子持法的人，心中一定不會有動搖。所以從我出世弘法以來，不斷地被人家評論，而我不曾移動一分一毫，我只有越說越廣、越說越深，但是從來不改變；同樣是這個第八識如來藏，同樣是從第八識所看見的佛性，永無改變，都無懷疑，所以說：「**如是持法，亦無動搖。**」

而這個法「**不增不減**」，這個法「**是無作法**」；可是你們從禪三下來，又覺得這個法好像有作；但是這個法作了，到底是誰作的？又是你五陰身心作的，你沒有辦法賴給如來藏，所以不可以悟了以後去到法院，在法官大人面前大呼冤枉說：「**他不是我殺的！是如來藏殺的啊！**」法官大人哪兒懂什麼叫作如來藏？可是如來藏有殺嗎？如來藏無形無色，祂又怎能殺人？可要是沒有如來藏，你又殺不了人！那到底是誰殺的？哦？還眞說不準呢！所以這個法不是一般的有作法，可是你說祂有作嗎？祂又無作；說祂無作嗎？祂明明又有所作；但是如果你純粹從祂來講，摒卻五陰身心時，祂永遠無作。當你把五陰身心放在一邊，祂能作什麼？祂什麼也作爲不了！所以祂眞的「**是無作法**」，而這個無作法「**不增不減**」。

所以我們早期辦禪三時，有人悟了以後來問我：「**老師！我們這個如來藏是每一個人都有一個，還是大家共有一個？**」（大眾笑…）我說：「**你看呢？**」

他瞧了瞧、看了看：「**我覺得應該是每一個人各有一個。**」啊！你說他天眞不天眞？因爲他以前哲學書籍讀多了，被那個大我思想給羈絆住了。我說：「**如果大家共有一個大我如來藏，那很好！你修行，我來享受。**」「**喔！**」他就這樣答覆我，只有一個字。所以說，有時候人還眞的很天眞！

如果第八識眞如是個大我，那個大我顯然不跟眾生同時同處，那祂跟眾生有無聯結，以及因果之間要如何成辦，總得說清楚吧？不可以提出主張以後，沒有解釋。而佛法中不是這樣，提出主張之後都有解釋，也都可以體驗，所以每一個人都是「**唯我獨尊**」。世尊一降生人間，行走七步就講了：「**天上天下，唯我獨尊。**」怎麼會是大家共同擁有一個大我呢？如果大家共同擁有一個大我，那你再怎麼修行都成不了佛的，因爲你所修的一切種子歸那個大我收藏，而一切眾生輪轉生死中造作各種惡業種子也歸同一個大我收藏，那你何時成佛？

所以外道的大我想法還眞奇特，說難聽一點叫作奇怪！這一個法是「**天上天下，唯我獨尊**」，沒有第二個；每一個人都擁有這麼一個常住心，不會比別人多一個，也不會比別人少一個，也都不與別人共有，所以眾生平等、平等。正因爲「不增不減」，所以你有一個如來藏，一隻螞蟻也有一個如來藏，牠只是被業種所限制，成爲那個小小的色身；哪一天牠業報受盡了，回到人間，跟我們又一樣，因爲同樣有一個自己的如來藏；所以「不增不減」，沒有辦法分割。

所以密宗講說：「某某法王死後，下一世變成五個仁波切。」（大眾笑…）我見了，一巴掌就給他。那不就是可以分割了嗎？所以那些外道胡思亂想，眞的可笑！怪不得諸位聽了一笑。所以這個法一定是「不增不減」的。那他們又發明什麼呢？說喇嘛死後現虹光身，又如何、如何的，虹光身跟三乘菩提有什麼關係？一點關聯都沒有！那也可以拿來炫耀，說是證得佛法，再弄出一些奇奇怪怪的說法來。

可是密宗祖師示現虹光身的事，死的時候並沒有被誰看見，都是死了一年、半年以後才開始宣揚起來；可是正當死時，誰也沒看見！這就是密宗。所以他們說的法都不符合「不增不減」的原則與定量，只符合妄想原則。只要是「不增不減」的法，祂一定「是無作法」，而你五陰身心不可能是「不增不減」的。如果造作惡業下墮成爲蚯蚓，就只有那麼一小段；蚯蚓最長的有一尺多吧，就只有那樣。可是如果業報受盡，後來回到人間修定，再生到天上去，那天身廣大，就變那麼大了；所以這個心所變的身量可大可小，但是此心自體不可增減。

美國萬佛城那宣化法師持戒清淨，就因爲老是錯說第一義諦，誤導眾生，所以落入鬼神道；後來還是我們會裡一位師姊，把無相念佛的功德迴向給他，才能離開鬼神道的，這是會裡許多早期同修都知道的事，所以你們也別小看「無相念佛」的功夫。例如古人，一個所謂的禪師，用他一念不生的功德，迴向給皇帝的母親，就讓她得以生到欲界天，你說這功德大不大？又如古德說：「若人靜坐一須臾，勝造恆沙七寶塔。」單是清淨心靜坐一須臾，不超過一個小時，就勝過起造恆河沙數的七級寶塔。那麼如果證初果之後又明心了，這個功德多大啊？所以別小看正法道場中的因果！

那麼這個心既然是「不增不減」的，這一定「是無作法」才可能辦到；

如果祂是有作法，就不可能「不增不減」。那接著說：「若無增減，是名持法。」說如果沒有增減，你就是眞正的「持法」者。因此開悟之後，一定要自我檢查：善知識傳給我這個法，到底對或不對？一定要檢查。總不能善知識告訴你對，就算對了。例如我告訴你對，你還得再檢查看看；檢查之後，如果有疑問就要請示；一定要小參，別自己悶在心裡面當個悶葫蘆，那就永遠悶下去，甚至謗法、謗賢聖。所以有問題時直須問，問出來之後，善知識幫你解惑、釋疑，問題就不存在了。

接著說：「法相如如，無緣無說；得此法者，是名持法。」所以你所證悟的心，祂在你身上運行的過程中，顯示出來的法相是否永遠都如如？這很重要，因爲如果不能永遠如如，你就不是證眞如！學佛最重要的事情就是「證眞如」。眞如在《大般若經》中，有時是指第八識如來藏，但是到第三轉法輪諸經中，眞如講的是如來藏本具的眞實如如法性。那你所證的心如果不是永遠都如如的，一定是有緣有說，因爲一定是緣於六塵境界，那就會有言說；有言說的，一定是有覺觀的，那就是三界中法。

所以，假使哪天你遇到了個大法師，告訴你說：「**我證得的境界是了了分明而不分別。**」你當場就給他一巴掌，甭客氣！因爲他是個老糊塗，了了分明就表示了別過了。那時就是分別過了，不然哪來的了了分明？原來他們都「錯認」覺知心中沒有語言文字時就是不分別，便是證得無分別，叫作開悟；認爲心中沒有語言文字時，就是不分別！他們都落在這裡，才會講出那些自語相違的話。當他這麼一講，你給他個五爪金龍，他馬上又質問你，他不會忍耐下來，一定會質問你，那你就說：「**你不是了了分明而不分別嗎？爲什麼分別我打了你？**」這時候管保他杜口，他要學　維摩詰大師默然！可是此默然非彼默然，人家　維摩詰大士是　金粟如來倒駕慈航來護持　釋迦古佛，他的默然所顯示的是這個如來藏心體，而大法師們的默然是答辯不得。

因爲他們所證得的那個心永遠不離六塵境界，既不離六塵境界，就會遭遇順心、違心之境，心就不可能如如；因爲那個心有所緣，緣於順心境、違心境時，當然會有貪厭或取捨而不能如如！他們有所緣時就一定有言說，因爲他們有覺觀、有言說就不可能如如！所以「**得此法者，是名持法**」。他們到底持的什麼法？他們持的法是常見外道法。菩薩們持的這個法名為如來藏，如來藏既是個啞巴、也是個耳聾者，並且還是個瞎子。當你把這個心找出來了，看見祂既瞎、又聾、又啞，你從此對佛法就不瞎、不聾、不啞！很怪吧？就是這麼怪，名為奇特！

而且包括二乘菩提、阿羅漢入無餘涅槃的境界，你也都知道了。這麼奇特啊！那個既瞎、又啞、又聾的，你把祂找出來了以後，轉依祂，再也沒有私心、沒有自我，我見、我執都可以一分又一分去斷，然後你的般若智慧就越來越勝妙。這時候你發覺：「**我不瞎、不聾、不啞；可是我有一個既瞎、又聾、又啞的眞人跟我同時同處。**」第二天早上起床，去到了浴室，對著鏡子刷牙時：「**這到底是什麼人？我身上怎麼有這麼個東西？好怪喔！**」有的人越看越怕就說：「**這個東西在我身上！嘿！**」就害怕起來了。所以有個禪師悟後，跟他師父報告說：「**紹卿甚生怕怖！**」說他越來越覺得害怕。師父罵他：「**是汝屋裡的，怕什麼？**」說是你自家屋裡的，你怕什麼？所以你所證的人，那個人叫作眞人，可是眞人不露相，得有慧眼才看得到祂。看見了祂以後，「**法相如如，無緣無說**」；從此以後，你就永遠受持這個法，成爲得此法者，這樣你就是持法者。

「**是故阿難！顯示菩薩，得深法利，是名持法。**」如來到此又作個結論說：「**由於這個緣故，阿難啊！顯示出來菩薩得到的是這樣深厚的佛法利益，這樣叫作持法者。**」所以當你受持這個法時，就顯示你是一個勝義菩薩，你就是菩薩僧，《楞伽經》中說爲「菩薩摩訶薩」。即使妳燙了頭髮、撲了粉、擦了胭脂、再加上腮紅都無所謂，依舊是菩薩僧，因爲這是沙門果，即是出家果。沙門果難得，而今已得，那就是菩薩摩訶薩，當然是菩薩僧。如來作了這個結論，又說：

「**是故阿難！顯示持法，爲不信者，而說是法。**」當你顯示出你是這樣受持佛法的人，可是不僅自己受持便可，還得要爲不信受這個法的人，來演說這個法。當你演說這個深妙法來攝受眾生時，這也就是在攝受佛土；所以得到這個法以後，不應該躲到深山叢林一個人自修；而應該出世利樂有情，讓有緣的人同樣可以證得這個法。

「如是分別，為菩薩說；皆以方便，開示佛法。」就要像這樣子來為大家分別出來，但是聞法的對象則有限制，一定得是「為菩薩說」，不可以為聲聞人說；因為這不是聲聞法，這個法是諸佛成道的根本，不可以為聲聞人講。這時候也許有人講：「您說不可以為聲聞人講，可是您整理成書本，流通到外面去，聲聞人買了去讀，不就等於您為他講了嗎？」有此一說，但其實他們讀不懂，我等於沒講！（大眾笑…）對啊！因為他們信受六識論，不信有第七識意根和第八識如來藏，當然讀不懂。

所以你看釋印順那個人絕頂聰明，讀了我的書十幾年以後還是悟不了！他不是沒讀，他很用功讀，很精勤在讀，可是依舊悟不了！因為我出版的書，每一本都有寄給他，他那個人可能不讀嗎？用膝蓋想也知道，但他就悟不了！因為他不相信有第七識意根，也不相信有第八識如來藏，所以他一直想要用六識論把它套上去，當然永遠套不上去！因為他不論怎麼套，永遠都有個第七識意根、第八識如來藏兩個黑洞在那邊，他怎麼套？所以說他讀了也等於沒讀，而我說了，對他而言也等於沒說。得要我為諸位演說了，才算是有說；爲諸位詳細分別，運用各種方便善巧，讓諸位理解這個法；這樣就是「皆以方便，開示佛法」。那麼接著說：

「如是，阿難！如來正覺爲諸菩薩摩訶薩說斯方便、顯示持法。」就像是這樣子，釋迦牟尼佛示現無上正等正覺之後，就爲菩薩們而且是摩訶薩們，不是爲凡夫菩薩們說；用這樣的方便善巧，來顯示如何受持正法。可是時到如今，已經末法時代了，我能單爲菩薩摩訶薩說嗎？不能！我必須爲更多人說，攝受更多人可以成爲菩薩摩訶薩，然後繼續再聽我宣說這個聖法。那麼我宣說這個法，可不能夠單單純純地依文解義去解釋。如果依文解義當然更方便，反正我解釋了以後，我懂，但你們如果聽懂或者聽不懂，那是你家的事！跟我無關。

古時候禪師就是這樣，所以禪師上堂時，沒有像我這樣嘮嘮叨叨講兩個鐘頭普說的；他們就那樣用個極簡單的機鋒，然後就下座了。但我不是要當禪師，我要當菩薩，所以我就嘮嘮叨叨普說，而且施設一堆的方便說給諸位聽，讓諸位不會睡覺，又聽得有興趣（大眾笑…）；這個種子不斷地種進你腦袋裡面去，將來有一天上得山來，不悟也難啦！今天講到這裡。

《不退轉法輪經》今天要從第二十八頁第四行開始。

經文：【佛告阿難：「云何如來爲諸菩薩摩訶薩說八正道法？云何菩薩摩訶薩離於八邪、向八解脫，出過凡夫？修八正道而無到處，遠離諸邊，住於中道；越凡夫地，安住菩提，亦不住菩提相；離諸邪見，修於正見，不取身相，亦復不住菩提之相。佛身無爲，離於諸數；修佛相者，則得眾生一相無相；出離眾生生死陰界，安住無爲畢竟空舍，見一切法無生無住，何以故？諸法性相皆無住故。」】

語譯：【佛陀告訴阿難尊者：「是什麼道理，如來爲諸菩薩摩訶薩們演說八正道之法？又是什麼道理，菩薩摩訶薩們離開了八種邪道而趣向八解脫，超出而越過了凡夫地？修八種正道而沒有所到之處，遠離種種邊而住於中道；超越凡夫地，安住於佛菩提，同時也不住於菩提相之中；離開了種種的邪見，修學於種種的正見，不攝取色身的法相，同時也不住於佛菩提之相。

佛身是無爲性的，離開世間種種的法數；修學佛相的人，就能得到眾生一相所謂無相；出離眾生的生死五陰境界，安住於無爲這個畢竟空的房舍中，親見一切諸法無生無住，這是什麼道理呢？是說諸法的法性與法相全部都無所住的緣故。」】

講義：從這一段經文，諸位來判斷看看；有四教之法讓諸位判斷，看這是哪一教？在三藏教、通教、別教、圓教中，這是什麼教？嗄？這可不是三藏教，別把它當作聲聞法，聲聞法不講中道和實相的。這裡明明告訴你「遠離諸邊，住於中道」啊！那這是別教之法，還是三藏教之法？別教喔？這是別教法嗎？別教有跟你講初果到四果嗎？別教跟三藏教中間有個什麼教？對了！正好是通教；因爲 世尊說法到這個地步時，已經過了聲聞、緣覺地，可是還沒有講到別教。因爲別教的法，就跟你講十信位、十住位、十行位……等五十二個階位修上去，到第五十三位成佛；可是這部經沒有跟你講這個法，所以還算不上別教。因爲這裡只跟你講聲聞、凡夫到初果四雙八輩，既通聲聞、也通別教的大乘見道，因爲即將開始演說通教法了，表示要開始轉入大乘法來宣說了，所以才需要 文殊菩薩與 世尊配合，去到那麼多的佛世界找到很多菩薩們聽經。

這樣諸位有沒有聯想到某一部經？央……（眾答：《央掘魔羅經》）對了！我還沒有講解過這部經，諸位就想起來了，《央掘魔羅經》講的正是到大乘見道爲止。所以你看佛法妙不妙？只要你把禪宗見道這一著子給通了，以後就可以四通八達，所謂「**法住法位，法爾如是**」。可是你如果單修二乘菩提，這個法你就不通了，所以這一部《不退轉法輪經》就不太懂，而且是大部分都不懂。

但是初轉法輪之後，第二轉法輪開始了，如來開始宣講這一部經，就是因爲有一些阿羅漢們已經在 如來「教外別傳」的指導下，實證了「**此經**」，「**此經**」叫作如來藏，所以 如來可以講這一部《不退轉法輪經》了。因此這是從三藏教邁向別教之法，可是還沒有到別教之法，中間得有個過度之法，所以這是屬於通教之法。因此聽聞這一部經，要懂得藏、通、別、圓四教的道理。圓教，那就是《法華經》的事了；而三藏教最終的究竟果就是阿羅漢、辟支佛，可是阿羅漢、辟支佛沒有證這個中道之法，而這一部經講的都是如來藏中道性，講的是中道的義理，所以這是通教之法。

現在我們回來經文，世尊告訴阿難尊者：「是什麼道理，如來爲諸菩薩摩訶薩們演說八正道法？」爲諸菩薩摩訶薩說的，主要應該是證眞如，可爲什麼同樣也跟他們講八正道之法？因爲八正道的法，本來就是大乘法，但是雖然背後是以如來藏爲所依，而爲二乘人演說二乘菩提，其實本來就是大乘法；只是大乘法無法一開始就弘傳，因爲人間還沒有佛法，所以只好用大乘的四聖諦，包括道諦的八正道來爲大眾宣講；宣講了之後，先讓他們證得聲聞果，然後講十二因緣，幫他們證得緣覺果，接著才是講這部經，邁入諸佛的本懷。

但是講這部經之前，先要有「教外別傳」的一些機鋒，引導阿羅漢們證得實相，然後才能講這部經；所以這是通教的經典，阿含部的《央掘魔羅經》也是同樣的道理。因此 世尊開始講這部經時，講到這個地步就要提出來問：「是什麼道理如來爲諸菩薩摩訶薩們演說八正道之法？」這要把題目先提出來。又問：「**到底菩薩摩訶薩們怎麼樣離開了八邪道而邁向了八解脫，超出越過了一切凡夫的境界？**」世尊說的是菩薩摩訶薩，不是講一般的凡夫菩薩，所以這裡面是有道理的。

換句話說，四聖諦、八正道本來就是大乘法。何以見得？因爲在眞見道位之前，你修四加行時，也得先修四聖諦、八正道；不但如此，眞見道之後非安立諦三品心的修學與實證，同樣依著四聖諦、八正道進修；乃至到達十迴向位即將滿心，準備邁入初地時，你還得修四聖諦、八正道，否則你圓滿不了安立諦十六品心、九品心。終於把這十六品心、九品心修好了，入地了，到達第四地、到達第五地，還得再修四聖諦、八正道；表示四諦、八正的範圍廣、狹、深、淺是不一樣的，那你說這四諦、八正是不是大乘法？正是大乘法！所以違背了八正道，那就是八邪；與八正道相違背的人，不管他怎麼努力修行，結果都稱爲八邪。如果符合八正道，就可以邁向八解脫，所以八正道是大乘法。但是諸位有沒有聯想到：「**八正道之首是什麼？**」（有人答話，聽不清楚）正見！如果沒有正見，修三乘菩提俱無其分，不管哪一乘菩提，他都無分，甭想要得實證，所以正見為第一。

我記得在《大乘本生心地觀經》也講到這個，說諸種善法中，親近善知識為第一，聽聞正法為第二。我記得是這麼講的。可是為什麼在那裡把親近善知識擺第一位？因為你沒有親近真正的善知識時，所學的都是相似法，不是真正的佛法；那你學到了相似法，終其一生不得順忍；連順忍都不可得，所以說親近善士為第一，正見是第二。就好像歸依三寶的道理一樣，本來諸佛之所以成佛是因為「法」。表面上看來，就應該是歸依法、佛、僧的順序，可是為什麼卻說是佛、法、僧呢？因為你如果沒有親近諸佛，你學的、修的法不會正確；而且法從諸佛如來說出，法不會自己教你開悟，得要有諸佛如來為眾生宣演，然後大家從 佛聞聲，終於可以證悟，所以叫作菩薩聲聞；這時候「聲聞」這兩個字是說從聲而聞。世尊來人間弘法，也得先講聲聞法，所以就順便把它叫作聲聞；因此法從 佛來，所以歸命三寶時，把 佛擺在第一位，道理是一樣的。

那麼 佛陀演說了四聖諦的三轉十二行法輪之後，五比丘證得阿羅漢，所以其後再宣說其他的聲聞法，然後再講解十因緣、十二因緣。比丘們證得緣覺果之後，開始轉入般若期了，如來沒講經之時，有時候就給一些機鋒，幫助大家去證得「名色緣識、識緣名色」的那個「識」。當大家證得那個第八識了，正好來講《不退轉法輪經》，這部經講完了，便可以講般若了；所以 世尊的弘法是有次第的。但我們正覺弘法的次第不一樣，因爲我們不可能教大家先從聲聞法來實證阿羅漢果；所以最早期時，我是一來就教導明心、一來就是見性，這樣我才有人可用。但其實聲聞法四諦、八正的道理，我一開始弘法就編在教材裡面了，所以我們弘法是沒有違背如來弘法的次第，只是當時不看重二乘法。

當時我把二乘法放在大乘的般若度裡面來教導，因爲四諦、八正本來就是大乘法，這就是我們弘法的內涵與過程。這四諦、八正修好了，如果時間夠，可以修八背捨。八背捨就是八解脫，背捨欲界就進入初禪；進入初禪時，不執著初禪，所以背捨初禪，進入二禪；乃至於到非想非非想定時，就背捨非非想定，入滅盡定。可是有人也許覺得：那這樣不叫作九背捨、或者九解脫嗎？不！是八個，因爲二禪與三禪一次背捨，所以總共是八背捨，這就是邁向八解脫了。

話說回來，假使今天我把往世的那些禪定、神通、意生身都修回來，我能有多少時間演說正法？會招引來一堆好奇的凡夫眾生以及聲聞人，所以乾脆就像這樣也好，等來世正覺同修會繼續弘法，那我回來當個親教師就好了，我就可以有時間好好再修回來，這也很好。所以表面看起來，二乘人修八背捨，那是二乘菩提，但其實八背捨背後的道理也同樣是如來藏；因爲如來從四阿含宣講二乘菩提時，就已經告訴大眾：「名色的背後就是第八識如來藏。」所以才告訴大家：「名色緣識，識緣名色。」所以如來才又問阿難尊者說：「這個『識』如果不入胎，有胎兒否？」阿難說：「沒有！」如來又問：「這個識如果入了母胎，馬上又離開了，有胎兒否？」阿難依然說：「沒有！」如來又說：「如果嬰兒出生了，這個識又離開了，有嬰兒嗎？」「沒有！」一直問到死，還是得要這個第八識。

那麼這個識緣於「名色」，名色中的「名」有前六個識（識陰），加上意根總共就七個識。那這七個識加上五色根，緣於另一個識，那麼這個「識」會是名色含攝的範圍嗎？當然不是！因爲這個「識」出生了名色，所以這個識不屬於名色；名色會壞，識不會壞。如來特地宣講了這個道理，然後說：「爲什麼有的人因內有恐怖？爲什麼有的人因外有恐怖？」因爲不知道這個名色與第八識的關係。

或者說他聽聞 佛說了以後，心中不信，不信就斷不了我見，然後聽到如來說：「這個五陰十八界的我要全部滅除，才能證得出三界果。」他就因爲外法五陰的壞滅而有恐怖，這就是「因外有恐怖」。那有的人心性多疑，聽聞 世尊說：「有這個第八識，能出生我們的五陰十八界，能生我們的名色。」「可是這個識在哪裡？我又證不得！我怎麼能夠信受眞的有這個識？」那他就恐怖啊，無法斷我見，他就永遠當一個凡夫，於是說他對內識如來藏無法證實，所以「因內有恐怖」；「因爲我身中有這個識，而我不能證得，所以我覺得恐怖。」這些道理都是在《阿含經》講的，不是大乘經講的。

那麼請問：「阿含諸經到底是六識論、七識論，還是八識論？」（大眾答：

八識論。）說對了！如實信受八識論，斷我見時就不為困難，證眞如時就不會退轉，所以這個「八識論」的道理很重要。如果有人不信八識論，他們不用進正覺同修會，外面道場去混就夠了，因為我們正覺的座位有限，要留給信受的人來坐。所以始從聲聞道阿含部諸經，末至第三轉法輪的唯識諸經，如來說的都是「八識論」的正法。如果能信受八識論，確認在我們的「名色」背後有這麼一個「識」，名為如來藏，那麼在三乘菩提的實修上面，就容易有所實證；否則想要實證佛菩提，套句內地講的話說：「門兒都沒有！」沒門兒，爬窗戶行吧？可是那個窗戶很高，比門更難進！所以說其實四諦八正及因緣法莫非大乘法，只是為了度化五濁惡世的眾生，得要有所施設，因此如來以方便善巧，為大眾施設了三乘菩提。

但是十方虛空有的純一清淨的佛世界，不施設三乘菩提，直接就是教導大乘法，五十二個階位都從十信位開始；但我們這裡不可能這樣，因為人壽短促。在那種純一清淨的佛世界，大家壽命都很長遠，八萬歲的人還是小老弟！大家都活很久，所以好整以暇，慢慢演說。但我們這裡不同，因此施設了三教之法，從三藏教也就是聲聞教，爲什麼叫作三藏呢？因爲有經藏、律藏和雜藏，這就是阿含部；他們第一次五百結集所結集成就的，就是經藏、律藏、雜藏。然後第二次結集是七葉窟外的菩薩們千人大結集，那時候開始才有大乘經典流通，就是在半年後的事。所以經典的結集，總共只有這兩次，沒有什麼第三次，乃至第五、第六、第七次經典結集，沒有這回事！那些都不是經典的結集。那麼回到經文來！

「**離於八邪、向八解脱**」，如來說的是「**修八正道而無到處**」。在世間法來講，不管你修什麼，總有到達的地方吧？可是 如來說菩薩摩訶薩「**修八正道而無到處**」，最後竟然沒有所到達的地方。聲聞人不說：「**我到初果、我到二果，乃至我到阿羅漢果。**」緣覺法也不說：「**我證得緣覺果。**」同理，菩薩們更不說「**我修到哪裡**」。假使哪位增上班的同修有一天來跟我說：「**導師！我已經進入第七住位了。**」我就一巴掌給他：「**你還有七住位喔？**」因爲那只是一個方便善巧的施設。

第七住位在哪裡？拿來我看看啊！是寫的嗎？還是做出來的呢？都沒

有！那只是一個佛菩提道的分位施設。告訴你說佛法有這五十二個階位，這五十二個菩薩階位過完了，第五十三位你就成佛了！是告訴你次第，但其實沒有位階可言。所以當你證悟了、證得眞如了、轉依成功了，名爲第七住位，其實無所住，就只是解脫與智慧。當你依於眞如而住的時候，你是住在哪裡？眞如的境界中，無一法可得，何況是境界。所以你說：到達第七住位，那就是有所到；可是明明告訴你說，菩薩摩訶薩們「修八正道而無到處」，到了第七住位時並沒有第七住可言，但是你要知道自己眞的到了第七住位。

談到這個，我倒想起一件事。有好多人才剛明心半年、一年、兩年，就來跟我求見性，我的問題是：「悟後進修般若的智慧，是否已經滿足了第八住、第九住位該有的？包括第十住位的入心、住心，已經有了沒有？」如果這些都還沒有，就要跟我求十住位滿心的見性，那他是比別人厲害嗎？一次要跳過三個階位喔？所以這個部分也得要琢磨、琢磨，這部分不能不用心！悟後還得再努力幾年，把慧學修好，因爲見性有三個條件：慧力、定力、福德；要有這三個法來莊嚴，否則看不見佛性的。因此剛明心，好好去看話頭，看個三、五年，不急著見性；把功夫作好了，定力就夠了。這三、五年中，好好把八住位、九住位該有的慧力建立起來，然後見性前一年，把第十住位該有的慧力建立起來；到那時，話頭也看純熟了，定力足夠時剛好可以見性，所以求見性不用急。

而且我不是明、後年就要走人，還久著哩！所以機會很多，但是你要把這個條件具足。你們看看慈慧老師、看看書偉老師，還有好多位幹部同修，他們都是正覺同修會還沒有成立之前，就跟著我開始學的人，他們都是很早就明心了，其中有人則是直到這兩年才眼見佛性的。這表示什麼？該有的都把它修好了，這個道理諸位要懂。所以明心後三年內，不要來跟我求見性，因爲你的慧力還不夠！這個條件要記得。

話題拉回來，說菩薩摩訶薩「修八正道而無到處」，他明心了，進入第七住位，他轉依成功不退了，這是位不退呀！《菩薩瓔珞本業經》說，菩薩們位不退，就是從第七住位開始，這就是位不退。如果會退轉的人，表示他第七住位還沒有進入成功，空有大乘見道的知識，沒有轉依成功，那麼這樣的人從**事相**上來說，同樣也是沒有到處；說他證得眞如了，可是眞如境界中無一法可得，到底他到了什麼地方？無所到啊！而且他不能忍於眞如，企圖要再尋找第八識以外的妄想所得的眞如，永遠都不是眞正的眞如。

得是知道無所到的人，才能「**遠離諸邊，住於中道**」。「**諸邊**」不是只有兩邊，因爲邊有很多，但是以兩邊比較容易理解。所以你如果從世間法來看：美是一邊，醜是另一邊；女人是一邊，男人是另一邊；善是一邊，惡是另一邊；黑是一邊，白是另一邊；明是一邊，無明是另一邊。所以邊有很多種，不是只有兩邊；但是依於某一法而說是兩邊，能離兩邊的人就能離諸邊，「**住於中道**」永遠處於中道。

講到這個「**住於中道**」，我又聯想到前兩年才走人的某山頭大和尚（編案：這是二〇一九年五月所說），他蓋了一個臺灣最高的寺院，你們知道是誰。他一天到晚在講「中道實相觀」，可是他的「中道實相觀」是以什麼爲所證的標的？是以意識離念靈知爲標的；甚至於有時候還不是離念靈知，而是有念的靈知心。所以咱們弘法以後，他老兄好像覺得很受刺激，去閉關了半年；閉關半年後出關，來到師大的大禮堂演講時，依然繼續在講：「**師父我在上面說法的一念心，諸位在下面聽法的一念心，就是眞如佛性。**」你說，他那能叫「中道實相觀」嗎？根本就落在識陰裡面了。

可是仍然有一點點進步，就是那閉關半年的成果，沒有再講那句「處處作主」了，他把意根的自性拿掉了，但是還是落在六識心裡面。可是這六識心不論怎麼樣修，永遠都在六塵境界中打混，不曾離於六塵境界，那如何可能是中道？如何能是實相？可是菩薩摩訶薩修證八正道，「**遠離諸邊，住於中道**」；換句話說，他所住的境界居於一切法中而不即一切邊，可也不離一切邊，卻永遠都是中道。這聽起來，好像跟經文有一點差異吧？經文告訴你說「**遠離諸邊**」啊！可是我告訴你，菩薩摩訶薩「**遠離諸邊**」的時候，其實都在諸邊裡面而「**遠離諸邊**」；如果你「**遠離諸邊**」而不能及於諸邊，都沒有接觸諸邊，那你就變成大白癡一個，怎能當菩薩摩訶薩？所以「**住於中道**」眞的不容易呀！

那麼菩薩摩訶薩既然住於中道了，那就「**越凡夫地，安住菩提，亦不住**

菩提相；」當你證眞如、轉依眞如了，就超越凡夫的境界，而眞如的境界中根本不知道什麼是實相？永遠不懂中道！那你證眞如之後，轉依成功了，就超越凡夫的境界了，這時候就說你安住於佛菩提中。可是安住於佛菩提之中，卻又沒有住在佛菩提之中的法相。

這有點怪吧？沒有觸證眞如的人會覺得怪，因爲你既然住於菩提中，當然就有住於菩提的行相中，怎麼可能「**亦不住菩提相**」？眞的有點怪！可是實際上，你安住於佛菩提時，亦無菩提可住；因爲菩提是施設法，當你證得第八識法可以讓你依止，以此爲依止而次第邁向佛地，所以說你安住於菩提中。可是菩提只是個施設的名相，所以你其實沒有住於菩提；而且當你住於菩提的時候，其實是住於第八識眞如之中；住在眞如境界時，其實無一法可得，又哪來的菩提相？

到這個時節，「**離諸邪見，修於正見**」；這時候眞的沒有邪見了，只是你的所證、所見、所知有廣、狹、深、淺的差別，但是絕對沒有邪見，因爲邪見是凡夫地的事。此時你所擁有的都是正見，所以有了正見以後，聽聞或者閱讀一切善知識的所說、所寫，不用讀上幾頁，你就可以判斷他是不是眞正的善知識？抑或是假名善知識？也就是《佛藏經》中講的惡知識。

從此以後，你的所說、所行、所學、所證，都是在「**修於正見**」。「**修於正見**」的人「**越凡夫地**」，必然超越凡夫地，所以「**不取身相，亦復不住菩提之相**」，也絕對不會落於身見中。爲什麼會落於身見中？因爲我們五陰有各種功能差別，執著於各種功能差別時就落入身見裡面。「身」除了說是五陰身、十二處身、十八界身以外，還兼有一個意涵，叫作功能差別。所以「身見」就是依於五陰等功能差別而執著不捨，認定這是眞實我，就叫作「身見」。

如果已經離於身見等五利使，就「**不取身相**」；對色身的形相或者法相，就不再執取了。「**不取身相**」的時候，你就不會住於「**菩提之相**」。爲什麼會住於「**菩提之相**」？因爲有五陰的功能差別；如果你沒有五陰的功能差別時，依於眞如的境界而住時，誰知道菩提？又是誰知道菩提的種種法相？無人能知啊！所以當你轉依眞如時，「**亦復不住菩提之相**」。

接著再說：「**佛身無爲，離於諸數；**」爲什麼佛身是無爲的？「法」粗略地歸納，就是「無爲法」跟「有爲法」，有爲的是世間諸法，無爲的是出世間諸法。出世間諸法歸納起來，最後就是一個眞如，所以修無爲法，也就是修無我法，直到佛地就是究竟無爲；而佛身是無爲的，無爲的佛身離於諸數。你不能夠說諸佛出現在人間，同樣有五蘊，有十二處、十八界。你不能這樣說祂。表面上看來，如來同樣有五蘊、十二處、十八界，同樣也有六入或者十二入，但你不能這樣說祂。爲何不能？我用《楞嚴經》來跟諸位說明吧！我們這尊佛像，你看！這手印是什麼相？說法相！說法相是根據什麼來？從《楞嚴經》來。

《楞嚴經》中說，佛從身邊拿了一條劫波羅巾，把那條劫波羅巾打成六個結，六個結是指什麼呢？是眼根，耳、鼻、舌、身、意根。如來說：「這本來是一條劫波羅巾，現在打成六個結了，那麼現在證悟眞如以後要把這六個結解開，你是一次同時解開六個結，還是一次解開一個結？」當然一次只能解開一個結。又問：「那你每次要解開一個結的時候，是用右手呢？還是用左手？」要用兩手！兩隻手才能解開，一隻手是解不開的！所以以前有個糊塗大師說：「眞正的佛法修行要捨識用根。」當你沒有根或是沒有識時，單有六根或單有六識時你能修行喔？沒有根，就沒有識出現了，這時是單有根而無識，還能修行？所以我說他也是糊塗。

同樣的道理，本來只是一條劫波羅巾，譬喻什麼？如來藏妙眞如性！然後因爲在三界中打混，混久了以後生在人間，就是要有眼識，耳、鼻、舌、身、意識，六識各自運作而互相連結，以後就變成一條打了結的「劫波羅巾」。打了六個結以後，意根就在上面執著這個結和那個結，反而沒看見劫波羅巾了，於是不得解結。可是你證悟如來藏看見巾體之後，如果努力修行，一個結又一個結，慢慢地從事相上實修而全部都打開了以後，那就是一條沒打結的劫波羅巾，再也沒有結來繫縛你了。

所以到達佛地時，識陰區宇過完了，已經到達識陰盡的境界時，第八無垢識沒有六結繫縛時，就可以作各種的用途，再也沒有六根與六識的限制了，那時候就純粹是一個第八識妙眞如性；那時不叫如來藏了，改叫無垢識，可以直接運作，要作什麼都可以了，此時不必再有六個識了。但是應機而生到人間度眾時，還是跟人類一樣，要示現一樣有六個識運作，但佛身純粹是無為法，因為不但三界愛現行斷盡，習氣種子也斷盡了，異熟生死的變異種子也斷盡了，再也沒有變易生死了，你能夠說 佛陀落在哪個數目之中？五蘊也不能講，六入也不能講，十二處、十二入、十八界也不能講，菩薩位也都不能講了，因為祂純粹就是一個無垢識，所以「佛身無為，離於諸數」。還沒有成佛以前才有諸數，因為你示現在人間的時候，耳根不能作眼根用，鼻根不能作身根用，全都不能互通；但如來究竟地六根互通，全都只是第八識的妙眞如性直接運作，當然不墮諸數。

那麼探究佛身的無為，以及離於諸數的原因，就是你在因地時努力修佛相，你努力修學諸佛如來的各種功德相。但是你修 如來的各種功德相時，在因地你要先證得「一相」，那「一相」叫作實相，而實相無相。當你實證了，你再來看一切有情時莫不和自己一樣，同樣只有「一相」，叫作「無相」。這就是說，你剛悟的時候，有了法智忍，然後因為生忍而有了法智；可是從這個法智出發，你來觀察一切的有情，從身邊的同修們看起，回到家再看父母兄弟姊妹；出門看一切有情，包括天上飛的、水裡游的、地上爬的；你一看，一切有情全部都是唯有「一相」，那就是實相的「無相」。證得實相這一相，那就是「無相」；這時候「**出離眾生生死陰界，安住無為畢竟空舍**」；這時候你已經超出、也離開了眾生的生死陰界。眾生之所以在人間會有生死，都是因為人間的五陰境界故；假使沒有五陰境界，就沒有生死了。

如果有人今天第一次來聽我講經，聽到這裡會覺得奇怪：「**欸！那我看菩薩們明明也有生死啊！甚至於兩千五百多年前，釋迦如來也有生死啊！好像講不通吧？**」不！真的講得通，因為他們是為眾生而來生死的。諸地菩薩都可以不受生死，每一世都可以入無餘涅槃，可為什麼還要來人間生死？因為發起了悲心，想要救護眾生，想要教導眾生同樣出離生死，所以他們又來人間生死。

他們本來是可以不用生死的，既然要來利樂人間的有情，就得來取得人身，就會有生死。要不然他們用欲界天身、色界天身來人間時，你也看不見，要怎麼跟他們學法？所以他們是為了眾生才來人間生死的；而其實他們已經出離了生死，已經超過生死了！眾生的生死與他們無關，因爲他們已經超越了！但是爲了救眾生和他們一樣可以出離生死，所以又來人間受生死，但其實是已出離眾生生死的五陰境界。

那他們出離生死之後，心境是怎麼回事？是怎麼住的？既然不入無餘涅槃，當然有所住，那到底諸地菩薩的心是怎麼住的？有沒有想起《金剛經》那一句很有名的經句？大聲一點啦！（眾答：應無所住而生其心。）對了！說應該對於六塵境界都無所住，但是卻要時時刻刻而生其心。對六塵境界沒有所住，但卻不斷地運行著，如是生心不斷，這才是菩薩。可不能夠說：「**我既然都無所住，死時就入無餘涅槃去！**」不行！那不是般若，那只是二乘菩提！所以菩薩們要時時生其心，於生其心之中，卻又無所住，這才叫作「**安住無爲畢竟空舍**」。

「**無爲法**」其實說穿了叫作「**畢竟空**」，「**畢竟空**」就是究竟位的空。可是諸位把《大般若經》裡面講的「十八空」取出來，你看哪一個是最究竟的？可是這畢竟空是究竟法，其他的空都是相對於世俗法，或者相對於佛法來說空，可是畢竟空就是究竟的空；而這個究竟空指的是什麼？依舊是如來藏！所以三乘菩提其實都圍繞著如來藏在運轉，你們要懂這一點。《阿含經》中的密旨讀得通，般若經、唯識經你就都讀得通了；不懂這一點，永遠也讀不通，永遠是半知半解！所以這樣「**出離眾生生死陰界**」的菩薩摩訶薩，他是安住在「**無爲畢竟空**」的房舍裡。

可是無爲法的畢竟空到底是什麼？就是如來藏！當他到這個地步的一切所見，原來一切諸法莫不是空性如來藏，所以一切諸法就是如來藏；怪不得經中才會說「**一切諸法無生無滅**」。經文中又說「**眞實僧無相無爲**」，凡是落入有相有爲法中的僧人都是假名爲僧，眞的如此啊！從二乘菩提來看，一切諸法有生有滅、有相有爲；可是在佛菩提道中，講到實相境界的時候，就說一切諸法無生無滅、無相無爲，因爲一切諸法都是空性如來藏；既然是空性如來藏，當然是無相無爲，那麼這個菩薩摩訶薩當然安住於「**無爲畢竟空舍**」。

到這個地步，「**見一切法無生無住**」。從二乘菩提來講，一切法有生住異滅，不斷地生住異滅，沒有終止過；乃至睡著無夢的時候，依舊是生住異滅。你可別說：「欸！我睡著無夢的時候，意識中斷了，怎麼可能生住異滅？」那我要問了：「你還有一個意根在，不是嗎？」欸！這個意根正在的當下，也繼續生住異滅；要不然也還有這個色身在，色身也是念念生滅，在每一念的過程當中，色身也不斷在生住異滅，只是行相微細，不容易察覺罷了！可是當你了知一切法歸於空性如來藏時，從不生滅的空性如來藏來看一切法，那一切法都屬於空性如來藏；而空性如來藏從來不生不滅，所以沒有生、也沒有住。一切法只是在如來藏裡面生住異滅，不曾外於不生滅的如來藏。就好像一顆明珠，明珠的表面有各種影像生住異滅，可是明珠表面的影像附屬於常住的明珠，那不就是從無生滅嗎？所以菩薩摩訶薩修到這個階段，「**見一切法無生無住**」。

世尊接著解釋這個道理說：「**何以故？諸法性相皆無住故。**」對啊！不論你從現象法界來講，或是從實相法界來講，「**諸法性相皆無住故**」。從現象法界來說，諸法的性相不斷地生住異滅之中，何曾有所住？你想要找到一個法是常住的都不可得，當然「**皆無住**」。而且你轉依了眞如，從如來藏的境界來看待諸法的性相時，諸法性相都歸如來藏所有；而如來藏本來常住，卻從來不住於任何一法中，所以「**諸法性相皆無住故**」。再從如來藏來看諸法時，何曾有一法可得？所以「**諸法性相皆無住故**」。

你看，佛法可以這麼講；可是如果沒有證得眞如，阿羅漢來到正覺講堂，今晚聽我講經、講這麼久，一定聽不懂！想也想不通！可是你一旦親證眞如，我說了以後，你就可以理解，還不必等我印證；你只要找到如來藏了，就可以理解。聽我說明以後你能理解了，想要拿到我的印證就容易了。所以佛法厲害，因爲佛法橫跨二界：你所證的這個第八識妙法，一方面在現象界中存在，另一方面也在實相界中存在，不離兩個法界；而這兩個法界是合在一起的，不曾分離。可是阿羅漢只知道現象法界的事，所以只知道一切諸法生滅無住，才急著要去取無餘涅槃；可是菩薩摩訶薩們不急著取無餘涅槃，「**取、不取無所謂，反正我就次第邁向佛地，無餘涅槃只是個副產品。**」這就是佛法的厲害處。接下來，下一段：

經文：【「遠離世間及出世間，住寂滅處；不染世間，不著出世間；若法非法，有爲無爲，皆悉遠離；捨於斷常，住平等相，知過去、未來、現在心數無有異相，亦不得菩提心相，何以故？一切諸心皆平等故。」】

語譯：【世尊又開示說：「這樣的菩薩摩訶薩，遠離了世間法和出世間法，住於寂滅的處所；不染著於世間法，也不貪著出世間法；不論是法或者非法，是有爲或者無爲，全部都遠離了；這樣的菩薩摩訶薩捨離於斷邊與常邊，住於平等相之中，了知過去、未來、現在的心數沒有差別相，但是也不曾得到菩提心的法相，這是什麼緣故呢？一切諸心全部都平等的緣故。」】

講義：「遠離世間及出世間，住寂滅處；」一般人說：「我遠離世間相。」那他就會落入出世間相裡面，二乘人不就如此嗎？所以菩薩們看見日頭快到中午時，阿羅漢們去托缽了；托缽時，威儀庠序，一面走著，眼睛只看著前面幾尺的地上；都不聽別的聲音，也不看別的色塵，這表示他們落入出世間相了！因爲他們遠離世間法。我常常說：「阿羅漢的心境是灰色的，沒有彩色；菩薩們的心境叫作伊士曼彩色。」（大眾笑…）因爲聲聞阿羅漢的作意是要「藏六如龜，防意如城」。他們是隨時準備要入無餘涅槃的，深怕再被六塵境界所拘繫，所以他們的心境是灰色的；因此他們住於出世間境界中，時時都要遠離世間法。

可是菩薩不然，菩薩雖然遠離世間諸法，同時也遠離出世間法；因爲菩薩住於眞如的境界中，以出世間的眞如境界爲所依止，卻又時時刻刻生其心，不斷地爲眾生的法身慧命著想，所以又不離種種世間法；但是菩薩也不離出世間法，卻對世間法沒有執著。菩薩看來事業紛忙，每天爲眾生奔忙，事業很繁雜，因爲菩薩要作的事情很多，並不是爲自己作，而是爲眾生作。

你看我們親教師們包括我在內，幹部們也都一樣，從來沒有領什麼薪水、什麼津貼，全都沒有！都是義工。所以你們有時候當義工會斤斤計較說：「欸！記得幫我記錄喔！」要計義工時數，但我沒有在記欸！（大眾笑…）我也是義工啊！而我的所作所爲就是爲了正法、爲了大家，所以純粹都是義工。那我們大家都作義工，作的時候「住寂滅處」，因爲我們依止眞如的境界，也就是依止如來藏的自住境界；但如來藏的境界中迴無一法，祂的境界中沒有任何一法，所以你要說祂有見色嗎？有聞聲嗎？全都沒有！完全沒有六塵，所以如來藏的境界是寂滅的，那才是究竟寂滅。

二乘聖者入了無餘涅槃，其實就是五陰十八界滅掉以後，剩下如來藏獨存。在如來藏獨存的境界中，沒有十八界法，當然是絕對寂滅的。而菩薩看見阿羅漢所入的無餘涅槃就是如來藏的寂滅境界，可是無餘涅槃那個寂滅的境界當下就存在了，不用像二乘聖者捨棄五陰十八界才進入涅槃，卻還是看不見；菩薩是眼下就看見如來藏的涅槃境界，祂就是離十八界法而獨自存在，沒有六根、沒有六塵、沒有六識，當然是絕對寂滅；依此而住，就是「住寂滅處」。

可是住在這個「寂滅處」時，菩薩卻要爲眾生不斷地作事；既然要爲眾生不斷作事，那就是既住於寂滅處，而這七識心卻繼續在接觸六塵外界，不斷地爲眾生作事；然後自己的所住，是背後如來藏的寂滅處。如是，七識心同時爲眾生作一切事，那就得要跟世間法接觸，跟世間法接觸時卻「不染世間」。所以眞正的菩薩摩訶薩，在世時一大片產業，捨壽的時候一點掛念都沒有；因爲很清楚知道：自己要轉入下一世，再爲眾生作事，名聲與財產都帶不去未來世，這沒什麼可罣礙的，而且世間法本來如是。所以到時候要走人了，揮揮手說：「**再見！**」如果有幾個弟子是日本人，就「**莎喲娜啦！**」（大眾笑…）然後就走了，沒什麼可記掛的！這叫作「**不染世間**」。

「**不染世間**」是一邊，反過來，當然就會執著出世間；二乘聖者就是這樣，所以托缽的時候只看著眼前地上，聽到什麼聲音也不去看，有什麼人走來走去也不去看，就專精一心一念不生，就這樣托缽。可是菩薩無所謂，有聲音就看一看，又怎麼樣？有人走過，就看看他是什麼人，無妨繼續「**住寂滅處；不染世間，不著出世間**」。這就是佛菩提道的好處，因此阿羅漢很畏懼世間法，時時都想要逃離。可是菩薩們不記掛世間法，但是也不牽掛出世間法；爲什麼能這樣？因爲轉依眞如了。依眞如的境界而住時，唯有如來藏是眞實、是如如之法；而世間一切法全部攝歸空性如來藏，於是腳踏兩條船：這一條船叫作實相法界如來藏，另一條船叫作現象法界五陰、十八界等諸有數之法。這就是菩薩摩訶薩的「應無所住而生其心」。

「若法非法，有爲無爲，皆悉遠離；」這只有菩薩才能辦到，不管是佛法，也不管非佛法，所依是第八識如來藏，所以全部都遠離。可是你別想說：「既然法與非法全部遠離，那是不是就住在無餘涅槃中？應該不是吧？」可是我卻跟你說：「眞的是這樣！」是住於無餘涅槃中，但卻不是二乘人所證的無餘涅槃，又無妨在三界中行走，這才妙哩！但二乘人聽不懂的，你說哪個阿羅漢聽得懂？所以我往年都說：「南洋縱使眞的還有阿羅漢，來到正覺講堂也開不了口！」眞的如是。還不跟他講別教的法，單講通教這個法就好，他能應付得來嗎？聽都聽不懂了，還能應答嗎？所以他們應付不了的，怎麼開口？

因爲完全聽不懂的緣故，所以無論法、或者非法，因爲我們前一部經《大法鼓經》，有談到法與非法，可是在眞如境界中，法與非法都不存在；所以菩薩摩訶薩五陰十八界住在人間爲眾生作事時，現見一切法與非法，卻又同時看見一切法與非法全部不存在，而又無妨繼續在法與非法中利樂有情。

法與非法如是，有爲無爲亦復如是。「有爲法」譬如說，出世爲利樂眾生而造作了很多的事業，全部都是爲利樂有情，不是爲自己，這一切都是有爲。可是卻又現見無爲的如來藏同時同處，而含攝了這一切有爲；然後從這個無爲性的如來藏，來含攝一切有爲法時，這一切有爲法就變成無爲法；而這個無爲法的境界中，沒有任何一法存在。

所以我所說的這些法當然就是佛法，然而當你從如來藏來看待一切法時，其實這句話是講不通的。爲什麼講不通？因爲連出世間的佛法也不存在了。這是因爲如來藏眞如心從來不了知一切法，如何能看待一切法乃至佛法？對吧？當你說「**我從什麼來看待什麼**」的時候，表示那是能見、能知之法才有互相看待；但我們現在就假設說自己是如來藏，而如來藏不相待於一切法，因爲從來不了知任何一法；既不了知，就沒有法可說了，哪裡還會有出世間的佛法呢？那就純是無爲。而這個純粹無爲法的如來藏，卻函蓋了一切有爲法，而你轉依如來藏的時候，無妨繼續爲利樂眾生而造作一切有爲法；可是你卻連無爲法、有爲法全部都遠離了，這就是菩薩摩訶薩「**應無所住而生其心」。

「捨於斷常，住平等相，知過去、未來、現在心數無有異相，亦不得菩提心相，」這樣的菩薩是捨離斷邊與常邊，永遠不落入斷見與常見的。會落入斷見與常見的都是凡夫之見，唯有捨離斷見與常見兩邊的人，才能住於平等相。我們正覺早期，借人家的地方打禪三。有個師姊覺得脖子有點癢，手一撥，掉下來是條小蜈蚣。這要是在平常時，一定是大呼小叫：「媽呀！」會不會？一定會呀！且不說蜈蚣，看見蟑螂就大呼小叫了，但她竟然不動其心！看著說：「原來是蜈蚣菩薩！牠跟我一樣哩。」她竟然這樣想呢！非常沉著、冷靜，一點情緒波動都沒有：「原來我是這個眞如，那蜈蚣菩薩也是這個眞如，原來牠跟我平等。」她是這樣想的。這在佛法中，叫作生起了平等性智；因爲她的意根接受了，於此法生起了忍，所以一點慌張都沒有，反而很冷靜地看著小蜈蚣漸漸地離去。這表示：她的意識已經有了妙觀察智，因爲她能觀察自己是這個眞如，也觀察那蜈蚣同樣是這個眞如，所以這時候她無所畏懼，不再驚呼了，反而稱牠爲蜈蚣菩薩！什麼時候這條蜈蚣變菩薩了？欸！但真的是這樣啊。

所以當她捨離斷、常兩邊的時候，她一定是看到這個實相了，那她就懂得離兩邊的中道；有了中道實相，她就對一切有情有了平等心；這時候，她的意根有平等性智，她的意識有妙觀察智，這時候「**知過去、未來、現在心數無有異相**」；過去世、未來世、現在世的一切心和心數法（心數法就是心所法等，與心相應的都叫作心數法），這八識心王、五十一個心所法等，全都沒有異相，因為只有一相，叫作如來藏相；如來藏是實相，實相無相，只有這麼一相。

而這時候「**亦不得菩提心相**」，菩提心的法相也不存在了，因為他從如來藏的境界來對待一切法時，原來無一法可得，所以就沒有菩提心相了。有菩提心相是意識的事情，而如來藏的境界中，無一法可得，當然意識所了知的諸法也就不存在了。所以說「**亦不得菩提心相**」。然後 世尊就解釋道理：

「**何以故？一切諸心皆平等故。**」一切諸心講的就是八識心王以及七轉識所相應的各種心，比如說貪心、無貪心，瞋心、無瞋心，癡心、無癡心，乃至一切各種心都平等；因爲這一切心無非就是如來藏心，歸於「無爲畢竟空舍」，所以一切心平等、平等；那麼這樣來看佛菩提道，眞是太勝妙了！

經文：【「身相亦爾，是故不爲毒火刀箭之所傷害，何以故？已離一切煩惱毒故，常生淨國離諸惡趣。雖住諸趣而證菩提，常住安隱亦無依止，以如是義，一切刀兵不能加害，何以故？見寂滅菩提空無住處，以無住故一切毒箭皆不能害，是名無縛。乘於疾乘亦不住乘，是名無縛，何以故？無所得故，是故刀箭不害其身。知諸法空求不可得，一切毒害所不能侵，何以故？行普之慈遍覆一切故，行菩提慈不得諸眾生故，行空之慈諸法寂滅故，行無熱慈遠離諸煩惱故。行如是慈能令刀兵皆不害身，欲、色、無色界亦悉平等，知一切界、一切法性同於菩提等無異相。若能如是，心無思慮，亦無調戲，寂滅清淨。菩薩摩訶薩知一切法如呼聲響，離一切相，盡同法界，無歸無趣；善解一切音聲語言，無示無說，離音聲相；不自高己，離於我想，過於一切言說音聲而無過相，是故悉知一切法寂滅，亦不得一切法相，出過諸法；心

無所歸，於諸言音亦不染著。」】

語譯：【世尊又開示說：「色身的法相也同樣是這樣，由於這個緣故不會被毒藥、烈火、刀與箭之所傷害，爲何是如此呢？因爲已經遠離一切煩惱毒的緣故，凡有所生永遠出生在清淨國度而遠離各種惡趣。雖然有時住於各種有情趣中而能自己實證佛菩提，常住而且安隱但也沒有依止，以這樣的道理，一切的刀兵都不能加害於他，這是什麼緣故呢？因爲看見寂滅的菩提空而沒有住處，由於空而沒有住處的緣故一切毒箭都不能害他，這樣叫作沒有繫縛。搭乘於快速的車乘而同樣不住於車乘，這樣稱爲沒有繫縛，是什麼緣故這麼說呢？因爲他無所得的緣故，由於這個緣故刀與箭都不能加害其身。知道諸法都是空、求而不可得，一切毒害都不能侵襲他，爲何是這樣呢？因爲這樣的菩薩摩訶薩行於普遍之慈而普遍地遮覆一切有情的緣故，行於菩提之慈而不得任何眾生的緣故，行於空之慈而使諸法寂滅的緣故，行於無熱之慈而遠離各種煩惱的緣故。由於行於這樣的慈心而能使令一切刀兵都不會殘害菩薩之身，欲界、色界、無色界也全部都平等，了知一切界、一切法性都同於菩提、平等而沒有不同的法相。如果能像這樣，心中都沒有思慮，也沒有任何掉舉戲論，寂滅而且清淨。菩薩摩訶薩了知一切法猶如口中呼出的聲響，遠離了一切的形相，所見全部都同於諸法的功能差別，沒有所歸也沒有所趣；善於勝解一切音聲和語言，而沒有表示也沒有所說，遠離音聲之相；這樣的菩薩摩訶薩不自高而推崇自己，遠離於一切我的心想，超過於一切言說音聲而沒有超過之相，由於這樣的緣故全部了知一切法寂滅，也不得一切法的法相，超出而過於一切諸法；心都無所歸，對於所有的語言音聲也都不染著。】

講義：「身相亦爾，是故不為毒火刀箭之所傷害，何以故？已離一切煩惱毒故，常生淨國離諸惡趣。」世尊說了：眞實心，是遠離世間及出世間等法，身相也像是這樣子；因爲心那樣遠離的緣故，身相也就跟著遠離；遠離的緣故就不會被毒藥、烈火、刀兵或者箭等殺害眾生之法所傷、所害。這是什麼緣故呢？是因爲已經遠離一切煩惱毒的緣故，所以這樣的菩薩永遠都出生在清淨的國度，而遠離種種的惡趣。

如果菩薩悟後就有福德，一世又一世往生在諸佛淨土中；即使不往生在諸佛淨土，生在五濁惡世的淨穢土中，也不會被刀、兵、毒藥等所殘害，因爲他的心遠離一切煩惱毒的緣故。這是從一般的情況來講，譬如諸位悟了以後，如果不牽掛這娑婆世界正法能否久住，那你要往生諸佛淨土，不論是哪一個淨土，都是隨意往生，沒有不能去的。諸佛淨土比較難往生的，譬如阿閦如來的世界，或者 琉璃光如來的世界，那至少要有「無相念佛」的功夫才能去，可不像極樂世界五逆十惡者也能去。可是極樂世界如果你要上品上生，那也不容易，至少得要開悟明心，最好是明心後加上眼見佛性。可是十方諸佛淨土沒有不歡迎證悟菩薩的地方，所以當你證悟了，聽到哪一個世界多麼好，想要往生過去都可以。那麼你生到那裡去，還能被毒火刀箭之所傷害嗎？當然是不可能的！今天只能講到這裡。

《不退轉法輪經》上週講到二十八頁第四段，已經講完前兩句。前兩句說的是：「**身相亦爾，是故不爲毒火刀箭之所傷害，**」那麼今天要來解釋理由說：「**何以故？已離一切煩惱毒故，常生淨國離諸惡趣。**」因爲已經證得實相的菩薩摩訶薩，這裡解釋理由時，不談理上的事了，就純說事相上的事。事相上是說：已經證實相的菩薩摩訶薩，從生至生都在佛國、都住於佛淨土，要不然就是一生補處菩薩所住的兜率天宮。那個兜率內院跟兜率天是有所隔離的，也算是淨土之一。也許有人想：「**證悟的菩薩摩訶薩他們每一世都能生淨土世界嗎？**」答案是可以的，最容易往生的淨土世界是極樂世界，包括五逆十惡之徒，都可以下品下生。但是有的佛世界想要往生並不容易，至少得要有淨念相繼的功夫；如果沒有這個功夫，至少要有一念不生的定力，也就是欲界定的定力才能往生，譬如阿閦佛國、琉璃光如來的淨土世界都是這樣。

但是十方諸佛的淨土，無論哪一種淨土，只要你明心了，你有轉依的實質，保證你一定可以往生；所以般若諸經上說「**隨願往生**」，這四個字不是隨便講的；這是隨著你所要往生的世界都可以去，所以叫作「**隨願**」。這個「**隨願往生**」表示你已經是菩薩摩訶薩了，所以你怎麼樣都可以往生。既然可以往生到諸佛淨土去，那諸佛淨土中沒有惡趣，所以說他「**常生淨國離諸**

惡趣」；但他們之所以能如此，是因爲「已離一切煩惱毒故」。

轉依成功的人，煩惱現前時都有能力對治；若是入地以後，是不需要怎麼對治的，除非是遇上了習氣種子煩惱；若是指現行的部分，他不需要對治，因爲他已經斷除了。如果是轉依成功的三賢菩薩，有一些煩惱他需要對治；假使那一些煩惱都是深細而不易察覺的，所以他需要假以時日來對治；如果是明顯而易發覺的煩惱，他就有能力對治。所以菩薩摩訶薩可以說「已離一切煩惱毒故」，因此這裡講的「菩薩摩訶薩」，定位至少得要明心以上；至於是否已經入地，那就看他的「別相智」的修爲，再來作確定。

但通常菩薩摩訶薩多是指三賢位之中，那他已經「常生淨國離諸惡趣」，是因爲他「已離一切煩惱毒故」。這樣的菩薩「雖住諸趣而證菩提，常住安隱亦無依止，以如是義，一切刀兵不能加害」，說這樣的菩薩縱使他往生天界，或者生在人間，或者背負著任務去鬼道當有福鬼、大力鬼不等，他都可以住於諸趣，但他同樣是證菩提的菩薩，所以「常住安隱亦無依止」。這是說，他的境界是「常住」的境界，不是「緣起性空」的境界，這一點是我們在正覺學法的人都必須要認清楚的。菩薩摩訶薩的所證是常住的，因爲實相法界不是生滅法，所以說他常住並且是安隱。只有是常住的才有可能安隱，非常住者則不能安隱；因爲常住之法，有情不容易證得，只有菩薩摩訶薩才能證得，所以這是安隱之法。

但是常住之法、安隱之法有沒有依止呢？我們早期弘法，幫大家證得常住的如來藏，有的人自作聰明，他就會自己再發明說：「蕭老師幫我們證得這個第八識如來藏了，諸法都依如來藏而有，但是如來藏還是要有所依吧？」他說要有個所依，然後他就自己發明了第八識的所依。有人來告訴我，我說：「你別信！如果第八識還有所依，他那個所依一定是落回意識境界去了；不信，你就去問問看！如果他講不出第八識的所依是什麼，那我就告訴你：那是妄想！另外告訴他一個層面說，如果第八識還有所依，那就是第九識，因爲無不能生有，虛空也不能生第八識，所以只有心才能生第八識。」那他所說的第八識的所依，不正是第九識了嗎？那就有無窮過，那過失是無窮盡的，那麼成佛這個法就沒有人能究竟了！因爲他發明的第九識，別人會說：

「你有第九識喔？我更厲害，我有第十識！」然後就有十一識、十二識……沒完沒了！最後誰都不能成佛，沒有一個人可以成佛。

所以如來藏又名阿賴耶識，祂沒有依止，不可能這個出生萬法的如來藏還有依止。那有時候遇到了個糊塗蛋，我會問他：「你讀過《六祖壇經》沒有啊？」他說：「讀過了，我都懂啊！」我說：「你沒懂！你如果懂了，就不會說第八識還要有所依，因爲六祖已經告訴你：『如日處虛空』，太陽在虛空要什麼所依？沒有啊！」所以說這菩薩的所證只能是第八識。

但是證得如來藏以後，他也許在人間，也許在天上，也許到色界天（通常不去無色界天，因爲在那裡沒有意義），有時候他會往生到修羅道去，或到鬼道去當個大福鬼、大力鬼也行，只要能攝受有情；所以「雖住諸趣」講的是這個道理。而且佛教不是只有人間才有，那一些日本學術界主張人間佛教，還有臺灣的釋印順一批人跟著那些日本人互相呼應，也說人間佛教；他們講的是天界沒有佛教，但問題是他們號稱證得阿羅漢果，那就是精通四阿含的人，問題是四阿含諸經有說：「初果人是七次人天往返，得出三界。二果人是天上人間一往來，所以他要往生到欲界天，然後下生人間成阿羅漢。」先不談三果，初果人要七次人天往返，那他要不要住在天界？當然要啊！那二果人是一往返，也是要住天界。三果人有七品，除中般涅槃外，在人間捨壽後都要往生到色界天去；那麼天界有沒有佛教？當然有啊！這是阿含部所講的解脫道就已經如此了，如果要講大乘法，就牽涉到諸佛淨土，此土也還有彌勒內院和五不還天的佛教存在，也還是天界佛教的境界。所以佛教不侷限在人間，而且不是侷限於這個娑婆世界，所以我說他們心量短小，眼光太淺，只看著這個人間，其他的佛教他們都不知道。那咱們正覺出來弘法，他們就得靜默，這是無可奈何的事！因爲他們的所見太狹隘，我們的所見深廣；所以當我們開始評論釋印順等人時，他們就不吭聲了。

這就是說：第八識就是究竟的所證，無論是誰，上自諸佛如來，下至三惡道的有情，沒有一個有情是有第九識的。古來中國有主張第九識的，就是眞諦三藏；他翻譯經典，但因爲他沒有證悟，所以不能如實理解經義，翻譯的時候，他就把其中一部經文翻譯成第九識了。其實菴摩羅識、無垢識，祂就是第八識的心體，只是修行的層次有差別，換個名稱罷了！所以古時候咱們把它楷定說：「一切有情最多就是八個識，無人能過於此。」所以沒有第九識的事。

但是時間漸漸的遷延，來到了二十世紀末，我們同樣得出來再三楷定佛法是八識論，現在大家沒異議了。以前我們剛開始講，大家都有一個意見，他們都說：「開悟是證離念靈知，就只有你正覺，證什麼如來藏。」當年他們對如來藏是很輕蔑的，但是我們發行的書籍漸漸多了，從各個層面來解釋第八識。後來因爲藍吉富跟現代禪寫的那一篇文章，咱們讀著就覺得他講的不對，很想反駁；但是我沒有根據，不好動手。好在他們很勤奮，把那一些續藏部的資料也都納入《電子佛典》了，好極了！我就有資料可以用，因爲把我所知道的往事去蒐集資料出來，正好就是我知道的那樣，就不是他們講的那個樣子！所以我寫的《鈍鳥與靈龜》，把大慧宗杲以及天童宏智兩個人，一個看話禪、一個默照禪，把他們兩個人所證悟的內涵都提出來講。宋朝最有名就是默照禪與話頭禪，結果兩個人的所證都是如來藏，這一下，天下太平！大家就默不吭聲了，默認了！所以還眞像他們說的：「**大家都悟錯了，就只有你正覺悟對了。**」我說，正好是這樣；因爲不可能百萬將軍一個兵，永遠都是百萬士兵、一個大將軍。所以末法時代就只有正覺悟對了，然後從其他的文獻資料、禪宗的資料舉出來，再從第三轉法輪的經教裡面舉出來，都證明大乘佛法所悟就是如來藏。

所以如今在臺灣，如來藏變成顯學了。可是只有在臺灣嗎？不！在達蘭薩拉，達賴他們幾個幹部裡面，如來藏也是顯學，他們也都在研究，就是證不得！所以現在他們也知道佛法只說有八識，沒有第九識！但佛法也不會是六識論、不會是七識論的法，因爲在四大部阿含諸經中，就已經是這樣定義的了；所以說這一個如來藏心很難證得，想要實證眞的不容易。

然而有的人在我幫助下證悟了，就覺得：「**這也沒什麼！很容易呀。**」但問題是：既然很容易，爲什麼非得要進正覺同修會，並且要我引導以後才能悟得？所以那個「很容易」三個字，是因爲背後有善知識，否則就很不容易了！因此只要證得如來藏轉依成功，就把他叫作菩薩摩訶薩，而這樣的菩薩十方諸佛世界都歡迎；所以證悟之後，正法時期、像法時期、末法時期都過去了，再也不生於人間了，也可以就生到諸佛淨土去；因此說這樣的菩薩「**雖住諸趣而證菩提**」，而他的所證是如來藏。

如來藏是常住的，是安隱的，當你轉依如來藏時，發覺沒有誰可以破壞如來藏，所以永遠平安。但是想要找到祂非常困難，因爲祂很幽隱，你很難撞見祂，想要跟祂撞見還眞的不容易。不說外面的道場，單說咱們正覺，去到禪三殺了我見，等於把一半的答案給你了；結果呢？有的人還是渺渺茫茫，有的人上了第五次禪三，還不知道如來藏是哪個？就別說通過勘驗了！那你說容易嗎？眞的不容易呀！所以祂是「**安隱**」的，「**安隱**」的一定是「**常住**」的，「**常住**」的一定是自在所以是「**安隱**」的，因此沒有依止：「**亦無依止。**」

這個第八識法既然是常住的，能出生諸法，祂就是一切法的所依；一切法的所依就叫作法身，所以法身就是如來藏，有好多部經典都這麼說；而法身如來藏就在眾生身上，不在虛空，別望虛空討！那麼因爲所證的如來藏「**常**

住安隱亦無依止」，有這三個條件，所以說「以如是義，一切刀兵不能加害」，因爲常住的法是永不可壞的。不論誰，當他找到如來藏時，想方設法要把如來藏毀壞，但是永不可得。因爲如來藏這個法，未悟之人去請問禪師：「如何是佛？」禪師跟他講：「火燒不著。」禪師這話當然是一語雙關，一方面爲他指示了如來藏的所在，一方面告訴他，火眞的燒不著祂。這弟子下去參究了，悶葫蘆悶了三天，又上來問：「如何是佛？」禪師此時想到這個如來藏是安隱之法，就告訴他：「水潑不濕。」這弟子又下去參究了，三天後又上來問：「如何是佛？」禪師就跟他講：「刀砍不壞。」禪師就是一堆的理由，每一次來問，答案都不同！有一天，這弟子受不了，說：「師父！您怎麼每次講的都不一樣？」禪師說：「有嗎？不然，你再問一遍好了。」他說：「如何是佛？」禪師又回答他說：「如何是佛。」壞了，這一下他悟了！你看！怪不怪？怪啊！但是這裡面有蹊蹺的，過來人方知。所以常住之法，祂是眞實而如如之法，永遠不可壞，禪師答話時才會一語雙關，告訴你：刀斫不壞，火燒不著，水潑不濕。

有的禪師會告訴你：「銀山鐵壁。」當下就告訴你了。可是不會的人就把那個「銀山鐵壁」拿來作文章，我親耳聽見的；大禪師就這麼解釋說：「像那個白銀做成的一座山，你根本爬不上去！你要爬，馬上就滑下來了！」又說：「那個鐵壁喔，壁立千仞你怎麼爬？又沒有地方可以讓你抓住，你怎麼爬上去？就是告訴你說：『禪這個東西，沒有你下手的地方啦！』」就這樣解釋，而且還是走遍五大洲的大禪師說的呢。唉呀！嗚呼哀哉！（大眾笑……）欸！你們別笑！這是真的，我親耳聽見的。所以安隱的法永遠無所依止，祂是諸法的所依身，因爲諸法莫不從之生。諸法既然是從祂而出生的，當然依止於祂，所以祂就是諸法的所依身，因此叫作法身。那這樣的法身，當然是「一切刀兵不能加害」。接著又解釋：

「何以故？見寂滅菩提空無住處，以無住故一切毒箭皆不能害，是名無縛。」所以一切刀兵不能加害於菩薩摩訶薩，是因爲他已經看見了「寂滅菩提」。請問諸位：「阿羅漢有沒有看見寂滅菩提？」一般學人都說有，但其實只是方便說有，實質上是沒有；因爲阿羅漢的境界都在六塵境界中，所以諸位說：「**沒有！**」答對了。阿羅漢所觀行的對象都是五陰十八界，乃至心所法等，這全部都是現象界中的法，根本不寂靜，是滅了五陰入無餘涅槃後才寂靜。可是菩薩住在六塵境界中，卻眼看著如來藏的境界，那就看見了寂滅的菩提；因爲如來藏不了知六塵，六塵只歸於六識心了別。如來藏不了別六塵，祂自己的境界中沒有六根等十八界，那當然就是寂靜的了；而且祂的境界中，是滅除一切法的，所以在如來藏的境界中，無一法可得，這就是「**見寂滅菩提**」。而這個「**寂滅菩提**」是「**空無住處**」，所以你證得如來藏以後，就拿這一部《不退轉法輪經》來一一印證，就會發覺你所證的不可推翻。

所以這個「**寂滅菩提**」就是空性，而空性沒有住處，無所住；由於無住的緣故，「**一切毒箭皆不能害**」，不管誰射出了什麼毒箭，或者自己心中生出了什麼毒箭射出去，都不能加害於菩薩。毒箭總而言之，就只有三種：貪、瞋、癡，再也沒有別的了。這三種毒箭或者別人射向自己，或者自己射了自己；很多凡夫眾生都是用這些毒箭射自己，當他們這樣子，就是被毒箭所害。他們會被毒箭所害的原因，就是因爲有所住，住於種種境界中了；假使他是無所住的，他就不會被害。在世間法中也是一樣，假使於一切法都無貪愛、無執著，你就不會被害。有貪愛，就會被貪的毒箭所害；貪之不成，就被瞋的毒箭所害。貪、瞋背後還有一支毒箭，叫作癡毒，因爲愚癡，所以要起貪瞋或是跟人家爭執。那麼無住的人就不會被貪、瞋、癡三毒的毒箭所射中，所以這樣的人就叫作「無縛」，他沒有被繫縛。接著說：

「**乘於疾乘亦不住乘，是名無縛，何以故？無所得故，是故刀箭不害其身。**」「**乘於疾乘**」就表示，證得如來藏之後，成佛就快了！不要懷疑這句話，這是如實語，但是有個大前提必須要認知清楚，就是要先遇到善知識，否則一切都甭提。諸位想想看：「**進了正覺，才多久就明心了？**」通常不超過五年吧！如果你有努力去依教奉行，通常不超過五年。那麼接著再努力幾年，不管三年、五年、八年、十年都好，又能眼見佛性，這就進入第十住位了，多快！一大阿僧祇劫就過完三分之一了，你說快不快啊？如果當上了親教師，有的人可能在初行位、五行位、十行位、初迴向位不等。

所以當你遇到了善知識，只要這麼一悟，轉依成功後，這就是「**乘於疾**

乘」。所以在同修會裡面，這些「道次第」都幫你安排好了，就看你能不能在這一世超越第一大阿僧祇劫？但不管進不進正覺來學，「道次第」我已經幫諸位鋪排好了。所以進得正覺同修會能夠證悟了，這就是「乘於疾乘」了，因爲接下來的眼見佛性，再接下來的陽焰觀、如夢觀、鏡像觀……等，後面都在等著你了。所以進得正覺同修會，眞的叫作「乘於疾乘」，這是機會。如果不懂得把握，也許來世再來時正覺同修會還在，但我不是當法主了，這個機會就保不定還有；已有這個機會就得好好把握住，千萬莫錯過！

但話說回來，「乘於疾乘亦不住乘」，當你發覺自己正好坐上了這一班特快車，人家是用走的，或是騎腳踏車，但是你已經坐在特快車上面飛奔而去，你想那個距離只會越拉越遠，不會越來越近。可是你「乘於疾乘」的時候，你發覺自己沒有什麼乘可乘，因爲這是無所有法、無所得法呀！這個法是無所有法，所以無乘可乘，因此就說「亦不住乘」；因爲你所認爲的「疾乘」，就是你可以從這個佛道的次第一步一步往前走，而你所走的每一步都是別人所不能想像的，他們根本無法思議你所走的每一步境界，所以說「乘於疾乘亦不住乘」。

但爲什麼「亦不住乘」？他們怎麼也想不通什麼叫作「亦不住乘」？明明就有「唯一佛乘」，爲什麼又「不住乘」？所以他們想不通。但正因爲能夠「乘於疾乘亦不住乘」，才能夠說這個人叫作證得「無縛」之人。由於沒有被繫縛，所以三界之中來去無礙；他隨願想要往生哪裡，就往生哪裡。甚至於有時候發願說：「我來世要往生極樂世界了。」然後 阿彌陀佛看見了說：「喔！這蕭平實要往生到這裡來，因爲他的蓮花在這裡了。」結果沒想到，有一天那個蓮花又不見了，「唉呀！可惜了！這弟子沒收成。」（大眾笑…）對呀！我眞的看見了，以前我在極樂世界眞的有一朵蓮苞；那是我專屬的蓮苞，青琉璃色，那個光是很勝妙的；那蓮花會放光，而那個蓮苞是青琉璃色，可是後來就消失了。

所以說這個「不住乘」的境界，不是阿羅漢們所能想像，緣覺亦不能想像；至於那些六識論的凡夫僧們就別提了。所以能如此，是因爲「無所得故」，這個如來藏永遠無所得。有所得都是你七識心的事，而如來藏都不關心一切諸法，但一切諸法卻不斷地從祂心體中出生，出生以後都在祂心體中生住異滅，不在外面，那諸位要怎麼想像？只有實證了才能現觀，你不用想像，想像也想不來，所以這個法厲害啊！

「**無所得故，是故刀箭不害其身。**」因爲祂從來不了知六塵境界，既然不了知六塵境界，表示祂不住在三界境界中；而祂就在你身上，但祂不住於三界境界。還沒有實證的人要怎麼想像這件事呢？怎麼想也想不出來呀！所以這是唯證乃知的境界。會被刀箭之所傷害，那是五陰身，但法身不受其害，因爲法身無形無色。聽到這裡，也許有人想：「**法身無形無色，不受其害，那我七轉識是心，也是無形無色，應該也不受其害吧？**」你說對了！但是其實也不對，爲什麼呢？因爲我不害汝心，我可以害汝身，你七識心不就被害了嗎？只要把你的色身給毀了，那你這七轉識就不能現前了，那不就被害了？

可是如來藏不被害，所以如來藏跟七識心是不一樣的，因爲祂無所得；假使有所得，祂就住於六塵境界中，不離六塵。那麼諸位！請問：「**不了知**

六塵、不住於六塵中，你辨不辨得到？」且不說法身如來藏，說你七轉識，看你辦不辦得到；你如果辦得到，我馬上下座頂禮、歸依（大眾笑⋯⋯），拜你爲師！因爲連諸佛都辦不到了，能有其人？我才不信呢！所以說，無所得法祂不住於六塵境界，七轉識才要住於六塵境界中。無所得法不住六塵境界時，表示不需要依於五根身而存在，就無所能害，一切有形的刀與箭或毒藥根本害不到祂。接著說：

「**知諸法空求不可得，一切毒害所不能侵，何以故？行普之慈遍覆一切故，行菩提慈不得諸眾生故，行空之慈諸法寂滅故，行無熱慈遠離諸煩惱故。**」

說菩薩摩訶薩了知諸法全部都是空性，在第八識空性的自住境界中想要求有諸法，絕不可得；換句話又說，你想要外於如來藏，求得任何一法，也都不可得，因爲諸法全部就是空性。說句老實話，諸法雖然出生了，可是諸法生了以後，都在如來藏的境界中運作，不曾外於如來藏，那你要怎麼想像？我現在解釋的是經上沒有講的喔！但是你將來悟後，自己現觀時就是這樣，諸佛菩薩來了也不能推翻。當你身上諸法現起時，其實你身上的一切法，都在你的如來藏之內，不曾外於你的如來藏；所以你五陰身心十八界等法，全部都在如來藏中，沒有一絲一毫外於如來藏。這樣聽起來，很玄很妙吧？很玄哪！因爲無法想像；很妙啊！因爲你有這個現觀，你可以爲人隨意演說。

所以古時候，如果有人學佛以後，求了生脫死，師父都會告訴他：「**你去參禪！**」爲了了生脫死，要參禪。等到有一天他終於悟了，來禮拜師父時，是具足威儀上來禮拜，就是他該搭衣等全部都具足了，然後點了香來供養師父，好好頂禮三拜，頂禮完下去了。過個一、二年，又上來問：「**師父啊！我心中有疑，可不可以問？**」師父說：「**可以的，你就問啊。**」他就問了：「**當年我爲了了生脫死，師父叫我要參禪，我已經悟了一、二年了；可是這了生脫死是怎麼『了』、怎麼『脫』的呢？**」師父沒等他說完，一棍就把他打出去了，大喝道：「**就這樣了！**」這一棍打了，沒想到他是個鈍根人，還沒有弄清楚。第二天上來又問，師父又一棍打出去。到最後有一天，他突然想通了：「**啊！原來如此！生也在如來藏中生，死也在如來藏中死；那我證得如來藏了，那死後就是歸於如來藏，而如來藏永遠不生不死，那不就了生脫死**

了嗎？」要了知如何生？也簡單啊！來世又從如來藏中生出來，那生不就了了嗎？死也脫了！有什麼難了的、難脫的？哦！終於懂了！趕快又點了香，具足威儀，又上來禮拜供養。你看！

所以你說這個法玄不玄？玄啦！妙不妙？妙啊！因爲你只要有這個現觀，將來總是會七通八達；要是沒這個現觀，再怎麼修行都是七花八裂，因爲只有頭上挨棍的分兒。所以等到他了生脫死以後，發覺原來生也在如來藏中生，不曾外於如來藏；死後仍然是在如來藏裡面，也不曾外於如來藏，那就是了生脫死。可是了生脫死以後，你說：「**我下一輩子要到哪裡去？**」那就看你啊，甭問我！我還問你哩：「**你下輩子要到哪裡去？**」你如果只想躲到極樂世界去，將來再回來娑婆，幾世之後又遇到我，我就先踢你一腳再講。（大眾笑…）對啊！他只是回來享榮華，又不跟我共甘苦，我不踢他那一腳，眞的白饒了他！

所以你看，只要你能現觀，就發覺一切諸法莫非是如來藏。所以《般若經》和第三轉法輪的經典才會告訴你：「**一切諸法本來無生無滅。**」可是二乘聖人聽了這句話，他們弄不清楚就說：「我有沒有聽錯？」他們來問你：「我有沒有聽錯？」你告訴他們：「你沒聽錯！一切諸法本來不生不滅，因爲一切諸法就是如來藏，如來藏怎麼會有生滅？」這就是「知諸法空」的人。可是你要求如來藏的境界中有什麼法，結果卻一法也不可得，眞的「求不可得」。所以當你把七轉識放在一邊，來看如來藏自身時，祂的境界中無一法可求，也無一法可得，這就是「知諸法空求不可得」。

到這個境界時，「一切毒害所不能侵」，除非你沒有轉依成功，否則貪、瞋、癡毒遇到這個空性心如來藏，全部退散！你看多妙！可是妙歸妙，不懂的人見了就說：「欸！你不是證得空性如來藏了嗎？空性的境界中，無一法可得，那你幹嘛還穿衣、吃飯？」他老哥不懂，就胡亂問，那你就告訴他：「對呀！正當我穿衣、吃飯時，諸法可得；可是我依舊沒有一法可得。」他聽了更納悶：「明明你已經知道自己有諸法了，爲什麼又說無一法可得？」你就說：「等三天後來！我告訴你。」他老兄三天後眞的來了，你就讓他問。他開口問：「如何是佛？」你就告訴他：「佛！」轉身就走，不理他，叫他疑三十年去！如果哪一天忍不住又來問，你就告訴他說：「來！走近來！我告訴你。」他一靠近，你拎著他的耳朵告訴他：「甭告訴別人哦！」一掌就把他推開，你就走了。

所以你只要會了，七通八達，隨你走哪一條路都通；可是你要不會呢？那就像 克勤老和尚講的七花八裂，絞盡了腦汁，把腦袋給想破了也沒用！所以這個「一切毒害所不能侵」，祂是離六塵境界的，但無妨證得祂的五陰繼續在六塵境界中打混；正當打混時，卻說自己離六塵境界，這才是眞正的佛法。像這樣的人，我告訴你：「一切毒害所不能侵」。哪一天吃壞了肚子，看醫生，又遇見他，他說：「你不是一切毒害所不能侵嗎？你幹嘛來看醫生？」你說：「對啊！我還是一切毒害所不能侵哪。」他就想不通了！所以這個法不是一般人所理解的。正因爲如此，我才敢講大話說：「南洋如果還有阿羅漢，來到正覺講堂也開不得口！」假使今天晚上六個講堂裡面一千多人，眞有個阿羅漢，我告訴你：「他聽了，照樣只能閉嘴。」把他的嘴給拘限住了，不敢開口，因爲事實如此。

那　如來就解釋這個道理，說爲什麼「知諸法空求不可得，一切毒害所不能侵」呢？因爲「行普之慈遍覆一切故」。空性心如來藏的慈，是普遍覆蓋一切有情，祂無所偏黨，祂不會說：「這一世生爲蚯蚓，這太低等了，我不要！」然後祂就離去，讓蚯蚓死掉；祂不會！祂繼續保佑著蚯蚓不會死；蚯蚓縱使想死，祂也不讓蚯蚓死，所以種子不斷流注，蚯蚓就趕快爬、爬、爬，離開灌滿了水的泥土中，所以祂眞的「行普之慈」。如果有人毀謗三寶下墮阿鼻地獄，他的如來藏也不會說：「唉！生爲地獄之身，而且還在阿鼻地獄，這個太苦了，我要趕快離開。」祂不會，祂照樣「行普之慈」，讓這個地獄有情繼續活得好好的；不管怎麼受苦、悶絕了、死過去了，業風一吹，祂又把地獄有情活轉過來，眞的「行普之慈」！

所以想要提早死，唯一的方法就是自殺；但是自殺之後，祂也沒讓自殺者眞死，因爲又幫他出生下一個五陰身，讓他繼續償還那個業，這就是「行普之慈」。那麼到底這個是慈或不慈？我不知道！（大眾笑…）因爲祂的慈心就這樣普遍覆蓋一切有情，無所揀擇。所以上自無色界，下至阿鼻地獄的有情，如來藏都是「**行普之慈**」。所以有的鴿子，當鴿子不曉得要當幾十萬大劫；有的當螞蟻，不曉得要當幾千萬億大劫，因爲牠們的業還沒有報完，就得繼續受；那牠們的如來藏繼續「**行普之慈**」，讓牠每一世都當螞蟻當得好好的，因爲祂「**遍覆一切**」。

又說：「**行菩提慈不得諸眾生故**」，在空性心如來藏的境界中，沒有眾生可言，有眾生、無眾生，都是五陰身心的事，而這個空性心「**行菩提慈**」，從來都不了知有眾生、無眾生，因爲祂的境界中，無一法可得，所以「**不得諸眾生**」。那這個慈是「**菩提慈**」，因爲只有證悟佛菩提才能了知這個道理，所以「**行菩提慈**」的事，只有轉依成功的菩薩摩訶薩辦得到；因此菩薩摩訶薩幫眾生修證佛法時，心中無所希求，他心中沒有想過說：「**我幫你證悟了，你以後該對我怎麼好。**」他從來沒有想到這個事情，他就純粹觀察各人的因緣，只要你的因緣適合證悟就幫助你，所以他心中不分別眾生人我，他只觀察每一個人的因緣。

同樣的道理，「**行空之慈諸法寂滅故**」。祂的慈是因爲空而行慈，依於這個空性來行於慈心，是因爲祂的境界中無一法可得，六塵都不存在，所以那個境界叫作「**諸法寂滅**」。當你證得如來藏時，你去觀察如來藏，祂的境界中沒有一絲一毫六塵，而諸法都是在六塵境界中現前的，也都是在六塵境界中生住異滅；而如來藏就這樣離於言說而示現空性與諸法的寂滅給眾生看，就是「**行空之慈**」。

所以說菩薩摩訶薩證得這個空性心如來藏，平等看待一切眾生，這就是「**行空之慈**」，因爲一切眾生都是空性如來藏，這時候的所見是「**諸法寂滅**」；當你看見「**諸法寂滅**」時，你就能於一切有情「**行空之慈**」，所以如來藏這個慈心，上從非想非非想天，下至阿鼻地獄莫不如是；所以如來藏不會想：「**我這一世出生了這個惡人，一天到晚幹惡事，我讓他早點死掉算了！**」如來藏無始以來不曾這樣想，還繼續保護這個惡人，讓他活得好好的繼續受報。

那你也許說：「**那這個如來藏有點怪吧？**」是不是有點怪？因爲那個惡人應該加以懲罰呀！他傷人害命，那就應該讓他死啊！可是如來藏偏偏照顧他，繼續讓他活著，一直活到被抓住了、被法官判刑；乃至後世下了地獄很痛苦時，也一樣讓他繼續好好活著受苦。所以如來藏不分別，不會說：「這個人是惡人，我讓他早點死；這個人是個善人，我讓他活上八百歲！」不會！壽限一到，照樣讓他死；祂是很平等、很普遍地行於這個慈，這就是「行空之慈諸法寂滅故」。

那麼接著「行無熱慈」，是由於如來藏永遠不起煩惱，所以祂對待一切有情時，總是那麼慈愛；不論誰，祂都想方設法讓他活到壽盡；即使祂所生的那個有情是個壞人，如來藏行於慈心時，祂心中也沒有熱惱。而祂能夠沒有熱惱而對待那個所生的惡人，是因爲祂的境界中「遠離諸煩惱故」。當你證得如來藏了，你就可以依這個如來藏，來漸次斷除諸煩惱，看到什麼煩惱生起，就把它斷了；如果一次斷不了就兩次，兩次斷不了就三次，頂多十次也該斷了吧？眞的能斷，因爲你轉依如來藏了，而如來藏「遠離諸煩惱故」；那你轉依祂，就跟著「遠離諸煩惱」，爲眾生該作的事就去作，爲正法該作的事就去作，但自己心中沒有煩惱，這就是「行無熱慈」。接著說：

「行如是慈能令刀兵皆不害身，欲、色、無色界亦悉平等，知一切界、

一切法性同於菩提等無異相。」行於這四種慈時，能使刀兵都不害身，所以戰爭來了，就讓戰爭來吧，你沒有共業就不會受傷害；沒有戰爭時，你也可以爲眾生作事，你就去作事，不擔心。所以有時候有的人說：「**喔！那一次地震多厲害！我嚇死了，奪門而逃。**」我卻說：「**我都不理它，照樣睡我的大頭覺。醒了就醒了，搖過了我就繼續睡覺，我不管它！**」爲什麼呢？因爲我知道：我沒有那個業，我何必害怕？它要搖歸它搖，就當是坐船（大眾笑…），我就繼續睡覺。所以，沒有一次地震我爬起來逃，從來沒有，我都繼續睡覺；既然沒有那個共業，就不受害。那你證得此法之後，行於這四種慈，「**刀兵皆不害身**」，因爲你轉依如來藏而行慈的緣故。

行這四種慈的人，他會發覺到：這空性心如來藏在欲界、在色界、在無色界中都是這樣，無差別對待，永遠都是這樣的慈心；可是你就別想說：「**如來藏有這個慈心，那祂一天到晚都在關心我。**」我告訴你：「**祂才不關心你哩！可是不關心你之中，時時刻刻都在爲你、都在幫助你繼續正常的活下去。**」這樣聽起來，又有點奇怪了！其實不奇怪，因爲法界中本來如是，所以無論欲界、色界、無色界中，一切三界有情的如來藏都如是；要能這樣現觀，才能說是菩薩摩訶薩。

這時候「**知一切界、一切法性同於菩提等無異相**」。因爲你現見十方世界、三世世界、三界世界的一切有情都是如此：因爲一切有情莫非如來藏所生。當你知道一切法界，不論是十法界或者一切境界，看到其中的一切法性都跟菩提一樣；因爲一切法、一切境界都依於菩提心如來藏而有，也是依如來藏而生住異滅，所以「**同於菩提**」；這時所見的一切界、一切法性，全都跟菩提「**等無異相**」，因爲一切界就是如來藏，一切法性就是如來藏；你不能夠說，有哪一個法跟如來藏無關。接著 世尊又開示說：

「**若能如是，心無思慮，亦無調戲，寂滅清淨。**」所以能像這樣子現觀的人，發覺根本不用牽掛自己所證悟的如來藏，因爲祂不會捨你而去，祂永遠都和你在一起；所以有時候你觀察過了，會想起那一首兒歌：「**當我們同在一起，其快樂無比。**」你不要說小朋友才唱那一首歌哩！到時候悟了你也會唱起來。別笑！眞的會唱；不但如此，菩薩摩訶薩也這樣講。所以阿含部

《央掘魔羅經》說道：「快樂自追，如影隨形。」對啊！你想想看，是不是這樣？譬如說，你在大太陽下走路，你想要把影子甩開，門兒都沒有！那影子就是緊緊跟著你，它很快樂地追隨著你，如來藏就像這樣。可是等你悟了，觀察清楚了，還不知道誰追誰哩！到底是你追如來藏？還是如來藏追你？或者是「追亦不追、不追亦追」？就看你是從哪個立場來說，全部都通。所以這個法眞妙欸！如果能夠像這樣子現觀，現觀完了很安心，所以「心無思慮」，眞的「心無思慮」啊！

你如是現觀如來藏，這個事情是在你悟後兩、三年內的事；悟過了兩、三年之後，你再也不看祂了。那也許有人說：「我不看祂了，那是換祂看我。」我告訴你：「祂從來不看你，因爲祂是這個五陰身心城堡裡的國王，國王很尊貴的，怎麼會來看你？而你每天看祂，祂不看你！」所以時間久了，也習慣祂了，你說：「啊！不用擔心祂啦！既然我有了智慧，開始來爲眾生作事吧！」所以對如來藏「心無思慮」，再也不牽掛祂了，從此抓祂來當侍者。侍者是幹嘛用的？來服侍你啊！對啊！「侍者」就是服侍人的，不是嗎？這時候你抓祂來當侍者。

所以某甲禪師去拜望某乙禪師，某乙禪師開口就問說：「帶得來侍者否？」說：「你有沒有把侍者帶來？」他說：「帶得！」兩個人哈哈大笑，舉杯就喝了。為什麼哈哈大笑就舉杯喝了茶？因為有侍者啊！那我如今到底是講經、還是講禪？（大眾笑…）對啊！所以古人說：「寧在大廟睡覺，不在小廟辦道。」因為你在大廟睡覺，不小心聽到一句關鍵的話，也就悟了！那麼大廟何以為大？（有人答：法大。）因為法，若沒有法，再怎麼大，都是小廟，蓋個五百公頃的大道場，依舊是小廟；有法，那就是大廟！所以，每週二晚上講經時來這裡坐著打瞌睡都好（大眾笑…），都勝過在那五百公頃的小廟裡辦道。

這時候「亦無調戲」，他心中也沒有調戲了，因為既然依於如來藏的時候，萬法全部都是如來藏，那有什麼好調戲的？所以再也不掉舉、再也不戲論，這時候「寂滅清淨」，所住的境界是如來藏的寂滅境界；祂住於清淨的境界裡面，因為如來藏的境界中無一切染污，那當然是清淨的境界；可是那個清淨的境界裡面卻也沒有清淨，因爲祂的境界離兩邊，一定是相對於有染污才會有清淨，而祂的境界中既無染污也沒有清淨；因爲祂的境界沒有清淨，所以你才能夠住於清淨的境界，這就是法界的實相。

「菩薩摩訶薩知一切法如呼聲響，離一切相，盡同法界，無歸無趣；」所以證悟的菩薩摩訶薩他「知一切法如呼聲響」。一切法，包括我們今天晚上說的、所有的法都叫作「一切法」，而這「一切法如呼聲響」。對啊！不過是藉著我這個呼吸逼著空氣，經過喉嚨、舌頭這樣出來，諸位聽了就成爲一切法。可是這「一切法如呼聲響」，就好像在那邊高呼時產生的音響一樣，但是又說這一切法卻是「離一切相」，這有沒有很怪？

「一切法如呼聲響，離一切相」，那些六識論的聲聞僧都讀不通，讀到這裡就說：「這一定是僞經啦！你看，都不符合邏輯欸！」因爲他們講邏輯。這確實不合乎邏輯！因爲邏輯是世間法，這個卻是世出世間法，你怎麼能用世間法的邏輯來函蓋它？可是等你悟了以後，觀察到此，你卻又說：「這完全合乎邏輯！」因爲你是用世出世間法的邏輯來看待它，這時也能用世間法的邏輯來解析它，當然合乎邏輯。所以「一切法」眞的既「如呼聲響」，又是「離一切相」；不但如此，還「盡同法界，無歸無趣」，全部都同於諸法，跟諸法的功能差別完全沒有差異；既然有諸法的功能差別，就表示祂有作用，有作用所以稱爲「法界」。

以前佛教界常常有大師教導弟子們：「每天晚上要迴向喔！」弟子問：「師父！該如何迴向？」師父就說：「你就迴向法界啊！」都這樣講，還講得振振有詞；這幾年他們都不迴向法界了，因爲現在知道：法界就是諸法的功能差別。那諸法的功能差別何需他們迴向？因爲諸法的功能差別都是如來藏所生，而如來藏本有，所以諸法的功能差別本有，不增不減，那他們迴向諸法的功能差別要幹嘛？還不如迴向說：「我明天可以多吃一碗素肉飯。」（大眾笑…）至少這樣迴向還有一個標的，這才有意義。

他們迴向給諸法的功能差別幹嘛呢？沒有意義啊！因爲那都不需要他們迴向，是因爲諸法全部都是空性如來藏，本自具足而不欠少。所以這一切諸法「離一切相」的時候「盡同法界」，因爲一切法就是如來藏。既然一切法即如來藏，如來藏即一切法，而且這一切法「無歸無趣」，你要把它歸向哪裡？你要把它趣向哪裡？一切法全都在如來藏中，本自具足，而如來藏是空性，空性無所住；祂的境界既然無所住，你要歸到哪裡去？

你若歸到如來藏時就是歸到空性，而空性中無一切法可得。聽到這裡，有人要抗議了：「你剛才明明講，一切諸法就是如來藏，那一切諸法不就是要歸如來藏所有嗎？」我說：「對啊！歸如來藏所有。」他就說：「那我就是有所歸嘛！」我說：「亦無所歸。」所以還沒有親證的人，想來想去想不通。這一切法也無所趣，一切諸法既然都在如來藏裡面，「生」也在如來藏中生，「住、異、滅」也在如來藏中滅，那它能趣向何處？所以沒有一法可以外於如來藏，那你要一切諸法趣向何處？全都無所趣向。那麼一切諸法既然都在如來藏中生住異滅，你還能讓它歸趣哪裡？它本來就在如來藏中，何必再歸向如來藏？比如說你要回家，正因爲你不在家裡；你既然住在家裡了，還需要回什麼家？道理是一樣的。

接著說：「善解一切音聲語言，無示無說，離音聲相；」菩薩摩訶薩證得如來藏時，知道一切聲莫非如來藏聲，所以一切音聲瞭解以後，就瞭解語言了。這時候有人一定想：「你蕭老師說的有點不對！我抓到你的把柄了。」我就問：「那你怎麼說？」他一定說：「您說一切聲是如來藏聲，可是那風聲、水聲難道還是如來藏聲？」我說：「是！」這就不是他所能知了；因爲整個器世間都是共業有情的如來藏共生的，哪能不是如來藏所生？所以一切聲是如來藏聲。當你心中在想一件事情，想了以後作下決定，然後就邁步走，去銀行領了錢，送到某個慈善機構去。你看！你這樣想了以後，一大堆的思惟決定了，如來藏就跟你配合著，共同去完成了這件事情。你說，祂到底知不知道一切言說？知不知道一切音聲？知不知道一切語言？我告訴你：祂不但這樣，甚至於你會思惟觀了，所以你的思惟都不用語言、文字；但是你決定了，祂就跟你配合一起去完成，所以連語言、文字也不需要，祂也知道你要幹什麼。你說，厲害不厲害？

可是我又告訴你：「祂其實聽不懂語言。」所以你一起床就罵祂，祂也不會回應你。你轉念一想說：「欸！這麼乖！我罵了祂也不會生氣，那就該嘉獎一次！」祂也不會高興，因爲祂不懂一切語言，怪不怪？祂既懂又不懂，可是祂的境界中「無示無說」，因爲如來藏是被動性的；要說祂跟著你，或者你跟著祂，隨你怎麼說都行，總之「快樂自追，如影隨形」。而你有表示、有言說，祂永遠沒有表示、也沒有言說，所以不管你要幹什麼，祂都沒意見，這才眞是怪吧？

可是這個不怪，因爲如來藏本來這樣啊！假使如來藏會有意見，你可麻煩了！你連生活都有困難，所以祂沒意見才是對的。祂永遠不會表示什麼，祂也永遠不會告訴你什麼；可是當你在告訴人家什麼，其實都是你的如來藏在告訴人家什麼，而祂不告訴人家什麼（大眾笑…），因爲祂「無示無說」啊。祂的境界「離音聲相」，祂的境界裡面沒有六塵，所以不會有聲塵，當然沒有音聲相，所以你才能「行寂滅慈」。這是法界中的眞相，本來就是這樣，我不能去改變祂一分一毫，我只能敘述祂的境界給大家聽。將來等你成佛了，你也不能改變祂一分一毫，你也只是能夠爲人家講解那個境界，因爲法界的實相本來如是，卻是唯證乃知。如是證得以後，接著就是：

「不自高己，離於我想，過於一切言說音聲而無過相，是故悉知一切法寂滅，亦不得一切法相，出過諸法；」菩薩摩訶薩這樣實證了以後，不會自己高抬自己；他的所說都是如實語，如實語就不是高抬自己。高抬自己是說話不如實，有三分說成九分，那就是自高；那你如果有十分，而你說得十分，這沒有過失！因爲是如實。那你證得如來藏以後會發覺，如來藏永遠都不高推自己；祂可低調了，低調得不得了！祂從來不會來告訴你說：「老兄啊！我在這裡呀！你看！我爲你這麼忙，你也得看看我吧！也得讚歎我一下吧！」但祂從來不這樣自高。這個侍者永遠沉默無語，總是默默作事，所以祂「不自高己」。

那你轉依祂，當然也就「不自高己」。當人家的侍者，有時候會跟師父討個人情、抱個怨，是爲什麼？是因爲他心中「有我」啊！所以才會跟師父抱個怨說：「師父！我都爲您作這麼多事了，您還說我！」對吧？因爲還有「我」在。可是你轉依如來藏以後，從如來藏來看也是無我；從五陰的生滅相來看時五陰也是無我，不論是從現象界或實相界來看時全都無我，那你就

「離於我想」了，無有「我」可得。

「離於我想」以後，就是「過於一切言說音聲而無過相」，因爲如來藏超過一切言說、超過一切音聲；但是當你說祂超過一切言說與音聲的時候，你已經有超過的法相了，可是祂沒有超過的法相，因爲祂從來不加以了知，所以祂也沒有超過，才說「而無過相」。由於這樣的緣故，全都知道「一切法寂滅」；那些六識論的法師們讀到這一句時又會說：「你看！這就是僞經嘛！明明一切法很喧鬧，不斷地生住異滅，爲什麼說一切法寂滅？而菩薩摩訶薩竟然全部都認同一切法寂滅，這可怪了！所以這一定是僞經！」但他們不知道，一切法都在如來藏裡面，而如來藏的境界中並無一切法；所以菩薩如是證得以後，「悉知一切法寂滅」。

所以有的經裡面會告訴你說，一切諸法本來寂滅、一切諸法不生不滅、一切諸法本來寂靜涅槃，原因就在這裡。這時候，沒有任何一法可得了，就好像一面明鏡，明鏡會去了知鏡中有無影像嗎？不會呀！影像要怎麼樣去運作，都是你影像的事，跟明鏡的鏡體無關哪！那我明鏡只負責提供影像，影像提供出來了，你們影像要怎麼運作、怎麼了知，那是你們家的事！那你影像的了知運作需要我支援時，我就支援；需要我配合，我就配合，就這樣而已，沒有別的事；而我配合的時候，也沒有配合這回事，我就直接這樣配合了（大眾笑…）。

問題是：「**那些笑的同修們到底在笑什麼？**」只要你悟了，你就懂得他們在笑什麼。所以說祂「**出過諸法**」，這個是唯證乃知的境界。如果你沒有這個現觀，我說了，你也聽不懂。如果你親證了，即使還沒有讓我印證，也能聽懂我在說什麼；到那個時節，你就不再去糟蹋別人說：「**唉呀！你這個也不懂、那個也不懂，這樣不行啦！**」也不會去推崇自己、貶抑他人說：「**啊！他三年前就悟了，比我悟得更早，但他那個悟實在太淺了！**」也不會這樣！所以如果有誰出面說：「**你這個還早咧！你悟得太淺了！**」我告訴你：「**他的悟有問題！**」眞的如此啊！因爲他最多只知道那個名相，只知道開悟內容的名義，但他沒有轉依成功；表示他的智慧很差，不必多久就會退轉了，你可以幫他加一個預記。眞的，你別笑！眞的如此。

所以當你「**過於一切言說音聲而無過相**」的時候，就會知道一切法都是寂滅的，不管那一切法多麼喧鬧、多麼吵雜都一樣，都是「**一切法寂滅**」。這時候，你的所見沒有一切法存在，一切法的法性根本不存在，這時你就超過諸法了，你已經跳出諸法的境界，所以你看到的都是如來藏。當你看如來藏的時候，就是超過一切諸法的境界，這時候「**心無所歸，於諸言音亦不染著**」。所以這時你要歸依誰？歸依法身如來藏啊！歸依法身如來藏的時候，就是眞正的歸依三寶；眞正歸依三寶時，「**於諸言音亦不染著**」，因爲知道一切諸法都是空性，都是如來藏；而如來藏寂滅，一切諸法生住異滅都在如來藏中，所以「**於諸言音亦不染著**」。

《不退轉法輪經》上週講到二十九頁，第一段講完了，現在要從重頌開始。今天講到這裡。

經文：【爾時世尊而說偈言：

離於八邪，而修八正；九次八解，是名八輩。

出過凡夫，不住菩提；法中之雄，是名八輩。
出過凡夫，不住菩提；離菩提相，是名八輩。
捨諸邪見，修行正見；既到道已，是名八輩。
過諸身相，不住菩提；離諸佛身，是名八輩。
離眾生想，常修佛想；度禪定想，是名八輩。
離眾生窟，入涅槃城；諸法無住，是名八輩。
出於世間，開示聖道；會寂滅界，是名八輩。
離諸世間，說佛法相；心無所證，是名八輩。
無有有際，亦無無際；遠離有無，是名八輩。
寂滅無為，捨於斷常；深入平等，是名八輩。
不取過去，及未來心，現在亦爾，是名八輩。
說有初心，而發菩提；心相自空，何名菩提？
無到無出，亦無菩提；毒火刀箭，所不能害。
斷於諸趣，永離依止；無來無去，而無所害。

無向菩提，顯說音聲；自證如實，不由他教。
不得是趣，及諸非趣；聲念念滅，大乘速顯。
常說安隱，第一空法；若能速證，是名無縛。
疾乘是法，菩薩所說；心無棄捨，是名無縛。
刀兵惡趣，所不侵逼；身得無畏，毒不能害。
菩薩行慈，普遍一切；離於諍訟，是名無縛。
不取身相，善分別身；到菩提道，棄捨惡趣；
除其愚癡，神通自在；得名菩提，是名八輩。
知欲色界，及與無色；三界同相，是名八輩。
諸界平等，離惱菩提，妄想無智，所不能染；
出一切相，無所識嫌，若有所說，皆趣法界；
說無所趣，同於法界；心住法忍，是名八輩。
若欲修行，住寂滅法；不自稱己，而為他說；
出過聲相，度無聲相；不著音聲，是名八輩。

因聲解脫，知法無相，亦無住處，無趣無出；阿難當知，如是八輩，於諸說中，最爲第一。

爾時世尊告阿難言：「汝今當知！如來等正覺爲諸菩薩摩訶薩方便說示如是八輩。」

語譯：【世尊把長行說完了，接著說重頌。這時候世尊就以偈頌這麼說：離開了八種的邪見，而修八種的正見；而且修了九次第定、八解脫，這樣就叫作八輩賢聖。

超出而且過於凡夫的境界，卻又不住於菩提境界中；這是法中之雄猛者，這樣叫作八輩。

超出而且過於凡夫，也不住於菩提的境界；同時遠離了菩提相，這樣的人稱爲八輩。

捨離了各種的邪見，修行於八種正道，依於正見而修；既然到達了道的實證以後，這樣就稱爲八輩。

超過種種色身的法相，而又不住於菩提之中；遠離了諸佛之身相，這樣就稱爲八輩。

離開了三界衆生之想，永遠都修究竟佛想；也度過了禪定境界之想，這樣稱爲八輩。

遠離衆生所住境界的窠窟，進入了涅槃解脫的大城；於諸法都無所住，這樣稱爲八輩。

出離於三界世間，開示給大衆神聖解脫之道；而且與寂滅法界相會了，這樣就稱爲八輩。

遠離各種有情境界的世間，演說佛法眞實的法相；但是心中竟然都無所證，這樣叫作八輩。

沒有三界有的境界，也沒有遠離三界有的無際；如此遠離了有與無的兩邊，這樣稱爲八輩。

所證的境界是寂滅而無爲的，因此而捨離於斷滅與常見兩邊；深入於平等之法，這樣稱爲八輩。

不取已經過去之心，也不取未來之心，現在的心也同樣是如此，這樣就稱爲八輩。

說有初發菩提心，因此說他發起菩提；但是心相本來就是空，又有什麼可以名爲菩提呢？

沒有到達也沒有出離，也沒有菩提的境界；這樣的實證者，是世間的毒火刀箭所不能害。

斷離於五趣六道，永遠離開有依止的境界；沒有來也沒有去，而且沒有所害。

這樣無所趣向的菩提，爲了顯示而以各種音聲顯說出來；自己親證而且如實，不是由別人所教導。

不能得到這樣的眾生趣，也不得各種的非眾生趣；而音聲是念念而滅的，但是大乘法就在這樣的音聲中快速地顯示出來。

永遠都說安隱之法，而且是第一義的空法；如果能快速的實證，這樣就稱爲沒有繫縛。

快速的法門就是佛法，這是菩薩們之所說；心中卻沒有棄捨一法，這樣的人稱爲無縛。

刀兵爭戰以及三惡道，都不能侵害逼迫於他；身上得到了無所畏懼，眾毒也不能危害於他。

而菩薩行於慈心，普遍及於一切有情；遠離於各種諍訟，這樣叫作無縛。

不取色身的法相，卻能善於分別各種色身；如實到達了菩提之道，棄捨了三惡道之趣。

除掉了眾生的愚癡，而且自身能得神通自在；這樣證得的人可以名爲菩提，這樣就叫作八輩。

了知欲界、色界的境界，以及色界以上的無色界；而三界的眞相都是同一法相，這樣就稱爲八輩。

一切法界全部平等，而且遠離了煩惱和菩提，妄想以及沒有智慧的無明，都不能夠染汙他；

菩薩出過一切的法相，沒什麼可以被譏嫌的，如果有所說的時候，全部都是趣向諸法的功能差別；

所說的實相境界並沒有所趣，卻是永遠同於諸法的功能差別；心中住於此法之忍，這樣就稱爲八輩。

如果想要修行及受持，安住於實相的寂滅法中；往往也都不宣稱自己的德行，而爲他人宣說實相；

所說的道理出過於音聲之相，也度過了無聲之相；然而並不執著於音聲，這樣就稱爲八輩。

由於聽聞音聲而得解脫，了知究竟法本來就無相，也沒有所住之處，沒有趣向也沒有出離；

阿難你應當知道，像這樣的八輩賢聖，在各種說法之中，最爲第一。

這時世尊告訴阿難說：「你如今應當知道！如來正等正覺爲諸多菩薩摩訶薩方便演說指示了這樣的菩薩八輩。」

講義：世尊又以「偈頌」來重說以上的法義，主要是把前面「長行」所說的內容複述一遍，但是多少有一點差異，所以我們還是繼續來說明。當然我們仍然像前面一樣，簡單地說明就好，不要再長篇累牘，因爲要趕快進入

〈降魔品〉。世尊說的偈是這麼說的：

「離於八邪，而修八正；九次八解，是名八輩。」遠離了八邪而修行大乘八正道，所說的八邪就是八正道的反面，如果有人修行是與八正道相反的，就稱爲八邪。但是聲聞之道加上通教菩薩的所證，並不只是四聖諦、八正道而已；也就是說，這一部經講的是通教之法，雖然所說牽涉到別教證悟時的總相；但是別教的般若總相實證，在通教之中就是最終的實證，因爲是牽涉到別教之根本法，所以就有開悟見道這回事。但是通教的菩薩證得初果，不是只有證得初果，而是要證初果又明心；證二果、三果、乃至四果的道理也是一樣，得要證果同時又明心，然後用明心的境界來看聲聞四果及緣覺果到底是什麼境界；但是也就止於開悟明心而已，這就是通教菩薩的究竟果，所以四阿含中也有《央掘魔羅經》講到證得如來藏的事。

現在說「離於八邪，而修八正」，後面加上「九次八解」，就是九種次第定，加上八背捨的八解脫。這九種次第定，如果是外道的所修，就單是九種次第定，但是要滅掉最後一個，叫作滅盡定，因爲外道無法證得滅盡定。可是對通教菩薩而言，九次第定其實就是八解脫。這是怎麼說的呢？這個道理要跟諸位講一講。譬如說世間凡夫證得初禪時，其實是因爲他背離了欲界法，所以經由這個「背離」欲界法以及已經修好的未到地定降伏其心，使他背離了欲界而發起初禪，這就是「背捨」，就是背棄與捨離的合稱，這就是第一背捨。

但是外道不知這道理，因爲他們沒有斷三縛結，更沒有明心，所以他們把初禪當作很勝妙的境界而加以執著，離開初禪定境時又對欲界法加以執著，他們就沒有背捨可言。但是身爲通教的菩薩斷了三縛結，而且明心而轉依成功了，然後背棄欲界法而證得初禪，知道是爲什麼證得的；證知都是因爲背捨了欲界法，這叫作「初背捨」。那麼第一個背捨完成而得初禪了，可是不懂佛法的人、或者不懂禪定的人，這兩種人都一樣：得初禪以後，就以初禪作爲他的最終修證，認爲這個初禪的境界就是他所要追求之標的，所以他就永遠安住於初禪中。如果他是個通教菩薩，他自然會知道：這初禪並不是我的最終目的，我還要背捨初禪，就是應該要修第二個背捨。

背捨初禪的時候，他先要有正知正見，瞭解這只不過是色界第一天的境界（色界總共有四天，這只是第一天的境界）。那麼這個第一天的境界一定要捨離，就是以背向它而捨離它。當你要捨離什麼人的時候，一定是以背部來向著他，而你的面是向著別的地方，就這樣遠離而去；由於背棄它而捨離它，就叫作背捨，證得初禪時就是初背捨，是背捨了欲界。接著還要再背捨初禪，因爲初禪的境界還是不怎麼寂靜而有喧鬧，因爲它離欲界很近；離欲界很近所以還有色、聲、觸三塵的緣故，就要趕快背捨而去取證二禪。

那二禪等至的境界是寂靜的，因爲初禪中只是背捨了舌識、背捨了鼻識，所以在初禪的境界中，還是有所見的色塵、所聞的聲塵，以及所觸的觸塵；這還不是眞正的寂靜，所以得要背捨。背捨初禪之後，終於進入了二禪；在二禪等至位之中，離念靈知是不接觸五塵的。初禪等至位不接觸二塵，叫作香塵與味塵；可是在二禪等至位中，五塵全部滅了，只剩下意識離念靈知心住於二禪的定境中，對世間人而言，這時就是寂滅的境界了，所以說二禪寂滅；這個寂滅境界中沒有五塵，只有意識心緣於定境法塵獨住，這就是寂滅的境界，這就是第二個背捨，叫作「背捨初禪」。

接著要修第三個背捨。這時要背捨二禪、進入三禪，以及背捨三禪、進入四禪，但是二禪與三禪是一次背捨，因爲二禪與三禪相鄰，境界很類似；這是合爲一次來一起背捨，背捨了喜與樂之後，意識心的捨與念同樣清淨了，然後轉入第四禪中，所以第三次的背捨完成時就進入第四禪了。然後又背捨第四禪，進入空無邊；背捨空無邊，進入識無邊；背捨識無邊，進入無所有處；背捨無所有處，進入非想非非想處；背捨非想非非想處，進入滅盡定。這樣就是「八背捨」。這八個背捨完成的時候，你就遠離了「非想非非想處」，從此以後，你就從「無所有處」直接入「滅盡定」，或是從非想非非想定進入滅盡定，這叫作「九次第定」，完成八背捨。

因爲就把前面的「四禪八定」加上「滅盡定」，總共是九種定，到最後就稱爲滅盡定，合稱爲九次第定，所以「九次第定」其實就是「八背捨」；但世間人不懂，所以他們把禪定的境界作爲所追求的最終目標，自以爲是證得涅槃解脫生死了。但是通教菩薩不是這樣的，通教菩薩是斷我見而且有明心、並且證得九次第定（也就是證得八解脫），這樣因爲證九次第定的人，他就有八個層次了，八個層次是：欲界一個層次，初禪一個層次，二、三禪一個層次，然後第四禪……乃至非想非非想定，再加上滅盡定，這樣總共就是九次第定，有九個層次的定；其中有八個層次的背棄及捨離，就表示有八個背捨，所以稱爲「八背捨」之後才能證得滅盡定，才是眞正的出三界果。那麼這樣總共有八種人，斷三縛結又明心之後，證得初禪或者證得二禪，乃至證得滅盡定，都屬於通教菩薩的所證，這叫作「八輩人」。這個比較複雜，接下來再講的就比較快了。

「**出過凡夫，不住菩提；法中之雄，是名八輩。**」像這樣的通教菩薩，是超出而且已經越過了凡夫的境界，當然就是證悟明心的人了，可是竟然又「**不住菩提**」。在我們正覺弘法之前，大家讀不懂這樣的經典，所以沒有人要講；因爲連自己都不懂了，上座要講解什麼？可是一般人讀了，如果不毀謗這樣的經典，那他就會想：「**這裡面有一點怪怪的，因爲既然出過凡夫了，那爲什麼『不住菩提』呢？奇怪啊！**」「**出過凡夫**」的人，一定是實證菩提的人，爲什麼又說他「不住菩提」？這確實有一點怪！

但其實不怪，因爲他這時候是以所證實相境界的「轉依」來說的；當他轉依於實相心如來藏時，如來藏的境界中並沒有菩提可說，所以也沒有菩提可住。「出過凡夫」是五陰身心的事，「不住菩提」卻是實相心如來藏的事；由於如來藏「不住菩提」，而五陰身心轉依了如來藏，所以說五陰身心也就「不住菩提」，實相般若就是這樣講的，所以這個法很難令人理解。

因此在《佛藏經》裡面，舍利弗尊者有一天想起來說：「世尊眞的不簡單哪！這個『無名相法』能以名相爲人解說。」然後又說：「這個『無分別法』，能以很好的智慧不斷地爲人分別。」所以讚歎 釋迦如來。如來就說：「對啊！這個法就是這樣子，所以這個法很難理解。」正因如此而「出過凡夫，不住菩提；」又說：「能這樣作到的人，都叫作法中之雄。」是說在佛法中來講，這是一個很雄猛的人，才能對實相境界生忍不退。那麼這樣說來，你們應該都是雄猛的人了。如果不夠雄猛，敢來求這個難信難解難證之法嗎？但是，有雄猛之心很重要，可是證這個法的人，背後要有許多的條件，那些條件也得一一去具足它。佛說這種人是「**法中之雄**」，像這樣實證的人，就是四雙八輩中之一。接著又說：

「**出過凡夫，不住菩提；離菩提相，是名八輩。**」出過於凡夫，當然至少要斷三縛結，這樣的通教菩薩則要再加上明心才行，但是卻同樣不住於菩提；不但不住於菩提，而且他遠離菩提相。實證菩提就表示有菩提相了，不然怎麼證得菩提？可是當你實證菩提之後，又發覺根本沒有什麼法可以叫作菩提，因為證菩提也不過是你證得如來藏以後，稱為覺悟了實相心而已，並沒有菩提可證；所以說「**離菩提相**」，這樣實證的人就稱為四雙八輩之一。

「**捨諸邪見，修行正見；既到道已，是名八輩。**」又說，捨離了種種的邪見，修行於正見；既然到達了佛道所說的境界，這樣就叫作四雙「**八輩**」。換句話說，斷三縛結之後，這時當然是捨離了各種的邪見，但是還得要修行「**正見**」；因為「**正見**」是三乘菩提的根本，如果沒有「**正見**」，再怎麼努力修行都是白修的，都是無法證悟明心而得生忍。「**既到道已**」就表示大乘法的八正道已經修好了，明心後又把八正道進修完成了，就是經由道諦而證得滅諦了，證得滅諦就是阿羅漢。可是證得阿羅漢的人也有各種不同，有的阿羅漢證得初禪，有的阿羅漢證得二禪，乃至有的阿羅漢證得滅盡定，所以這一些人都稱爲「**既到道已**」。但他們從初果向修行到阿羅漢的過程中，有八種層次的差別，就說這樣叫作「**八輩**」。

「**過諸身相，不住菩提；離諸佛身，是名八輩。**」這樣的菩薩是超過一切身相的，已經證得三界各類有情色身出生的根源，不會再落入三界各類有情色身的法相中了。不能超越身相的人有兩大類：第一大類叫作凡夫，第二大類是執著於色法，不離色愛，因此無法超脫於有色界。但如果能超過身相，表示同樣是有兩類：一類就是可以超脫於色界，進入無色界，這是一類人；另外一種人就是證悟明心了。

這個法說起來有點奇怪，證悟明心以後，無妨繼續有這個「**身相**」，仍然在人間行走，可是所證境界並無「**身相**」可言；因爲你所證的是如來藏，如來藏無身，所以「**過諸身相**」；這時你如果證得色界定，或者初禪乃至四禪，一樣都有色界身，但你仍然是「**過諸身相**」；而這個「**過諸身相**」不是指超越於色界，因爲色界仍然可以有身，乃至於無色界如果起心動念了，也可以有色身化現在色界天中，所以一樣不離「**身相**」。「**身相**」的存在是三界中法，如果你證悟無相的如來藏了，那你以如來藏爲歸，就超越了「**身相**」。

這樣的人明明是實證菩提的，卻又「**不住菩提**」，因爲從如來藏來看時，沒有菩提可說；證菩提是你五陰身心的事，不但「**過諸身相**」，而且「**離諸佛身**」。對世間人來講，諸佛如來於人間示現一定有身，但是當你證悟以後，發覺諸佛如來同樣是這第八識心，這是沒有境界的，既沒有「**身相**」也沒有心相，所以古時候禪宗又把第八識眞如的境界叫作「無心」，這叫作「**離諸佛身**」；能夠這樣實證的人，就稱爲四雙八輩。

「**離眾生想，常修佛想；度禪定想，是名八輩。**」實證如來藏的人，遠離「**眾生**」之想，心中沒有所謂這就是「**眾生**」，因爲如來藏的境界中無一法可得，所以沒有「**眾生**」可言。而他看見了一切人、看見一切有情，不管對方是畜生，或者地獄、餓鬼、天、人都一樣；當他見到了一切有情時，都認定那是如來藏；既然都認定是如來藏，就沒有「**眾生**」可言了，所以「**離**

眾生想」。

一般「離眾生想」的人，卻是追求佛想。本來「離眾生想」的人，同時也就是遠離佛想的人了，可是爲什麼卻要「常修佛想」呢？因爲知道自己還不究竟，現在只是理上到達，所以在事修上想要到達究竟佛地，得要「常修佛想」；也就是要先了知佛地有什麼境界，了知之後努力修行，一步一步去向前達成，這個過程就是「常修佛想」。

「常修佛想」的人都知道，成佛的人得要有各種禪定，所謂觀、練、熏、修四種靜慮。那這一些禪定得要全部修學完成，才足以成佛，因爲這也是成佛的條件之一。觀禪、練禪、熏禪、修禪四種都得修學具足，譬如「超越三昧」也是觀、練、熏、修中的一種，名爲修禪，可以從初禪入、由非想非非想定出；從無所有處入、由第四禪出，它可以跳越。又譬如說，諸佛如來（包括諸位將來成佛以後）要示現入涅槃時，你得用「師子奮迅三昧」，從初禪、二禪、三禪、四禪到達非想非非想定，再入滅盡定，一步一步走，走完了再退回來到達初禪；然後再經由二、三禪進入第四禪，這樣示現以後才能入涅槃。

所以諸佛入涅槃也沒那麼簡單，誰示現成佛了，你先把「師子奮迅三昧」先示現給我看看。所以那些自稱成佛的人，我告訴你，全都是凡夫！因爲他們完全不懂佛法，所以不懂佛法的人誑惑一群不懂佛法的人，就這樣成佛（大眾笑…）。眞懂佛法的人不敢誑惑人家，就是老老實實去宣揚自己的所知所證；所以「常修佛想」的人，他知道諸佛的境界是什麼，也知道自己現在尚未成佛，那麼他悟後就要努力去修行。

「常修佛想」中的一個小部分叫作「度禪定想」。一般人證得四禪八定以後，總是洋洋得意，走路都有風；可是當你證悟明心以後，再來看禪定，你會發覺：禪定只是依於如來藏來施設建立，其實沒有禪定可言。禪定是意識之所修行，但意識出自於空性如來藏；從空性如來藏來看時，沒有禪定可說，這就是「度禪定想」，這樣的人也是八輩之一。因爲證得四雙八輩的聖者，都必須有相應的禪定配合，其解脫與智慧的聖境功德方能成就。「度禪定想」還有一種就是具足實證四禪八定，然後背捨了無所有處定、非想非非想處定，進入滅盡定，這也是「度禪定想」。接著說：

「離眾生窟，入涅槃城；諸法無住，是名八輩。」實證禪定、斷三縛結又明心的人，一定都是「離眾生窟」。眾生窟歸結起來說，就是三界的境界，因為上從非想非非想天，下至阿鼻地獄，其中的有情都叫作「眾生」；唯除諸佛菩薩乘願再來或是聲聞、緣覺，否則都叫作「眾生」，因此三界境界就是「眾生」的窟宅。「窟」就好像山洞可以住，「宅」就是房舍的意思，這叫作「眾生窟」。但是具有四禪八定、而且斷三結又明心的人，一定是遠離眾生窟宅，他極盡人天七次受生或是當生就可以進入無餘涅槃；或是當生已經證得本來自性清淨涅槃，名為「入涅槃城」。

為什麼說他進入涅槃城？涅槃有城嗎？涅槃不是一個城市可以讓你住，但涅槃真的可以讓你住，因為你現在就住在涅槃中。假使今天第一次來聽經的話，聽到這裡就懵了，弄不清楚這到底在講什麼？看來看去說：「沒有啊！哪有涅槃城？說我住在涅槃中，涅槃在哪裡？」想不通，可是涅槃真的在你身上，你就住在涅槃中；不管是無餘涅槃、有餘涅槃，或者是本來自性清淨涅槃，你都是在涅槃中。可是將來修到無住處涅槃，成佛了，還是這個本來性淨涅槃，只是示現於外、以及內質的改變有所不同而已，同樣是這個涅槃；所以你現在就住在涅槃中，一切明心之人所不能推翻。那麼既然住在涅槃中，以前之所不得，那當然就說你是「入涅槃城」了。

「入涅槃城」之後，若一天到晚覺得說：「我有涅槃可住！」如果有，那個涅槃是假的。這時候一定有人說：「奇怪了！你這個講法讓人家弄不清楚！既然沒有涅槃可住，爲什麼又說是『入涅槃城』？」所以有時候徒衆來問了：「要如何明心開悟啊？」禪師說：「無心可明。」怪了！說沒有心可以明，可是他分明就明心了，卻告訴徒弟說無心可明，那是不是要告訴徒弟說：「這開悟就只有師父我一個人，你們都別想！」是這樣嗎？不是的！是因爲明心的境界中沒有心可言，因爲你明心之後發覺：「這根本就不是心哪！哪兒有心？」可是怪了！爲什麼又叫作心？因爲你這覺知心還是祂生的，只有心能生心，所以明得這個第八識轉依成功時，還眞叫作明心。

大乘佛法就這樣七顚八倒，隨你怎麼說、怎麼對；可要是你沒有明心，怎麼想、也想不透，怎麼說就怎麼錯！所以明心的人，都是「**離眾生窟**，**入涅槃城**」，從此以後，每天住在涅槃中；住在涅槃中幹嘛呢？吃喝拉撒、跳舞、唱歌、寫字、玩遊戲，乃至菩薩度眾生都行，繼續住在涅槃中。你說佛法妙不妙？所以不能說佛法不妙。

但是這樣的人「**諸法無住**」，假使有所住，他就不是「**離眾生窟**」，一定落在「**眾生**」境界中；假使有所住，他就不是「**入涅槃城**」，一定是誤會了涅槃，住在「**眾生**」相中。所以證悟的人是於諸法都無所住，但無所住之中，卻又時時刻刻而生其心，不斷利益有情；所以這個心不斷地運作著，從來不曾休止，卻不住於一切六塵境界中，所以「**諸法無住**」，這就是佛法；這樣實證的人，就屬於八輩之一了。

（未完，詳續第三輯中解說。）

佛教正覺同修會〈修學佛道次第表〉

第一階段

＊以憶佛及拜佛方式修習動中定力。
＊學第一義佛法及禪法知見。
＊無相拜佛功夫成就。
＊具備一念相續功夫—動靜中皆能看話頭。
＊努力培植福德資糧，勤修三福淨業。

第二階段

＊參話頭，參公案。
＊開悟明心，一片悟境。
＊鍛鍊功夫求見佛性。
＊眼見佛性〈餘五根亦如是〉親見世界如幻，成就如幻觀。
＊學習禪門差別智。
＊深入第一義經典。
＊修除性障及隨分修學禪定。
＊修證十行位陽焰觀。

第三階段

＊學一切種智真實正理—楞伽經、解深密經、成唯識論…。
＊參究末後句。
＊解悟末後句。
＊透牢關—親自體驗所悟末後句境界，親見實相，無得無失。
＊救護一切眾生迴向正道。護持了義正法，修證十迴向位如夢觀。
＊發十無盡願，修習百法明門，親證猶如鏡像現觀。
＊修除五蓋，發起禪定。持一切善法戒。親證猶如光影現觀。
＊進修四禪八定、四無量心、五神通。進修大乘種智，求證猶如谷響現觀。

佛菩提二主要道次第概要表——二道並修，以外無別佛法

佛菩提道——大菩提道

遠波羅蜜多

資糧位

十信位修集信心——一劫乃至一萬劫

初住位修集布施功德（以財施爲主）。

二住位修集持戒功德。

三住位修集忍辱功德。

四住位修集精進功德。

五住位修集禪定功德。

六住位修集般若功德（熏習般若中觀及斷我見，加行位也）。

外門廣修六度萬行

見道位

七住位明心般若正觀現前，親證本來自性清淨涅槃。

八住位起於一切法現觀般若中道。漸除性障。

十住位眼見佛性，世界如幻觀成就。

一至十行位，於廣行六度萬行中，依般若中道慧，現觀陰處界猶如陽焰，至第十行滿心位，陽焰觀成就。

一至十迴向位熏習一切種智；修除性障，唯留最後一分思惑不斷。第十迴向滿心位成就菩薩道如夢觀。

內門廣修六度萬行

初地：第十迴向位滿心時，成就道種智一分（八識心王一一親證後，領受五法、三自性、七種第一義、七種性自性、二種無我法）復由勇發十無盡願，成通達位菩薩。復又永伏性障而不具斷，能證慧解脫而不取證，由大願故留惑潤生。此地主修法施波羅蜜多及百法明門。證「猶如鏡像」現觀，故滿初地心。

二地：初地功德滿足以後，再成就道種智一分而入二地；主修戒波羅蜜多及一切種智。滿心位成就「猶如光影」現觀，戒行自然清淨。

解脫道：二乘菩提

→ 斷三縛結，成初果解脫

→ 薄貪瞋癡，成二果解脫

→ 斷五下分結，成三果解脫

入地前的四加行令煩惱障現行悉斷，成四果解脫，留惑潤生。分段生死已斷，煩惱障習氣種子開始斷除，兼斷無始無明上煩惱。

近波羅蜜多　大波羅蜜多　圓滿波羅蜜多

修道位　究竟位

三地：二地滿心再證道種智一分，故入三地。此地主修忍波羅蜜多及四禪八定、四無量心、五神通。能成就俱解脫果而不取證，留惑潤生。滿心位成就「猶如谷響」現觀及無漏妙定意生身。

四地：由三地再證道種智一分故入四地。主修精進波羅蜜多，於此土及他方世界廣度有緣，無有疲倦。進修一切種智，滿心位成就「如水中月」現觀。

五地：由四地再證道種智一分故入五地。主修禪定波羅蜜多及一切種智，斷除下乘涅槃貪。滿心位成就「變化所成」現觀。

六地：由五地再證道種智一分故入六地。此地主修般若波羅蜜多——依道種智現觀十二因緣一一有支及意生身化身，皆自心眞如變化所現，「非有似有」，成就細相觀，不由加行而自然證得滅盡定，成俱解脫大乘無學。

七地：由六地「非有似有」現觀，再證道種智一分故入七地。此地主修一切種智及方便波羅蜜多，由重觀十二有支一一支中之流轉門及還滅門一切細相，成就方便善巧，念念隨入滅盡定。滿心位證得「如犍闥婆城」現觀。

八地：由七地極細相觀成就故再證道種智一分而入八地。此地主修一切種智及願波羅蜜多。至滿心位純無相觀任運恆起，故於相土自在，滿心位復證「如實覺知諸法相意生身」故。

九地：由八地再證道種智一分故入九地。主修力波羅蜜多及一切種智，成就四無礙，滿心位證得「種類俱生無行作意生身」。

十地：由九地再證道種智一分故入此地。此地主修一切種智——智波羅蜜多。滿心位起大法智雲，及現起大法智雲所含藏種種功德，成受職菩薩。

等覺：由十地道種智成就故入此地。此地應修一切種智，圓滿等覺地無生法忍；於百劫中修集極廣大福德，以之圓滿三十二大人相及無量隨形好。

妙覺：示現受生人間已斷盡煩惱障一切習氣種子，並斷盡所知障一切隨眠，永斷變易生死無明，成就大般涅槃，四智圓明。人間捨壽後，報身常住色究竟天利樂十方地上菩薩；以諸化身利樂有情，永無盡期，成就究竟佛道。

← 七地滿心斷除故意保留之最後一分思惑時，煩惱障所攝色、受、想三陰有漏習氣種子全部斷盡。

← 煩惱障所攝行、識二陰無漏習氣種子任運漸斷，所知障所攝上煩惱任運漸斷。

斷盡變易生死成就大般涅槃

圓滿成就究竟佛果

佛子蕭平實 謹製
（二〇〇九、〇二 修訂）
（二〇一二、〇二 增補）

佛教正覺同修會 共修現況 及 招生公告　　2024/8/13

一、共修現況：（請在共修時間來電，以免無人接聽。）

台北正覺講堂 103 台北市承德路三段 277 號九樓 捷運淡水線圓山站旁 Tel..總機 02-25957295（晚上）（**分機：九樓**辦公室 10、11；知客櫃檯 12、13。 **十樓**知客櫃檯 15、16；書局櫃檯 14。 **五樓**辦公室 18；知客櫃檯 19。**二樓**辦公室 20；知客櫃檯 21。）Fax..25954493

第一講堂　台北市承德路三段 277 號九樓

禪淨班：週一晚班、週三晚班、週四晚班、週五晚班、週六下午班（共修期間二年半，全程免費。皆須報名建立學籍後始可參加共修，欲報名者詳見本公告末頁。）

進階班：週六早班。

增上班：成唯識論釋：單週六晚班。雙週六晚班（重播班）。17.50～20.50。平實導師講解，2022 年 2 月末開講，預定六年內講完，僅限已明心之會員參加。

禪門差別智：每月第一週日全天　平實導師主講（事冗暫停）。

菩薩瓔珞本業經　本經說明菩薩道六度、十度波羅蜜多之修行，要先修十信位，於因位中熏習百法明門，再轉入初住位起修六種瓔珞，總共四十二位，即是十住位、十行位、十迴向位、十地位、等覺位、妙覺位，方得成就六種瓔珞成爲一生補處，然後成就佛道，名爲習種性、性種性、道種性、聖種性、等覺性、妙覺性；連同習種性前的十信位，共爲五十二階位實修完畢，方得成佛。於本經中亦說明大乘初見道的證眞如、發起般若現觀時，若有佛菩薩護持故，即得進第七住位常住不退，然後向上進發，速修佛菩提道。如是實修佛菩提道方是義學，而非學術界所說的相似佛法等玄學，皆是可修可證之法，全都屬於現法樂證樂住並且是現觀的佛法，顯示佛法眞是義學而非玄談或思想。本經已於 2024 年一月上旬起開講，由平實導師詳解。每逢週二晚上開講，第一至第七講堂都可同時聽聞，歡迎菩薩種性學人，攜眷共同參與此殊勝法會現場聞法，不限制聽講資格。本會學員憑上課證進入第一至第四、第七講堂聽講，會外學人請以身分證件換證進入聽講（此爲大樓管理處安全管理規定之要求，敬請諒解）；第五及第六講堂（B1、B2）對外開放，不需出示任何證件，請由大樓側門直接進入。

第二講堂　台北市承德路三段 267 號十樓。

禪淨班：週一晚班。

進階班：週三晚班、週四晚班、週五晚班、週六下午班。禪淨班結業後轉入共修。

增上班：成唯識論釋：單週六晚班，影音同步傳播。雙週六晚班（重播班）

菩薩瓔珞本業經：平實導師講解。每週二 18.50~20.50 影像音聲即時傳輸。

第三講堂 台北市承德路三段 277 號五樓。

增上班：成唯識論釋：單週六晚班，影音同步傳播。雙週六晚班（重播班）

進階班：週一晚班、週三晚班、週四晚班、週五晚班、週六下午班。

菩薩瓔珞本業經：平實導師講解。每週二 18.50~20.50 影像音聲即時傳輸。

第四講堂 台北市承德路三段 267 號二樓。

進階班：週一晚班、週三晚班、週四晚班（禪淨班結業後轉入共修）。

菩薩瓔珞本業經：平實導師講解。每週二 18.50~20.50 影像音聲即時傳輸。

第五、第六講堂 台北市承德路三段 267 號地下一樓、地下二樓

進階班：週一晚班、週三晚班、週四晚班。

菩薩瓔珞本業經：平實導師講解。每週二 18.50~20.50 影像音聲即時傳輸。第五、第六講堂爲**開放式講堂**，不需以身分證件換證即可進入聽講，台北市承德路三段 267 號地下一樓、地下二樓。每逢週二晚上講經時段開放給會外人士自由聽經，請由大樓側面梯階逕行進入聽講。**聽講者請尊重講者的著作權及肖像權，請勿錄音錄影，以免違法；若有錄音錄影被查獲者，將依法處理。**

第七講堂 台北市承德路三段 267 號六樓。

菩薩瓔珞本業經：平實導師講解。每週二 18.50~20.50 影像音聲即時傳輸。

正覺祖師堂 大溪區美華里信義路 650 巷坑底 5 之 6 號（台 3 號省道 34 公里處 妙法寺對面斜坡道進入）電話 03-3886110 傳眞 03-3881692 本堂供奉 克勤圓悟大師，專供會員每年四月、十月各兩次精進禪三共修，兼作本會出家菩薩掛單常住之用。開放參訪日期請參見本會公告。教內共修團體或道場，得另申請其餘時間作團體參訪，務請事先與常住確定日期，以便安排常住菩薩接引導覽，亦免妨礙常住菩薩之日常作息及修行。

桃園正覺講堂（第一、第二講堂）：桃園市介壽路 286、288 號 10 樓（陽明運動公園對面）電話：03-3749363（請於共修時聯繫，或與台北聯繫）

禪淨班：週一晚班（1）、週一晚班（2）、週三晚班、週四晚班、週五晚班。

進階班：週三晚班、週四晚班、週五晚班、週六上午班。

增上班：成唯識論釋。雙週六晚班（增上重播班）。

菩薩瓔珞本業經：平實導師講解。每週二晚上，以台北正覺講堂所錄 DVD 放映；歡迎會外學人共同聽講，不需出示身分證件。

新竹正覺講堂 新竹市東光路 55 號二樓之一　電話 03-5724297（晚上）

第一講堂：

禪淨班：週五晚班。

進階班：週三晚班、週四晚班、週六上午班。由禪淨班結業後轉入共修

增上班：成唯識論釋。單週六晚班。雙週六晚班（重播班）。

菩薩瓔珞本業經：平實導師講解。每週二晚上，以台北正覺講堂所錄 DVD 放映。歡迎會外學人共同聽講，不需出示身分證件。

第二講堂：

禪淨班：週一晚班、週三晚班、週四晚班、週六上午班。

菩薩瓔珞本業經：每週二晚上與第一講堂同步播放講經 DVD。

第三、第四講堂：裝修完畢，已經啓用。

台中正覺講堂　04-23816090（晚上）

第一講堂　台中市南屯區五權西路二段 666 號 13 樓之四（國泰世華銀行樓上。鄰近縣市經第一高速公路前來者，由五權西路交流道可以快速到達，大樓旁有停車場，對面有素食館）。

禪淨班：週四晚班、週五晚班。

進階班：週一晚班、週三晚班、週六上午班（由禪淨班結業後轉入共修）。

增上班：成唯識論釋。單週六晚班。雙週六晚班（重播班）。

菩薩瓔珞本業經：平實導師講解。每週二晚上，以台北正覺講堂所錄 DVD 放映。歡迎會外學人共同聽講，不需出示身分證件。

第二講堂　台中市南屯區五權西路二段 666 號 4 樓

禪淨班：週一晚班、週三晚班。

第三講堂台中市南屯區五權西路二段 666 號 4 樓

禪淨班：週一晚班。

第四講堂台中市南屯區五權西路二段 666 號 4 樓。

進階班：週三晚班、週四晚班、週五晚班、週六上午班，由禪淨班結業後轉入共修

菩薩瓔珞本業經：每週二晚上與第一講堂同步播放講經 DVD。

嘉義正覺講堂 嘉義市友愛路 288 號八樓之一　電話：05-2318228

第一講堂：

禪淨班：週四晚班、週五晚班、週六上午班。

進階班：週一晚班、週三晚班（由禪淨班結業後轉入共修）。

增上班：成唯識論釋。單週六晚班。雙週六晚班（重播班）。

菩薩瓔珞本業經：平實導師講解。每週二晚上，以台北正覺講堂所錄 DVD 放映。歡迎會外學人共同聽講，不需出示身分證件。

第二講堂　嘉義市友愛路 288 號八樓之二。

第三講堂　嘉義市友愛路 288 號四樓之七。

禪淨班：週一晚班、週三晚班。

台南正覺講堂

第一講堂　台南市西門路四段 15 號 4 樓。06-2820541（晚上）

禪淨班：週一晚班、週四晚班、週五晚班、週六下午班。

增上班：**成唯識論釋**。單週六晚班。雙週六晚班（重播班）。

菩薩瓔珞本業經：平實導師講解。每週二晚上，以台北正覺講堂所錄 DVD 放映。歡迎會外學人共同聽講，不需出示身分證件。

第二講堂　台南市西門路四段 15 號 3 樓。

菩薩瓔珞本業經：每週二晚上與第一講堂同步播放講經 DVD。

第三講堂　台南市西門路四段 15 號 3 樓。

進階班：週一晚班、週三晚班、週四晚班、週五晚班（由禪淨班結業後轉入共修）。

菩薩瓔珞本業經：每週二晚上與第一講堂同步播放講經 DVD。

高雄正覺講堂　高雄市新興區中正三路 45 號五樓 07-2234248（晚上）

第一講堂（五樓）：

禪淨班：週一晚班、週三晚班、週四晚班、週五晚班、週六上午班。

進階班：週六下午班（由禪淨班結業後轉入共修）。

增上班：**成唯識論釋**。單週六晚班。雙週六晚班（重播班）。

菩薩瓔珞本業經：平實導師講解。每週二晚上，以台北正覺講堂所錄 DVD 放映。歡迎會外學人共同聽講，不需出示身分證件。

第二講堂（四樓）：

進階班：週三晚班、週四晚班（由禪淨班結業後轉入共修）。

菩薩瓔珞本業經：每週二晚上與第一講堂同步播放講經 DVD。

第三講堂（三樓）：

進階班：週四晚班（由禪淨班結業後轉入共修）。

二、招生公告　**本會台北講堂及全省各講堂，每逢四月、十月下旬開新班，每週共修一次**（每次二小時。開課日起三個月內仍可插班）；**各班共修期間皆爲二年半，全程免費，欲參加者請向本會函索報名表**（各共修處皆於共修時間方有人執事，非共修時間請勿電詢或前來洽詢、請書），**或直接從本會官方網站(http://www.enlighten.org.tw/newsflash/class)或成佛之道網站下載報名表**。共修期滿時，若經報名禪三審核通過者，可參加四天三夜之禪三精進共修，有機會明心、取證如來藏，發起般若實相智慧，成爲實義菩薩，脫離凡夫菩薩位。

三、新春禮佛祈福 農曆**年假**期間停止共修：自農曆新年前七天起停止共修與弘法，正月 8 日起回復共修、弘法事務。新春期間正月初一～初七 9.00～17.00 開放台北講堂、正月初一~初三開放新竹、台中、嘉義、台南、高雄講堂，以及大溪禪三道場（正覺祖師堂），方便會員供佛、祈福及會外人士請書。

密宗四大派修雙身法，是外道性力派的邪法；又以生滅的識陰作為常住法，是常見外道，是假的藏傳佛教。

西藏覺囊巴以他空見弘揚第八識如來藏勝法，才是真藏傳佛教

佛教正覺同修會　弘法行事表

2024/1/2

1、**禪淨班**　以無相念佛及拜佛方式修習動中定力，實證一心不亂功夫。傳授解脫道正理及第一義諦佛法，以及參禪知見。共修期間：二年六個月。每逢四月、十月開新班，詳見招生公告表。

2、**進階班**　禪淨班畢業後得轉入此班，進修更深入的佛法，期能證悟明心。各地講堂各有多班，繼續深入佛法、增長定力，悟後得轉入增上班修學道種智，期能證得無生法忍。

3、**增上班 成唯識論釋**　詳解八識心王的唯識性、唯識相、唯識位，分說八識心王及其心所各別的自性、所依、所緣、相應心所、行相、功用等，並闡述緣生諸法的四緣：因緣、等無間緣、所緣緣、增上緣等四緣，並論及十因五果等。論中闡釋**佛法實證及成就的根本法即是第八識，由第八識成就三界世間及出世間的一切染淨諸法，方有成佛之道可修、可證、可成就，名為圓成實性**。然後詳解末法時代學人極易混淆的見道位所函蓋的眞見道、相見道、通達位等內容，指正末法時代高慢心一類學人，於見道位前後不斷所墮的同一邪謬處。末後開示修道位的十地之中，各地所應斷的二愚及所應證的一智，乃至佛位的四智圓明及具足四種涅槃等一切種智之眞實正理。由平實導師講述，每逢一、三、五週之週末晚上開示，每逢二、四週之週末為重播班，供作後悟之菩薩補聞所未聽聞之法。增上班課程僅限已明心之會員參加。未來每逢講完十分之一內容時，便予出書流通；總共十輯，敬請期待。（註：《瑜伽師地論》從 2003 年二月開講，至 2022 年 2 月 19 日已經圓滿，為期 18 年整。）

4、**菩薩瓔珞本業經**　本經說明菩薩道六度、十度波羅蜜多之修行，要先修十信位，於因位中熏習百法明門，再轉入初住位起修六種瓔珞，總共四十二位，即是十住位、十行位、十迴向位、十地位、等覺位、妙覺位，方得成就六種瓔珞成為一生補處，然後成就佛道，名為習種性、性種性、道種性、聖種性、等覺性、妙覺性；連同習種性前的十信位，共為五十二階位實修完畢，方得成佛。於本經中亦說明大乘初見道的證眞如、發起般若現觀時，若有佛菩薩護持故，即得進第七住位常住不退，然後向上進發，速修佛菩提道。如是實修佛菩提道方是義學，而非學術界所說的相似佛法等玄學，皆是可修可證之法，全都屬於現法樂證樂住並且是現觀的佛法，顯示佛法眞是義學而非玄談或思想。本經已於 2024 年一月上旬起開講，由平實導師詳解。不限制聽講資格。

5、**精進禪三**　主三和尚：平實導師。於四天三夜中，以克勤圓悟大師及大慧宗杲之禪風，施設機鋒與小參、公案密意之開示，幫助會員剋期取證，親證不生不滅之眞實心——人人本有之如來藏。每年四月、十月各舉辦三個梯次；平實導師主持。僅限本會會員參加禪淨班共修期滿，報名審核通過者，方可參加。並選擇會中定力、慧力、福德三條件皆已具足之已明心會員，給以指引，令得眼見自己無形無相之佛性遍佈山河大地，眞實而無障礙，得以肉眼現觀世界身心悉皆如幻，具足成就如幻觀，圓滿十住菩薩之證境。

6、**阿含經**詳解　選擇重要之阿含部經典，依無餘涅槃之實際而加以詳解，令大眾得以現觀諸法緣起性空，亦復不墮斷滅見中，顯示經中所隱說之涅槃實際—如來藏—確實已於四阿含中隱說；令大眾得以聞後觀行，確實斷除我見乃至我執，證得**見到**眞現觀，乃至**身證**……等眞現觀；已得大乘或二乘見道者，亦可由此聞熏及聞後之觀行，除斷我所之貪著，成就慧解脫果。由平實導師詳解。不限制聽講資格。

7、**精選如來藏系經典**詳解　精選如來藏系經典一部，詳細解說，以此完全印證會員所悟如來藏之眞實，得入不退轉住。另行擇期詳細解說之，由平實導師講解。僅限已明心之會員參加。

8、**禪門差別智**　藉禪宗公案之微細淆訛難知難解之處，加以宣說及剖析，以增進明心、見性之功德，啓發差別智，建立擇法眼。每月第一週日全天，由平實導師開示，僅限破參明心後，復又眼見佛性者參加(事冗暫停)。

9、**枯木禪**　先講智者大師的《小止觀》，後說《釋禪波羅蜜》，詳解四禪八定之修證理論與實修方法，細述一般學人修定之邪見與岔路，及對禪定證境之誤會，消除枉用功夫、浪費生命之現象。已悟般若者，可以藉此而實修初禪，進入大乘通教及聲聞教的三果心解脫境界，配合應有的大福德及後得無分別智、十無盡願，即可進入初地心中。親教師：平實導師。未來緣熟時將於正覺寺開講。不限制聽講資格。

註：本會例行年假，自 2004 年起，改為每年農曆新年前七天開始停息弘法事務及共修課程，農曆正月 8 日回復所有共修及弘法事務。新春期間(每日 9.00～17.00)開放台北講堂，方便會員禮佛祈福及會外人士請書。大溪區的正覺祖師堂，開放參訪時間，詳見〈正覺電子報〉或成佛之道網站。本表得因時節因緣需要而隨時修改之，不另作通知。

佛教正覺同修會　贈閱書籍 目錄　　2024/8/20

1.**無相念佛**　平實導師著　回郵 36 元
2.**念佛三昧修學次第**　平實導師述著　回郵 52 元
3.**正法眼藏—護法集**　平實導師述著　回郵 76 元
4.**真假開悟簡易辨正法&佛子之省思**　平實導師著　回郵 26 元
5.**生命實相之辨正**　平實導師著　回郵 31 元
6.**如何契入念佛法門**（附：印順法師否定極樂世界）平實導師著　回郵 26 元
7.**平實書箋**—答元覽居士書　平實導師著　回郵 52 元
8.**三乘唯識**—如來藏系經律彙編　平實導師編　回郵 80 元
（精裝本　長 27 cm　寬 21 cm　高 7.5 cm　重 2.8 公斤）
9.**三時繫念全集**—修正本　回郵掛號 52 元（長 26.5 cm×寬 19 cm）
10.**明心與初地**　平實導師述　回郵 31 元
11.**邪見與佛法**　平實導師述著　回郵 36 元
12.**甘露法雨**　平實導師述　回郵 36 元
13.**我與無我**　平實導師述　回郵 36 元
14.**學佛之心態**—修正錯誤之學佛心態始能與正法相應　孫正德老師著　回郵52元
附錄：平實導師著**《略說八、九識並存…等之過失》**
15.**大乘無我觀**—《悟前與悟後》別說　平實導師述著　回郵 36 元
16.**佛教之危機**—中國台灣地區現代佛教之真相（附錄：公案拈提六則）
平實導師著　回郵 52 元
17.**燈　影**—燈下黑（覆「求教後學」來函等）　平實導師著　回郵 76 元
18.**護法與毀法**—覆上平居士與徐恒志居士網站毀法二文
張正圜老師著　回郵 76 元
19.**淨土聖道**—兼評選擇本願念佛　正德老師著　由正覺同修會購贈　回郵 52 元
20.**辨唯識性相**—對「紫蓮心海《辯唯識性相》書中否定阿賴耶識」之回應
正覺同修會 台南共修處法義組 著　回郵 52 元
21.**假如來藏**—對法蓮法師《如來藏與阿賴耶識》書中否定阿賴耶識之回應
正覺同修會 台南共修處法義組 著　回郵 76 元
22.**入不二門**—公案拈提集錦 第一輯（於平實導師公案拈提諸書中選錄約二十則，合輯爲一冊流通之）平實導師著　回郵 52 元
23.**真假邪說**—西藏密宗索達吉喇嘛《破除邪說論》真是邪說
釋正安法師著　上、下冊回郵各 52 元
24.**真假開悟**—真如、如來藏、阿賴耶識間之關係　平實導師述著　回郵 76 元

25.**真假禪和**—辨正釋傳聖之謗法謬說　孫正德老師著　回郵76元

26.**眼見佛性**—駁慧廣法師**眼見佛性的含義**文中謬說 游正光老師著 回郵52元

27.**普門自在**—公案拈提集錦 第二輯（於平實導師公案拈提諸書中選錄約二十則，合輯爲一冊流通之）平實導師著　回郵52元

28.**印順法師的悲哀**—以現代禪的質疑為線索　恒毓博士著　回郵52元

29.**識蘊真義**—現觀識蘊內涵、取證初果、親斷三縛結之具體行門。
—依《成唯識論》及《唯識述記》正義，略顯安慧《大乘廣五蘊論》之邪謬
平實導師著 回郵76元

30.**正覺電子報** 各期紙版本　免附回郵　每次最多函索三期或三本。
（已無存書之較早各期，不另增印贈閱）

31.**現代人應有的宗教觀**　蔡正禮老師 著　回郵31元

32.**遠惑趣道**—正覺電子報般若信箱問答錄　第一輯　回郵52元

33.**遠惑趣道**—正覺電子報般若信箱問答錄　第二輯　回郵52元

34.**正覺教團電視弘法三乘菩提 DVD 光碟（一）**
由正覺教團多位親教師共同講述錄製DVD 8片，MP3一片，共9片。有二大講題：一爲「三乘菩提之意涵」，二爲「學佛的正知見」。內容精闢，深入淺出，精彩絕倫，幫助大眾快速建立三乘法道的正知見，免被外道邪見所誤導。有志修學三乘佛法之學人不可不看。（製作工本費100元，回郵 52元）

35.**正覺教團電視弘法 DVD 專輯（二）**
總有二大講題：一爲「三乘菩提之念佛法門」，一爲「學佛正知見（第二篇）」，由正覺教團多位親教師輪番講述，內容詳細闡述如何修學念佛法門、實證念佛三昧，以及學佛應具有的正確知見，可以幫助發願往生西方極樂淨土之學人，得以把握往生，更可令學人快速建立三乘法道的正知見，免於被外道邪見所誤導。有志修學三乘佛法之學人不可不看。（一套17片，工本費160元。回郵 76元）

36.**喇嘛性世界**—揭開假藏傳佛教譚崔瑜伽的面紗　張善思 等人合著
由正覺同修會購贈 回郵52元

37.**假藏傳佛教的神話**—性、謊言、喇嘛教　張正玄教授編著
由正覺同修會購贈 回郵52元

38.**隨　緣**—理隨緣與事隨緣　平實導師述　回郵52元。

39.**學佛的覺醒**　正枝居士 著　回郵52元

40.**意識虛妄經教彙編**—實證解脫道的關鍵經文　正覺同修會編印　回郵36元

41.**邪箭囈語**—破斥藏密外道多識仁波切《破魔金剛箭雨論》之邪說
陸正元老師著　上、下冊回郵各52元

42.**真假沙門**—依 佛聖教闡釋佛教僧寶之定義
蔡正禮老師著　俟正覺電子報連載後結集出版

43.**真假禪宗**—藉評論釋性廣《印順導師對變質禪法之批判及對禪宗之肯定》以顯示真假禪宗

附論一：凡夫知見 無助於佛法之信解行證

附論二：世間與出世間一切法皆從如來藏實際而生而顯

余正偉老師著　俟正覺電子報連載後結集出版　回郵未定

★ 上列贈書之郵資，係台灣本島地區郵資，大陸、港、澳地區及外國地區，請另計酌增（大陸、港、澳、國外地區之郵票不許通用）。尚未出版之書，請勿先寄來郵資，以免增加作業煩擾。

★ 本目錄若有變動，唯於後印之書籍及「成佛之道」網站上修正公佈之，不另行個別通知。

函索書籍請寄：佛教正覺同修會　103 台北市承德路 3 段 277 號 9 樓

台灣地區函索書籍者請附寄郵票，無時間購買郵票者可以等值現金抵用，但不接受郵政劃撥、支票、匯票。大陸地區得以人民幣計算，國外地區請以美元計算（請勿寄來當地郵票，在台灣地區不能使用）。欲以掛號寄遞者，請另附掛號郵資。

親自索閱：正覺同修會各共修處。　★請於共修時間前往取書，餘時無人在道場，請勿前往索取；共修時間與地點，詳見書末正覺同修會共修現況表（以近期之共修現況表為準）。

註：正智出版社發售之局版書，請向各大書局購閱。若書局之書架上已經售出而無陳列者，請向書局櫃台指定洽購；若書局不便代購者，請於正覺同修會共修時間前往各共修處請購，正智出版社已派人於共修時間送書前往各共修處流通。 郵政劃撥購書及 大陸地區 購書，請詳別頁正智出版社發售書籍目錄最後頁之說明。

成佛之道 網站：http://www.a202.idv.tw　正覺同修會已出版之結緣書籍，多已登載於 成佛之道 網站，若住外國、或住處遙遠，不便取得正覺同修會贈閱書籍者，可以從本網站閱讀及下載。

＊＊ 假藏傳佛教修雙身法，非佛教 ＊＊

正覺口袋書 目錄

2024/6/15

1.**如何契入念佛法門**　平實導師著　回郵 26 元
2.**明心與初地**　平實導師述著　回郵 31 元
3.**生命實相之辨正**　平實導師述著　回郵 31 元
4.**真假開悟簡易辨正法&佛子之省思**　平實導師著　回郵 26 元
5.**現代人應有的宗教觀**　蔡正禮老師著　回郵31 元
6.**確保您的權益**—器官捐贈應注意自我保護　游正光老師 著　回郵31 元
7.**甘露法門—解脫道與佛菩提道**　佛教正覺同修會著　回郵 31 元
8.**概說密宗(一)**—認清西藏密宗(喇嘛教)的底細
正覺教育基金會著　回郵 36 元
9.**概說密宗(二)**—藏密觀想、明點、甘露、持明的真相
正覺教育基金會著　回郵 36 元
10.**概說密宗(三)**—密教誇大不實之神通證量
正覺教育基金會著　回郵 36 元
11.**概說密宗(四)**—密宗諸餘邪見(恣意解釋佛法修證上之名相)之一
正覺教育基金會著　回郵 36 元
12.**概說密宗(五)**—密宗之如來藏見及般若中觀
正覺教育基金會著　回郵 36 元
13.**概說密宗(六)**—無上瑜伽之雙身修法　正覺教育基金會著　回郵 36 元
14.**成佛之道**　正覺教育基金會著　回郵 36 元
15.**淨土奇特行門**—禪淨法門之速行道與緩行道
正覺教育基金會著　回郵 36 元
16.**如何修證解脫道**　正覺教育基金會著　回郵 36 元
17.**淺談達賴喇嘛之雙身法**—兼論解讀「密續」之達文西密碼
正覺教育基金會著　回郵 36 元
18.**密宗真相**—來自西藏高原的狂密　正覺教育基金會著　回郵 36 元
19.**導師之真實義**　正禮老師著　回郵 36 元
20.**如來藏中藏如來**　正覺教育基金會著　回郵 36 元
21.**觀行斷三縛結**—實證初果　正覺教育基金會著　回郵 36 元
22.**破羯磨僧真義**　佛教正覺同修會著　回郵 36 元
23.**一貫道與開悟**　正覺教育基金會著　回郵 36 元
24.**出家菩薩首重**—虛心求教 勤求證悟　正覺教育基金會著　回郵 36 元
25.**博愛 —愛盡天下女人**　正覺教育基金會著　回郵 36 元

26.**邁向正覺(一)**　作者趙玲子等合著　回郵 36 元
27.**邁向正覺(二)**　作者張善思等合著　回郵 36 元
28.**邁向正覺(三)**　作者許坤田等合著　回郵 36 元
29.**邁向正覺(四)**　作者劉俊廷等合著　回郵 36 元
30.**邁向正覺(五)**　作者林洋毅等合著　回郵 36 元
31.**繫念思惟念佛法門**　正覺教育基金會著　回郵 36 元
32.**邁向正覺(六)**　作者倪式谷等合著　回郵 36 元
33.**廣論之平議(一)~(七)**—宗喀巴《菩提道次第廣論》之平議
作者正雄居士　每冊回郵 36 元
34.**俺曚你把你哄**—六字大明咒揭密　作者正玄教授　回郵 36 元
35.**如何契入念佛法門(中英日文版)**　平實導師著　回郵 36 元
36.**明心與初地(中英文版)**　平實導師述著　回郵 36 元
37.**您不可不知的事實**—揭開藏傳佛教真實面之報導(一)
正覺教育基金會著　回郵 36 元
38.**外道羅丹的悲哀(一)~(三)**—略評外道羅丹等編《佛法與非佛法判別》之邪見 正覺教育基金會著　每冊回郵 36 元
39.**與《廣論》研討班學員談心**　正覺教育基金會著　回郵 36 元
40.**證道歌略釋**　平實導師著　回郵 36 元
41.**甘願做菩薩**　郭正益老師　回郵 36 元
42.**恭祝達賴喇嘛八十大壽**—做賊心虛喊抓賊~喇嘛不是佛教徒
張正玄教授著　回郵 36 元
43.**從一佛所在世界談宇宙大覺者**　高正齡老師著　回郵 36 元
44.**老去人間萬事休，應須洗心從佛祖**—達賴權謀，可以休矣
正覺教育基金會編印　回郵 36 元
45.**表相歸依與實義歸依**—真如為究竟歸依處
正覺同修會編印　回郵 36 元
46.**我為何離開廣論？**　正覺同修會編印　回郵 36 元
47.**三乘菩提之佛典故事(一)**　葉正緯老師講述　回郵 36 元
48.**佛教與成佛—總說**　師子苑居士著　回郵 36 元
49.**三乘菩提概說(一)**　余正文老師講述　回郵 36 元
50.**一位哲學博士的懺悔**　泰洛著　回郵 36 元
51.**三乘菩提概說（二）**　余正文老師講述　回郵 36 元
52.**三乘菩提之佛典故事(二)**　郭正益老師講述　回郵 36 元
53.**尊師重道**　沐中原著　回郵 50 元
54.**心經在說什麼？**　平實導師講述　回郵 36 元

正智出版社 籌募弘法基金發售書籍目錄 2024/04/10

1.**宗門正眼**—公案拈提 第一輯 重拈 平實導師 著 500 元

因重寫內容大幅度增加故，字體必須改小，並增爲 576 頁 主文 546 頁。比初版更精彩、更有內容。初版《禪門摩尼寶聚》之讀者，可寄回本公司免費調換新版書。免附回郵，亦無截止期限。（2007 年起，每冊附贈本公司精製公案拈提〈超意境〉CD 一片。市售價格 280 元，多購多贈。）

2.**禪淨圓融** 平實導師 著 200 元（第一版舊書可換新版書。）

3.**真實如來藏** 平實導師 著 400 元

4.**禪—悟前與悟後** 平實導師 著 上、下冊，每冊 250 元

5.**宗門法眼**—公案拈提 第二輯 平實導師 著 500 元

（2007 年起，每冊附贈本公司精製公案拈提〈超意境〉CD 一片）

6.**楞伽經詳解** 平實導師 著 全套共 10 輯 每輯 250 元

7.**宗門道眼**—公案拈提 第三輯 平實導師 著 500 元

（2007 年起，每冊附贈本公司精製公案拈提〈超意境〉CD 一片）

8.**宗門血脈**—公案拈提 第四輯 平實導師 著 500 元

（2007 年起，每冊附贈本公司精製公案拈提〈超意境〉CD 一片）

9.**宗通與說通**—成佛之道 平實導師 著 主文 381 頁 全書 400 頁售價 300 元

10.**宗門正道**—公案拈提 第五輯 平實導師 著 500 元

（2007 年起，每冊附贈本公司精製公案拈提〈超意境〉CD 一片）

11.**狂密與真密 一～四輯** 平實導師 著 西藏密宗是人間最邪淫的宗教，本質不是佛教，只是披著佛教外衣的印度教性力派流毒的喇嘛教。此書中將西藏密宗密傳之男女雙身合修樂空雙運所有祕密與修法，毫無保留完全公開，並將全部喇嘛們所不知道的部分也一併公開。內容比大辣出版社喧騰一時的《西藏慾經》更詳細。並且函蓋藏密的所有祕密及其錯誤的中觀見、如來藏見……等，藏密的所有法義都在書中詳述、分析、辨正。每輯主文三百餘頁 每輯全書約 400 頁 售價每輯 300 元

12.**宗門正義**—公案拈提 第六輯 平實導師 著 500 元

（2007 年起，每冊附贈本公司精製公案拈提〈超意境〉CD 一片）

13.**心經密意**—心經與解脫道、佛菩提道、祖師公案之關係與密意 平實導師述 300 元

14.**宗門密意**—公案拈提 第七輯 平實導師 著 500 元

（2007 年起，每冊附贈本公司精製公案拈提〈超意境〉CD 一片）

15.**淨土聖道**—兼評「選擇本願念佛」 正德老師 著 200 元

16.**起信論講記** 平實導師 述著 共六輯 每輯三百餘頁 售價各 250 元

17.**優婆塞戒經講記**　平實導師 述著　共八輯 每輯三百餘頁 售價各 250 元

18.**真假活佛**—略論附佛外道盧勝彥之邪說（對前岳靈犀網站主張「盧勝彥是證悟者」之修正）　正犀居士（岳靈犀）著　流通價 140 元

19.**阿含正義**—唯識學探源　平實導師 著　共七輯　每輯 300 元

20.**超意境 CD** 以平實導師公案拈提書中超越意境之頌詞，加上曲風優美的旋律，錄成令人嚮往的超意境歌曲，其中包括正覺發願文及平實導師親自譜成的黃梅調歌曲一首。詞曲雋永，殊堪翫味，可供學禪者吟詠，有助於見道。內附設計精美的彩色小冊，解說每一首詞的背景本事。每片 280 元。【每購買公案拈提書籍一冊，即贈送一片。】

21.**菩薩底憂鬱 CD** 將菩薩情懷及禪宗公案寫成新詞，並製作成超越意境的優美歌曲。 1.主題曲〈菩薩底憂鬱〉，描述地後菩薩能離三界生死而迴向繼續生在人間，但因尚未斷盡習氣種子而有極深沈之憂鬱，非三賢位菩薩及二乘聖者所知，此憂鬱在七地滿心位方才斷盡；本曲之詞中所說義理極深，昔來所未曾見；此曲係以優美的情歌風格寫詞及作曲，聞者得以激發嚮往諸地菩薩境界之大心，詞、曲都非常優美，難得一見；其中勝妙義理之解說，已印在附贈之彩色小冊中。 2.以各輯公案拈提中直示禪門入處之頌文，作成各種不同曲風之超意境歌曲，值得玩味、參究；聆聽公案拈提之優美歌曲時，請同時閱讀內附之印刷精美說明小冊，可以領會超越三界的證悟境界；未悟者可以因此引發求悟之意向及疑情，眞發菩提心而邁向求悟之途，乃至因此眞實悟入般若，成眞菩薩。 3.正覺總持咒新曲，總持佛法大意；總持咒之義理，已加以解說並印在隨附之小冊中。本 CD 共有十首歌曲，長達 63 分鐘。每盒各附贈二張購書優惠券。每片 320 元。

22.**禪意無限 CD** 平實導師以公案拈提書中偈頌寫成不同風格曲子，與他人所寫不同風格曲子共同錄製出版，幫助參禪人進入禪門超越意識之境界。盒中附贈彩色印製的精美解說小冊，以供聆聽時閱讀，令參禪人得以發起參禪之疑情，即有機會證悟本來面目而發起實相智慧，實證大乘菩提般若，能如實證知般若經中的眞實意。本 CD 共有十首歌曲，長達 69 分鐘，每盒各附贈二張購書優惠券。每片 320 元。

23.**我的菩提路**第一輯　釋悟圓、釋善藏等人合著　售價 300 元

24.**我的菩提路**第二輯　郭正益等人合著　售價 300 元

（初版首刷至第四刷，都可以寄來免費更換爲第二版，免附郵費）

25.**我的菩提路**第三輯　王美伶等人合著　售價 300 元

26.**我的菩提路**第四輯　陳晏平等人合著　售價 300 元
27.**我的菩提路**第五輯　林慈慧等人合著　售價 300 元
28.**我的菩提路**第六輯　劉惠莉等人合著　售價 300 元
29.**我的菩提路**第七輯　余正偉等人合著　售價 300 元
30.**鈍鳥與靈龜**—考證後代凡夫對大慧宗杲禪師的無根誹謗。

平實導師 著 共 458 頁 售價 350 元

31.**維摩詰經講記**　平實導師 述　共六輯　每輯三百餘頁　售價各 250 元
32.**真假外道**—破劉東亮、杜大威、釋證嚴常見外道見　正光老師 著　200 元
33.**勝鬘經講記**—兼論印順《勝鬘經講記》對於《勝鬘經》之誤解。

平實導師 述　共六輯　每輯三百餘頁　售價 250 元

34.**楞嚴經講記**—平實導師 述　共 15 輯，每輯三百餘頁　售價 300 元
35.**明心與眼見佛性**—駁慧廣〈蕭氏「眼見佛性」與「明心」之非〉文中謬說

正光老師 著　共 448 頁　售價 300 元

36.**見性與看話頭**　黃正倖老師 著，本書是禪宗參禪的方法論。

內文 375 頁，全書 416 頁，售價 300 元。

37.**達賴真面目**—玩盡天下女人 白正偉老師 等著 中英對照彩色精裝大本 800 元
38.**喇嘛性世界**—揭開假藏傳佛教譚崔瑜伽的面紗　張善思 等人著　200 元
39.**假藏傳佛教的神話**—性、謊言、喇嘛教　正玄教授 編著　200 元
40.**金剛經宗通**　平實導師 述　共九輯　每輯售價 250 元。
41.**末代達賴**—性交教主的悲歌　張善思、呂艾倫、辛燕　編著 售價 250 元
42.**霧峰無霧**—給哥哥的信　辨正釋印順對佛法的無量誤解

游宗明 老師 著　售價 250 元

43.**霧峰無霧**—第二輯—救護佛子向正道　細說釋印順對佛法的各類誤解

游宗明 老師 著　售價 250 元

44.**第七意識與第八意識？**—穿越時空「超意識」

平實導師 述　每冊 300 元

45.**黯淡的達賴**—失去光彩的諾貝爾和平獎

正覺教育基金會　編著　每冊 250 元

46.**童女迦葉考**—論呂凱文〈佛教輪迴思想的論述分析〉之謬。

平實導師 著　定價 180 元

47.**人間佛教**—實證者必定不悖三乘菩提

平實導師　述，定價 400 元

48.**實相經宗通**　平實導師 述　共八輯　每輯 250 元

49.**真心告訴您(一)**—達賴喇嘛在幹什麼？
正覺教育基金會 編著　售價250元
50.**中觀金鑑**—詳述應成派中觀的起源與其破法本質
孫正德老師 著　分為上、中、下三冊，每冊250元
51.**藏傳佛教要義**—《狂密與真密》之簡體字版　平實導師 著 上、下冊
僅在大陸流通　每冊300元
52.**法華經講義**—平實導師 述　共二十五輯　每輯三百餘頁 售價300元
53.**西藏「活佛轉世」制度**—附佛、造神、世俗法
許正豐、張正玄老師 合著　定價150元
54.**廣論三部曲**—郭正益老師著　　定價150元
55.**真心告訴您(二)**—達賴喇嘛是佛教僧侶嗎？
—補祝達賴喇嘛八十大壽
正覺教育基金會 編著　售價300元
56.**次法**—實證佛法前應有的條件
張善思居士 著　分為上、下二冊，每冊250元
57.**涅槃**—解說四種涅槃之實證及內涵　平實導師 著 上、下冊　各350元
58.**佛藏經講義**—平實導師 述　共二十一輯 每輯三百餘頁 售價300元。
59.**成唯識論**—大唐 玄奘菩薩所著鉅論。重新正確斷句，並以不同字體及標點符號顯示質疑文，令得易讀。全書288頁，精裝大本400元。
60.**大法鼓經講義**—平實導師 述　共六輯　每輯三百餘頁 售價300元。
61.**成唯識論釋**—詳解大唐玄奘菩薩所著《成唯識論》，平實導師 著述。共十輯，每輯內文四百餘頁，12 級字編排，於每講完一輯的分量以後即予出版，2023 年五月底出版第一輯，以後每七到十個月出版一輯，每輯400元。
62.**不退轉法輪經講義**—平實導師 述 2024年1月30日開始出版　共十輯
每二個月出版一輯，每輯300元。
63.**中論正義**—釋龍樹菩薩《中論》頌正理。孫正德老師 著　共上下二冊
下冊定於2024/6/30出版 每冊300元。
64.**誰是 師子身中蟲**—平實導師 述著　2024年5月30出版，每冊110元。
65.**解深密經講義**—平實導師 述　輯數未定　將於《不退轉法輪經講義》出版後整理出版。
66.**菩薩瓔珞本業經講義**—平實導師 述　約○輯　將於《解深密經講義》出版後整理出版。
67.**假鋒虛焰金剛乘**—揭示顯密正理，兼破索達吉師徒《般若鋒兮金剛焰》
釋正安法師 著　簡體字版　即將出版 售價未定

68.**廣論之平議**—宗喀巴《菩提道次第廣論》之平議　正雄居士 著
約二或三輯 俟正覺電子報連載後結集出版　書價未定
69.**八識規矩頌**詳解　○○居士 註解　出版日期另訂　書價未定
70.**中觀正義**—註解平實導師《中論正義頌》。
○○法師（居士）著　出版日期未定　書價未定
71.**中國佛教史**—依中國佛教正法史實而論。 ○○老師 著　書價未定。
72.**印度佛教史**—法義與考證。依法義史實評論印順《印度佛教思想史、佛教史地考論》之謬說　正偉老師 著 出版日期未定 書價未定
73.**阿含經講記**—將選錄四阿含中數部重要經典全經講解之，講後整理出版。
平實導師 述　約二輯　每輯300元　出版日期未定
74.**實積經講記** 平實導師 述 每輯三百餘頁 優惠價300元　出版日期未定
75.**修習止觀坐禪法要講記**　平實導師 述　每輯三百餘頁
將於正覺寺建成後重講、以講記逐輯出版　出版日期未定
76.**無門關**—《無門關》公案拈提　平實導師 著　出版日期未定。
77.**中觀再論**—兼述印順《中觀今論》謬誤之平議。正光老師 著　出版日期未定
78.**輪迴與超度**—佛教超度法會之真義。
○○法師（居士）著　出版日期未定　書價未定
79.**《釋摩訶衍論》平議**—對偽稱龍樹所造《釋摩訶衍論》之平議
○○法師（居士）著　出版日期未定　書價未定
80.**正覺發願文**註解—以真實大願為因 得證菩提
正德老師 著　出版日期未定　書價未定
81.**正覺總持咒**—佛法之總持　正圜老師 著　出版日期未定　書價未定
82.**三自性**—依四食、五蘊、十二因緣、十八界法，說三性三無性。
作者未定　出版日期未定
83.**道品**—從三自性說大小乘三十七道品　作者未定　出版日期未定
84.**大乘緣起觀**—依四聖諦七真如現觀十二緣起 作者未定　出版日期未定
85.**三德**—論解脫德、法身德、般若德。　作者未定　出版日期未定
86.**真假如來藏**—對印順《如來藏之研究》謬說之平議　作者未定　出版日期未定
87.**大乘道次第**　作者未定　出版日期未定　書價未定
88.**四緣**—依如來藏故有四緣。　作者未定　出版日期未定
89.**空之探究**—印順《空之探究》謬誤之平議　作者未定　出版日期未定
90.**十法義**—論阿含經中十法之正義　作者未定　出版日期未定
91.**外道見**—論述外道六十二見　作者未定　出版日期未定

正智出版社有限公司書籍介紹

禪淨圓融：言淨土諸祖所未曾言，示諸宗祖師所未曾示；禪淨圓融，另闢成佛捷徑，兼顧自力他力，闡釋淨土門之速行易行道，亦同時揭櫫聖教門之速行易行道；令廣大淨土行者得免緩行難證之苦，亦令聖道門行者得以藉著淨土速行道而加快成佛之時劫。乃前無古人之超勝見地，非一般弘揚禪淨法門典籍也，先讀爲快。平實導師著200元。

宗門正眼—公案拈提第一輯：繼承克勤圜悟大師碧巖錄宗旨之禪門鉅作。先則舉示當代大法師之邪說，消弭當代禪門大師鄉愿之心態，摧破當今禪門「世俗禪」之妄談；次則旁通教法，表顯宗門正理；繼以道之次第，消弭古今狂禪；後藉言語及文字機鋒，直示宗門入處。悲智雙運，禪味十足，數百年來難得一睹之禪門鉅著也。平實導師著　500元（原初版書《禪門摩尼寶聚》，改版後補充爲五百餘頁新書，總計多達二十四萬字，內容更精彩，並改名爲《宗門正眼》，讀者原購初版《禪門摩尼寶聚》皆可寄回本公司免費換新，免附回郵，亦無截止期限）（2007年起，凡購買公案拈提第一輯至第七輯，每購一輯皆贈送本公司精製公案拈提〈超意境〉CD一片，市售價格280元，多購多贈）。

禪—悟前與悟後：本書能建立學人悟道之信心與正確知見，圓滿具足而有次第地詳述禪悟之功夫與禪悟之內容，指陳參禪中細微淆訛之處，能使學人明自眞心、見自本性。若未能悟入，亦能以正確知見辨別古今中外一切大師究係眞悟？或屬錯悟？便有能力揀擇，捨名師而選明師，後時必有悟道之緣。一旦悟道，遲者七次人天往返，便出三界，速者一生取辦。學人欲求開悟者，不可不讀。平實導師著。上、下冊共500元，單冊250元。

眞實如來藏：如來藏眞實存在，乃宇宙萬有之本體，並非印順法師、達賴喇嘛等人所說之「唯有名相、無此心體」。如來藏是涅槃之本際，是一切有智之人竭盡心智、不斷探索而不能得之生命實相；是古今中外許多大師自以爲悟而當面錯過之生命實相。如來藏即是阿賴耶識，乃是一切有情本自具足、不生不滅之眞實心。當代中外大師於此書出版之前所未能言者，作者於本書中盡情流露、詳細闡釋。眞悟者讀之，必能增益悟境、智慧增上；錯悟者讀之，必能檢討自己之錯誤，免犯大妄語業；未悟者讀之，能知參禪之理路，亦能以之檢查一切名師是否眞悟。此書是一切哲學家、宗教家、學佛者及欲昇華心智之人必讀之鉅著。　平實導師著　售價400元。

宗門法眼——**公案拈提**第二輯：列舉實例，闡釋土城廣欽老和尚之悟處；並直示這位不識字的老和尚妙智橫生之根由，繼而剖析禪宗歷代大德之開悟公案，解析當代密宗高僧卡盧仁波切之錯悟證據，並例舉當代顯宗高僧、大居士之錯悟證據（凡健在者，爲免影響其名聞利養，皆隱其名）。藉辨正當代名師之邪見，向廣大佛子指陳禪悟之正道，彰顯宗門法眼。悲勇兼出，強捋虎鬚；慈智雙運，巧探驪龍；摩尼寶珠在手，直示宗門入處，禪味十足；若非大悟徹底，不能爲之。禪門精奇人物，允宜人手一冊，供作參究及悟後印證之圭臬。本書於2008年4月改版，增寫為大約500頁篇幅，以利學人研讀參究時更易悟入宗門正法，以前所購初版首刷及初版二刷舊書，皆可免費換取新書。平實導師著　500元（2007年起，凡購買公案拈提第一輯至第七輯，每購一輯皆贈送本公司精製公案拈提〈超意境〉CD一片，市售價格280元，多購多贈）。

宗門道眼——**公案拈提**第三輯：繼宗門法眼之後，再以金剛之作略、慈悲之胸懷、犀利之筆觸，舉示寒山、拾得、布袋三大士之悟處，消弭當代錯悟者對於寒山大士……等之誤會及誹謗。亦舉出民初以來與虛雲和尚齊名之蜀郡鹽亭袁煥仙夫子——南懷瑾老師之師，其「悟處」何在？並蒐羅許多眞悟祖師之證悟公案，顯示禪宗歷代祖師之睿智，指陳部分祖師、奧修及當代顯密大師之謬悟，作爲殷鑑，幫助禪子建立及修正參禪之方向及知見。假使讀者閱此書已，一時尚未能悟，亦可一面加功用行，一面以此宗門道眼辨別眞假善知識，避開錯誤之印證及歧路，可免大妄語業之長劫慘痛果報。欲修禪宗之禪者，務請細讀。平實導師著　售價500元（2007年起，凡購買公案拈提第一輯至第七輯，每購一輯皆贈送本公司精製公案拈提〈超意境〉CD一片，市售價格280元，多購多贈）。

楞伽經詳解：本經是禪宗見道者印證所悟眞僞之根本經典，亦是禪宗見道者悟後起修之依據經典；故達摩祖師於印證二祖慧可大師之後，將此經典連同佛鉢祖衣一併交付二祖，令其依此經典佛示金言、進入修道位，修學一切種智。由此可知此經對於眞悟之人修學佛道，是非常重要之一部經典。此經能破外道邪說，亦破佛門中錯悟名師之謬說，亦破禪宗部分祖師之狂禪：不讀經典、一向主張「一悟即成究竟佛」之謬執。並開示愚夫所行禪、觀察義禪、攀緣如禪、如來禪等差別，令行者對於三乘禪法差異有所分辨；亦糾正禪宗祖師古來對於如來禪之誤解，嗣後可免以訛傳訛之弊。此經亦是法相唯識宗之根本經典，禪者悟後欲修一切種智而入初地者，必須詳讀。 平實導師著，全套共十輯，已全部出版完畢，每輯主文約320頁，每冊約352頁，定價250元。

宗門血脈—公案拈提第四輯：末法怪象—許多修行人自以爲悟，每將無念靈知認作眞實；崇尚二乘法諸師及其徒眾，則將外於如來藏之緣起性空—無因論之無常空、斷滅空、一切法空—錯認爲佛所說之般若空性。這兩種現象已於當今海峽兩岸及美加地區顯密大師之中普遍存在；人人自以爲悟，心高氣壯，便敢寫書解釋祖師證悟之公案，大多出於意識思惟所得，言不及義，錯誤百出，因此誤導廣大佛子同陷大妄語之地獄業中而不能自知。彼等書中所說之悟處，其實處處違背第一義經典之聖言量。彼等諸人不論是否身披袈裟，都非佛法宗門血脈，或雖有禪宗法脈之傳承，亦只徒具形式；猶如螟蛉，非眞血脈，未悟得根本眞實故。禪子欲知佛、祖之眞血脈者，請讀此書，便知分曉。平實導師著，主文452頁，全書464頁，定價500元（2007年起，凡購買公案拈提第一輯至第七輯，每購一輯皆贈送本公司精製公案拈提〈超意境〉CD一片，市售價格280元，多購多贈）。

宗通與說通：古今中外，錯誤之人如麻似粟，每以常見外道所說之靈知心，認作眞心；或妄想虛空之勝性能量爲眞如，或錯認物質四大元素藉冥性（靈知心本體）能成就吾人色身及知覺，或認初禪至四禪中之了知心爲不生不滅之涅槃心。此等皆非通宗者之見地。復有錯悟之人一向主張「宗門與教門不相干」，此即尚未通達宗門之人也。其實宗門與教門互通不二，宗門所證者乃是眞如與佛性，教門所說者乃說宗門證悟之眞如佛性，故教門與宗門不二。本書作者以宗教二門互通之見地，細說「宗通與說通」，從初見道至悟後起修之道、細說分明；並將諸宗諸派在整體佛教中之地位與次第，加以明確之教判，學人讀之即可了知佛法之梗概也。欲擇明師學法之前，允宜先讀。平實導師著，主文共381頁，全書392頁，只售成本價300元。

宗門正道—**公案拈提**第五輯：修學大乘佛法有二果須證解脫果及大菩提果。二乘人不證大菩提果，唯證解脫果；此果之智慧，名爲聲聞菩提、緣覺菩提。大乘佛子所證二果之菩提果爲佛菩提，故名大菩提果，其慧名爲一切種智函蓋二乘解脫果。然此大乘二果修證，須經由禪宗之宗門證悟方能相應。而宗門證悟極難，自古已然；其所以難者，咎在古今佛教界普遍存在三種邪見：1.以修定認作佛法，2.以無因論之緣起性空—否定涅槃本際如來藏以後之一切法空作爲佛法，3.以常見外道邪見（離語言妄念之靈知性）作爲佛法。如是邪見，或因自身正見未立所致，或因邪師之邪教導所致，或因無始劫來虛妄熏習所致。若不破除此三種邪見，永劫不悟宗門眞義、不入大乘正道，唯能外門廣修菩薩行。平實導師於此書中，有極爲詳細之說明，有志佛子欲摧邪見、入於內門修菩薩行者，當閱此書。主文共496頁，全書512頁。售價500元（2007年起，凡購買公案拈提第一輯至第七輯，每購一輯皆贈送本公司精製公案拈提〈超意境〉CD一片，市售價格280元，多購多贈）。

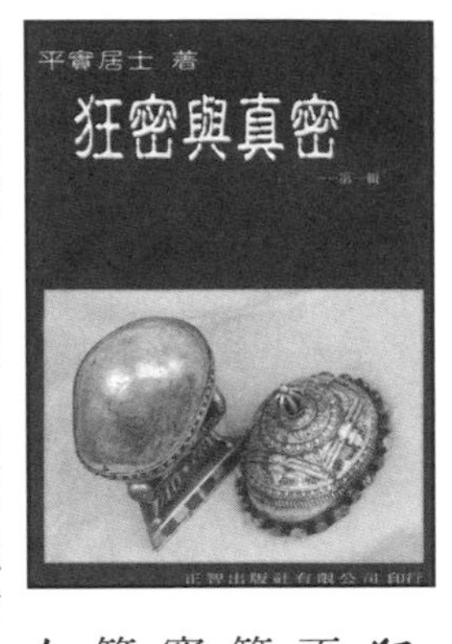

狂密與眞密：密教之修學，皆由有相之觀行法門而入，其最終目標仍不離顯教經典所說第一義諦之修證；若離顯教第一義經典、或違背顯教第一義經典，即非佛教。西藏密教之觀行法，如灌頂、觀想、遷識法、寶瓶氣、大聖歡喜雙身修法、喜金剛、無上瑜伽、大樂光明、樂空雙運等，皆是印度教**兩性生生不息思想之轉化，自始至終皆以如何能運用交合淫樂之法達到全身受樂**爲其中心思想，純屬欲界五欲的貪愛，不能令人超出欲界輪迴，更不能令人斷除我見；何況大乘之明心與見性，更無論矣！故密宗之法絕非佛法也。而其明光大手印、大圓滿法教，又皆同以常見外道所說**離語言妄念之無念靈知心**錯認爲佛地之眞如，不能直指不生不滅之眞如。西藏密宗所有法王與徒眾，都尚未開頂門眼，不能辨別眞僞，以**依人不依法、依密續不依經典故**，不肯將其上師喇嘛所說對照第一義經典，純依密續之藏密祖師所說爲準，因此而誇大其證德與證量，動輒謂彼祖師上師爲究竟佛、爲地上菩薩；如今台海兩岸亦有自謂其師證量高於 釋迦文佛者，然觀其師所述，猶未見道，仍在觀行即佛階段，尚未到禪宗相似即佛、分證即佛階位，竟敢標榜爲究竟佛及地上法王，誑惑初機學人。凡此怪象皆是狂密，不同於眞密之修行者。近年狂密盛行，密宗行者被誤導者極眾，動輒自謂已證佛地眞如，自視爲究竟佛，陷於大妄語業中而不知自省，反謗顯宗眞修實證者之證量粗淺；或如義雲高與釋性圓…等人，於報紙上公然誹謗眞實證道者爲「騙子、無道人、人妖、癩蛤蟆…」等，造下誹謗大乘勝義僧之大惡業；或以外道法中有爲有作之甘露、魔術……等法，誑騙初機學人，狂言彼外道法爲眞佛法。如是怪象，在西藏密宗及附藏密之外道中，不一而足，舉之不盡，學人宜應愼思明辨，以免上當後又犯毀破菩薩戒之重罪。密宗學人若欲遠離邪知邪見者，請閱此書，即能了知密宗之邪謬，從此遠離邪見與邪修，轉入眞正之佛道。

平實導師著 共四輯 每輯約400頁（主文約340頁）每輯售價300元。

宗門正義—公案拈提第六輯：佛教有六大危機，乃是藏密化、世俗化、膚淺化、學術化、宗門密意失傳、悟後進修諸地之次第混淆；其中尤以宗門密意之失傳，爲當代佛教最大之危機。由宗門密意失傳故，易令 世尊本懷普被錯解，易令 世尊正法被轉易爲外道法，以及加以淺化、世俗化，是故宗門密意之廣泛弘傳與具緣佛弟子，極爲重要。然而欲令宗門密意之廣泛弘傳予具緣之佛弟子者，必須同時配合錯誤知見之解析、普令佛弟子知之，然後輔以公案解析之直示入處，方能令具緣之佛弟子悟入。而此二者，皆須以公案拈提之方式爲之，方易成其功、竟其業，是故平實導師續作宗門正義一書，以利學人。全書500餘頁，售價500元（2007年起，凡購買公案拈提第一輯至第七輯，每購一輯皆贈送本公司精製公案拈提〈超意境〉CD一片，市售價格280元，多購多贈）。

心經密意—心經與解脫道、佛菩提道、祖師公案之關係與密意。二乘菩提所證之解脫道，實依第八識心之斷除煩惱障現行而立解脫之名；大乘菩提所證之佛菩提道，實依親證第八識如來藏之涅槃性、清淨自性、及其中道性而立般若之名；禪宗祖師公案所證之眞心，即是此第八識如來藏；是故三乘佛法所修所證之三乘菩提，皆依此如來藏心而立名也。此第八識心，即是《心經》所說之心也。證得此如來藏已，即能漸入大乘佛菩提道，亦可因證知此心而了知二乘無學所不能知之無餘涅槃本際，是故《心經》之密意，與三乘佛菩提之關係極爲密切、不可分割，三乘佛法皆依此心而立名故。今者平實導師以其所證解脫道之無生智及佛菩提之般若種智，將《心經》與解脫道、佛菩提道、祖師公案之關係與密意，以演講之方式，用淺顯之語句和盤托出，發前人所未言，呈三乘菩提之眞義，令人藉此《心經密意》一舉而窺三乘菩提之堂奧，迴異諸方言不及義之說；欲求眞實佛智者、不可不讀！主文317頁，連同跋文及序文…等共384頁，售價300元。

宗門密意—**公案拈提**第**七**輯：佛教之世俗化，將導致學人以信仰作爲學佛，則將以感應及世間法之庇祐，作爲學佛之主要目標，不能了知學佛之主要目標爲親證三乘菩提。大乘菩提則以般若實相智慧爲主要修習目標，以二乘菩提解脫道爲附帶修習之標的；是故學習大乘法者，應以禪宗之證悟爲要務，能親入大乘菩提之實相般若智慧中故，般若實相智慧非二乘聖人所能知故。此書則以台灣世俗化佛教之三大法師，說法似是而非之實例，配合眞悟祖師之公案解析，提示證悟般若之關節，令學人易得悟入。平實導師著，全書五百餘頁，售價500元（2007年起，凡購買公案拈提第一輯至第七輯，每購一輯皆贈送本公司精製公案拈提〈超意境〉CD一片，市售價格280元，多購多贈）。

淨土聖道—兼評日本本願念佛：佛法甚深極廣，般若玄微，非諸二乘聖僧所能知之，一切凡夫更無論矣！所謂一切證量皆歸淨土是也！是故大乘法中「聖道之淨土、淨土之聖道」，其義甚深，難可了知；乃至眞悟之人，初心亦難知也。今有正德老師眞實證悟後，復能深探淨土與聖道之緊密關係，憐憫眾生之誤會淨土實義，亦欲利益廣大淨土行人同入聖道，同獲淨土中之聖道門要義，乃振奮心神、書以成文，今得刊行天下。主文279頁，連同序文等共301頁，總有十一萬六千餘字，正德老師著，成本價200元。

起信論講記：詳解大乘起信論**心生滅門**與**心眞如門**之眞實意旨，消除以往大師與學人對起信論所說**心生滅門**之誤解，由是而得了知眞心如來藏之非常非斷中道正理；亦因此一講解，令此論以往隱晦而被誤解之眞實義，得以如實顯示，令大乘佛菩提道之正理得以顯揚光大；初機學者亦可藉此正論所顯示之法義，對大乘法理生起正信，從此得以眞發菩提心，眞入大乘法中修學，世世常修菩薩正行。平實導師演述，共六輯，都已出版，每輯三百餘頁，售價250元。

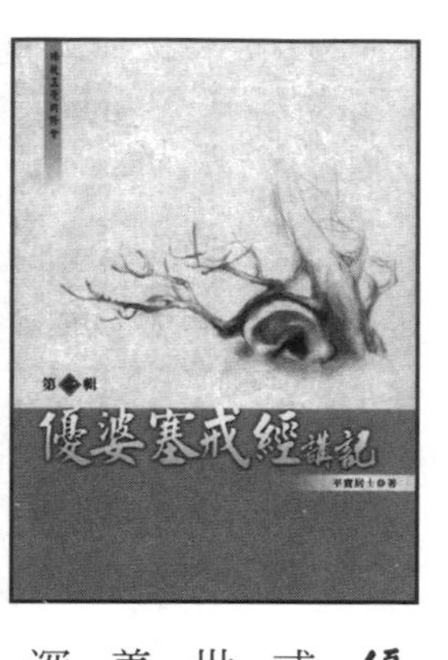

優婆塞戒經講記：本經詳述在家菩薩修學大乘佛法，應如何受持菩薩戒？對人間善行應如何看待？對三寶應如何護持？應如何正確地修集此世後世證法之福德？應如何修集後世「行菩薩道之資糧」？並詳述第一義諦之正義：五蘊非我非異我、自作自受、異作異受、不作不受……等深妙法義，乃是修學大乘佛法、行菩薩行之在家菩薩所應當了知者。出家菩薩今世或未來世登地已，捨報之後多數將如華嚴經中諸大菩薩，以在家菩薩身而修行菩薩行，故亦應以此經所述正理而修之，配合《楞伽經、解深密經、楞嚴經、華嚴經》等道次第正理，方得漸次成就佛道；故此經是一切大乘行者皆應證知之正法。平實導師講述，每輯三百餘頁，售價各250元；共八輯，已全部出版。

真假活佛—略論附佛外道盧勝彥之邪說：人人身中都有眞活佛，永生不滅而有大神用，但眾生都不了知，所以常被身外的西藏密宗假活佛籠罩欺瞞。本來就眞實存在的眞活佛，才是眞正的密宗無上密！諾那活佛因此而說禪宗是大密宗，但藏密的所有活佛都不知道、也不曾實證自身中的眞活佛。本書詳實宣示眞活佛的道理，舉證盧勝彥的「佛法」不是眞佛法，也顯示盧勝彥是假活佛，直接的闡釋第一義佛法見道的眞實正理。眞佛宗的所有上師與學人們，都應該詳細閱讀，包括盧勝彥個人在內。正犀居士著，優惠價140元。

阿含正義—唯識學探源：廣說四大部《阿含經》諸經中隱說之眞正義理，一一舉示佛陀本懷，令阿含時期初轉法輪根本經典之眞義，如實顯現於佛子眼前。並提示末法大師對於阿含眞義誤解之實例，一一比對之，證實唯識增上慧學確於原始佛法之阿含諸經中已隱覆密意而略說之，證實 世尊確於原始佛法中已曾密意而說第八識如來藏之總相；亦證實 世尊在四阿含中已說此藏識是名色十八界之因、之本—證明如來藏是能生萬法之根本心。佛子可據此修正以往受諸大師（譬如西藏密宗應成派中觀師：印順、昭慧、性廣、大願、達賴、宗喀巴、寂天、月稱、……等人）誤導之邪見，建立正見，轉入正道乃至親證初果而無困難；書中並詳說三果所證的**心解脫**，以及四果**慧解脫**的親證，都是如實可行的具體知見與行門。全書共七輯，已出版完畢。平實導師著，每輯三百餘頁，售價300元。

超意境CD：以平實導師公案拈提書中超越意境之頌詞，加上曲風優美的旋律，錄成令人嚮往的超意境歌曲，其中包括正覺發願文及平實導師親自譜成的黃梅調歌曲一首。詞曲雋永，殊堪翫味，可供學禪者吟詠，有助於見道。內附設計精美的彩色小冊，解說每一首詞的背景本事。每片280元。【每購買公案拈提書籍一冊，即贈送一片。】

菩薩底憂鬱CD將菩薩情懷及禪宗公案寫成新詞，並製作成超越意境的優美歌曲。1.主題曲〈菩薩底憂鬱〉，描述地後菩薩能離三界生死而迴向繼續生在人間，但因尚未斷盡習氣種子而有極深沈之憂鬱，非三賢位菩薩及二乘聖者所知，此憂鬱在七地滿心位方才斷盡；本曲之詞中所說義理極深，昔來所未曾見；此曲係以優美的情歌風格寫詞及作曲，聞者得以激發嚮往諸地菩薩境界之大心，詞、曲都非常優美，難得一見；其中勝妙義理之解說，已印在附贈之彩色小冊中。2.以各輯公案拈提中直示禪門入處之頌文，作成各種不同曲風之超意境歌曲，值得玩味、參究；聆聽公案拈提之優美歌曲時，請同時閱讀內附之印刷精美說明小冊，可以領會超越三界的證悟境界；未悟者可以因此引發求悟之意向及疑情，眞發菩提心而邁向求悟之途，乃至因此眞實悟入般若，成眞菩薩。3.正覺總持咒新曲，總持佛法大意；總持咒之義理，已加以解說並印在隨附之小冊中。本CD共有十首歌曲，長達63分鐘，附贈二張購書優惠券。每片320元。

禪意無限CD平實導師以公案拈提書中偈頌寫成不同風格曲子，與他人所寫不同風格曲子共同錄製出版，幫助參禪人進入禪門超越意識之境界。盒中附贈彩色印製的精美解說小冊，以供聆聽時閱讀，令參禪人得以發起參禪之疑情，即有機會證悟本來面目，實證大乘菩提般若。本CD共有十首歌曲，長達69分鐘，每盒各附贈二張購書優惠券。每片320元。

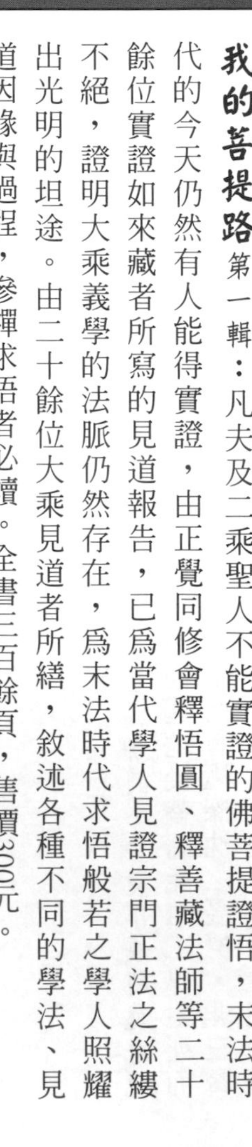

我的菩提路第一輯：凡夫及二乘聖人不能實證的佛菩提證悟，末法時代的今天仍然有人能得實證，由正覺同修會釋悟圓、釋善藏法師等二十餘位實證如來藏者所寫的見道報告，已爲當代學人見證宗門正法之絲縷不絕，證明大乘義學的法脈仍然存在，爲末法時代求悟般若之學人照耀出光明的坦途。由二十餘位大乘見道者所繕，敘述各種不同的學法、見道因緣與過程，參禪求悟者必讀。全書三百餘頁，售價300元。

我的菩提路第二輯：由郭正益老師等人合著，書中詳述彼等諸人歷經各處道場學法，一一修學而加以檢擇之不同過程以後，因閱讀正覺同修會、正智出版社書籍而發起抉擇分，轉入正覺同修會中修學；乃至學法及見道之過程，都一一詳述之。**本書已改版印製重新流通**，讀者原購的初版書，不論是第一刷或第二、三、四刷，都可以寄回換新，免附郵費。

我的菩提路第三輯：由王美伶老師等人合著。自從正覺同修會成立以來，每年夏初、冬初都舉辦精進禪三共修，藉以助益會中同修們得以證悟明心發起般若實相智慧；凡已實證而被平實導師印證者，皆書具見道報告用以證明佛法之眞實可證而非玄學，證明佛法並非純屬思想、理論而無實質，是故每年都能有人證明正覺同修會的「實證佛教」主張並非虛語。特別是眼見佛性一法，自古以來中國禪宗祖師實證者極寡，較之明心開悟的證境更難令人信受；至2017年初，正覺同修會中的證悟明心者已近五百人，然而其中眼見佛性者至今唯十餘人爾，可謂難能可貴，是故明心後欲冀眼見佛性者實屬不易。黃正倖老師是懸絕七年無人見性後的第一人，她於2009年的見性報告刊於本書的第二輯中，爲大眾證明佛性確實可以眼見；其後七年之中求見性者都屬解悟佛性而無人眼見，幸而又經七年後的2016冬初，以及2017夏初的禪三，復有三人眼見佛性，希冀鼓舞四眾佛子求見佛性之大心，今則具載一則於書末，顯示求見佛性之事實經歷，供養現代佛教界欲得見性之四眾弟子。全書四百頁，售價300元，已於2017年6月30日發行。

我的菩提路第四輯：由陳晏平等人著。中國禪宗祖師往往有所謂「見性」之言，所言多屬看見如來藏具有能令人發起成佛之自性，並非《大般涅槃經》中如來所說之眼見佛性。眼見佛性者，於親見佛性之時，即能於山河大地眼見自己佛性，亦能於他人身上眼見自己佛性及對方之佛性，如是境界無法爲尚未實證者解釋；勉強說之，縱使眞實明心證悟之人聞之，亦只能以自身明心之境界想像之，但不論如何想像多屬非量，能有正確之比量者亦是稀有，故說眼見佛性極爲困難。眼見佛性之人若所見極分明時，在所見佛性之境界下所眼見之山河大地、自己五蘊身心皆是虛幻，自有異於明心者之解脫功德受用，此後永不思證二乘涅槃，必定邁向成佛之道而進入第十住位中，已超第一阿僧祇劫三分有一，可謂之爲超劫精進也。今又有明心之後眼見佛性之人出於人間，將其明心及後來見性之報告，連同其餘證悟明心者之精彩報告一同收錄於此書中，供養眞求佛法實證之四眾佛子。全書380頁，售價300元，已於2018年6月30日發行。

我的菩提路第五輯：林慈慧老師等人著，本輯中所舉學人從相似正法中來到正覺同修會的過程，各人都有不同，發生的因緣亦是各有差別，然而都會指向同一個目標——證實生命實相的源底，確證自己生從何來、死往何去的事實，所以最後都證明佛法眞實而可親證，絕非玄學；本書將彼等諸人的始修及末後證悟之實例，羅列出來以供學人參考。本期亦有一位會裡的老師，是從1995年即開始追隨平實導師修學，1997年明心後持續進修不斷，直到2017年眼見佛性之實例，足可證明《大般涅槃經》中世尊開示眼見佛性之法正眞無訛，第十住位的實證在末法時代的今天仍有可能，如今一併具載於書中以供學人參考，並供養現代佛教界欲得見性之四眾弟子。全書四百頁，售價300元，已於2019年12月31日發行。

我的菩提路第六輯：劉惠莉老師等人著，本輯中舉示劉老師明心多年以後的眼見佛性實錄，供末法時代學人了知明心之異於見性本質，足可證明《大般涅槃經》中世尊開示眼見佛性之法正眞無訛。亦列舉多篇學人從各道場來到正覺學法之不同過程，以及如何發覺邪見之異於正法的所在，最後終能在正覺禪三中悟入的實況，以證明佛教正法仍在末法時代的人間繼續弘揚的事實，鼓舞一切眞實學法的菩薩大眾思之：我等諸人亦可有因緣證悟，絕非空想白思。約四百頁，售價300元，已於2020年6月30日發行。

我的菩提路第七輯：余正偉老師等人著，本輯中舉示余老師明心二十餘年以後的眼見佛性實錄，供末法時代學人了知明心異於見性之本質，並且舉示其見性後與平實導師互相討論眼見佛性之諸多疑訛處；除了證明《大般涅槃經》中世尊開示眼見佛性之法正眞無訛以外，亦得一解明心後尚未見性者之所未知處，甚爲精彩。此外亦列舉多篇學人從各不同宗教進入正覺學法之不同過程，以及發覺諸方道場邪見之內容與過程，最終得於正覺精進禪三中悟入的實況，足供末法精進學人借鑑，以彼鑑己而生信心，得以投入了義正法中修學及實證。凡此，皆足以證明不唯明心所證之第七住位般若智慧及解脫功德仍可實證，乃至第十住位的實證與當場發起如幻觀之實證，於末法時代的今天皆仍有可能。本書約四百頁，售價300元。

明心與眼見佛性：本書細述明心與眼見佛性之異同，同時顯示了中國禪宗破初參明心與重關眼見佛性二關之間的關聯；書中又藉法義辨正而旁述其他許多勝妙法義，讀後必能遠離佛門長久以來積非成是的錯誤知見，令讀者在佛法的實證上有極大助益。也藉慧廣法師的謬論來教導佛門學人回歸正知正見，遠離古今禪門錯悟者所墮的意識境界，非唯有助於斷我見，也對未來的開悟明心實證第八識如來藏有所助益，是故學禪者都應細讀之。游正光老師著，共 448 頁售價 300元。

見性與看話頭：黃正倖老師的《見性與看話頭》於《正覺電子報》連載完畢，今集結出版。書中詳說禪宗看話頭的詳細方法，並細說看話頭與眼見佛性的關係，以及眼見佛性者求見佛性者必須具備的條件。本書是禪宗實修者追求明心開悟時參禪的方法書，也是求見佛性者作功夫時必讀的方法書，內容兼顧眼見佛性的理論與實修之方法，是依實修之體驗配合理論而詳述，條理分明而且極爲詳實、周全、深入。本書內文375頁，全書416頁，售價300元。

鈍鳥與靈龜：鈍鳥及靈龜二物，被宗門證悟者說爲二種人：前者是精修禪定而無智慧者，也是以定爲禪的愚癡禪人；後者是或有禪定、或無禪定的宗門證悟者，凡已證悟者皆是靈龜。但後者被人虛造事實，用以嘲笑大慧宗杲禪師，說他雖是靈龜，卻不免被天童禪師預記「患背」痛苦而亡：「**鈍鳥離巢易，靈龜脫殼難。**」藉以貶低大慧宗杲的證量。同時將天童禪師實證如來藏的證量，曲解爲意識境界的離念靈知。自從大慧禪師入滅以後，錯悟凡夫對他的不實毀謗就一直存在著，不曾止息，並且捏造的假事實也隨著年月的增加而越來越多，終至編成「鈍鳥與靈龜」的假公案、假故事。本書是考證大慧與天童之間的不朽情誼，顯現這件假公案的虛妄不實；更見大慧宗杲面對惡勢力時的正直不阿，亦顯示大慧對天童禪師的至情深義，將使後人對大慧宗杲的誣謗至此而止，不再有人誤犯毀謗賢聖的惡業。書中亦舉證宗門的所悟確以第八識如來藏爲標的，詳讀之後必可改正以前被錯悟大師誤導的參禪知見，日後必定有助於實證禪宗的開悟境界，得階大乘眞見道位中，即是實證般若之賢聖。全書459頁，售價350元。

維摩詰經講記：本經係 世尊在世時，由等覺菩薩維摩詰居士藉疾病而演說之大乘菩提無上妙義，所說函蓋甚廣，然極簡略，是故今時諸方大師與學人讀之悉皆錯解，何況能知其中隱含之深妙正義，是故普遍無法爲人解說；若強爲人說，則成依文解義而有諸多過失。今由平實導師公開宣講之後，詳實解釋其中密意，令維摩詰菩薩所說大乘不可思議解脫之深妙正法得以正確宣流於人間，利益當代學人及與諸方大師。書中詳實演述大乘佛法深妙不共二乘之智慧境界，顯示諸法之中絕待之實相境界，建立大乘菩薩妙道於永遠不敗不壞之地，以此成就護法偉功，欲冀永利娑婆人天。已經宣講圓滿整理成書流通，以利諸方大師及諸學人。全書共六輯，每輯三百餘頁，售價各250元。

真假外道：本書具體舉證佛門中的常見外道知見實例，並加以教證及理證上的辨正，幫助讀者輕鬆而快速的了知常見外道的錯誤知見，進而遠離佛門內外的常見外道知見，因此即能改正修學方向而快速實證佛法。游正光老師著。成本價200元。

勝鬘經講記：如來藏爲三乘菩提之所依，若離如來藏心體及其含藏之一切種子，即無三界有情及一切世間法，亦無二乘菩提緣起性空之出世間法；本經詳說無始無明、一念無明皆依如來藏而有之正理，藉著詳解煩惱障與所知障間之關係，令學人深入了知二乘菩提與佛菩提相異之妙理；聞後即可了知佛菩提之特勝處及三乘修道之方向與原理，邁向攝受正法而速成佛道的境界中。平實導師講述，共六輯，每輯三百餘頁，售價各250元。

楞嚴經講記：楞嚴經係密教部之重要經典，亦是顯教中普受重視之經典；經中宣說明心與見性之內涵極爲詳細，將一切法都會歸如來藏及佛性—妙眞如性；亦闡釋五陰區宇及五陰盡的境界，作諸地菩薩自我檢驗證量之依據，旁及佛菩提道修學過程中之種種魔境，以及外道誤會涅槃之狀況，亦兼述明三界世間之起源。然因言句深澀難解，法義亦復深妙寬廣，學人讀之普難通達，是故讀者大多誤會，不能如實理解佛所說之明心與見性內涵，亦因是故多有悟錯之人引爲開悟之證言，成就大妄語罪。今由平實導師詳細講解之後，整理成文，以易讀易懂之語體文刊行天下，以利學人。全書十五輯，全部出版完畢。每輯三百餘頁，售價每輯300元。

金剛經宗通：三界唯心，萬法唯識，是成佛之修證內容，是諸地菩薩之所修；般若則是成佛之道（實證三界唯心、萬法唯識）的入門，若未證悟實相般若，即無成佛之可能，必將永在外門廣行菩薩六度，永在凡夫位中。然而實相般若的發起，全賴實證萬法的實相；若欲證知萬法的眞相，則必須探究萬法之所從來，則須實證自心如來—金剛心如來藏，然後現觀這個金剛心的金剛性、眞實性、如如性、清淨性、涅槃性、能生萬法的自性性、本住性，名爲證眞如；進而現觀三界六道唯是此金剛心所成，人間萬法須藉八識心王和合運作方能現起。如是實證《華嚴經》的「三界唯心、萬法唯識」以後，由此等現觀而發起實相般若智慧，繼續進修第十住位的如幻觀、第十行位的陽焰觀、第十迴向位的如夢觀，再生起增上意樂而勇發十無盡願，方能滿足三賢位的實證，轉入初地；自知成佛之道而無偏倚，從此按部就班、次第進修乃至成佛。第八識自心如來是般若智慧之所依，般若智慧的修證則要從實證金剛心自心如來開始；《金剛經》則是解說自心如來之經典，是一切三賢位菩薩所應進修之實相般若經典。這一套書，是將平實導師宣講的《金剛經宗通》內容，整理成文字而流通之；書中所說義理，迴異古今諸家依文解義之說，指出大乘見道方向與理路，有益於禪宗學人求開悟見道，及轉入內門廣修六度萬行，已於2013年9月出版完畢，總共9輯，每輯約三百餘頁，售價各250元。

霧峰無霧—給哥哥的信：本書作者藉兄弟之間信件往來論義，略述佛法大義；並以多篇短文辨義，舉出釋印順對佛法的無量誤解證據，並一一給予簡單而清晰的辨正，令人一讀即知。久讀、多讀之後即能認清楚釋印順的六識論見解，與眞實佛法之牴觸是多麼嚴重；於是在久讀、多讀之後，於不知不覺之間提升了對佛法的極深入理解，正知正見就在不知不覺間建立起來了。當三乘佛法的正知見建立起來之後，對於三乘菩提的見道條件便將隨之具足，於是聲聞解脫道的見道也就水到渠成；接著大乘見道的因緣也將次第成熟，未來自然也會有親見大乘菩提之道的因緣，悟入大乘實相般若也將自然成功，自能通達般若系列諸經而成實義菩薩。作者居住於南投縣霧峰鄉，自喻見道之後不復再見霧峰之霧，故鄉原野美景一一明見，於是立此書名爲《霧峰無霧》；讀者若欲撥霧見月，可以此書爲緣。游宗明 老師著，已於2015年出版，售價250元。

霧峰無霧—第二輯—救護佛子向正道：本書作者藉釋印順著作中之各種錯謬法義提出辨正，以詳實的文義一一提出理論上及實證上之解析，列舉釋印順對佛法的無量誤解證據，藉此教導佛門大師與學人釐清佛法義理，遠離岐途轉入正道，然後知所進修，久之便能見道明心而入大乘勝義僧數。被釋印順誤導的大師與學人極多，很難救轉，是故作者大發悲心深入解說其錯謬之所在，佐以各種義理辨正而令讀者在不知不覺之間轉歸正道。如是久讀之後欲得斷身見、證初果，即不爲難事；乃至久之亦得大乘見道而得證眞如，脫離空有二邊而住中道，實相般若智慧生起，於佛法不再茫然，漸漸亦知悟後進修之道。屆此之時，對於大乘般若等深妙法之迷雲暗霧亦將一掃而空，生命及宇宙萬物之故鄉原野美景一一明見，是故本書仍名《霧峰無霧》，爲第二輯；讀者若欲撥雲見日、離霧見月，可以此書爲緣。游宗明 老師著，已於2019年出版，售價250元。

假藏傳佛教的神話—性、謊言、喇嘛教：本書編著者是由一首名爲「阿姊鼓」的歌曲爲緣起，展開了序幕，揭開假藏傳佛教—喇嘛教—的神祕面紗。其重點是蒐集、摘錄網路上質疑「喇嘛教」的帖子，以揭穿「假藏傳佛教的神話」爲主題，串聯成書，並附加彩色插圖以及說明，讓讀者們瞭解西藏密宗及相關人事如何被操作爲「神話」的過程，以及神話背後的眞相。作者：張正玄教授。售價200元。

達賴真面目—玩盡天下女人：假使您不想戴綠帽子，請記得詳細閱讀此書；假使您不想讓好朋友戴綠帽子，請您將此書介紹給您的好朋友。假使您想保護家中的女性，也想要保護好朋友的女眷，請記得將此書送給家中的女性和好友的女眷都來閱讀。本書爲印刷精美的大本彩色中英對照精裝本，爲您揭開達賴喇嘛的眞面目，內容精彩不容錯過，爲利益社會大眾，特別以優惠價格嘉惠所有讀者。編著者：白志偉等。大開版雪銅紙彩色精裝本。售價800元。

喇嘛性世界—揭開假藏傳佛教譚崔瑜伽的面紗：這個世界中的喇嘛，號稱來自世外桃源的香格里拉，穿著或紅或黃的喇嘛長袍，散布於我們的身邊傳教灌頂，吸引了無數的人嚮往學習；這些喇嘛虔誠地爲大眾祈福，手中拿著寶杵（金剛）與寶鈴（蓮花），口中唸著咒語：「唵．嘛呢．叭咪．吽……」，咒語的意思是說：「我至誠歸命金剛杵上的寶珠伸向蓮花寶穴之中」！「喇嘛性世界」是什麼樣的「世界」呢？本書將爲您呈現喇嘛世界的面貌。當您發現眞相以後，您將會唸：「噢！喇嘛．性．世界，譚崔性交嘛！」作者：張善思、呂艾倫。售價200元。

末代達賴—性交教主的悲歌：簡介從藏傳僞佛教（喇嘛教）的修行核心—性力派男女雙修，探討達賴喇嘛及藏傳僞佛教的修行內涵。書中引用外國知名學者著作、世界各地新聞報導，包含：歷代達賴喇嘛的祕史、達賴六世修雙身法的事蹟，以及《時輪續》中的性交灌頂儀式……等；達賴喇嘛書中開示的雙修法、達賴喇嘛的黑暗政治手段；達賴喇嘛所領導的寺院爆發喇嘛性侵兒童；新聞報導《西藏生死書》作者索甲仁波切性侵女信徒、澳洲喇嘛秋達公開道歉、美國最大假藏傳佛教組織領導人邱陽創巴仁波切的性氾濫；等等事件背後眞相的揭露。作者：張善思、呂艾倫、辛燕。售價250元。

黯淡的達賴—失去光彩的諾貝爾和平獎：本書舉出很多證據與論述，詳述達賴喇嘛不爲世人所知的一面，顯示達賴喇嘛並不是眞正的和平使者，而是假借諾貝爾和平獎的光環來欺騙世人；透過本書的說明與舉證，讀者可以更清楚的瞭解，達賴喇嘛是結合暴力、黑暗、淫欲於喇嘛教裡的集團首領，其政治行爲與宗教主張，早已讓諾貝爾和平獎的光環染污了。本書由財團法人正覺教育基金會寫作、編輯，由正覺出版社印行，每冊250元。

第七意識與第八意識？——穿越時空「超意識」：「三界唯心，萬法唯識」是佛教中應該實證的聖教，也是《華嚴經》中明載而可以實證的法界實相。唯心者，三界一切境界、一切諸法唯是一心所成就，即是每一個有情的第八識如來藏，不是意識心。唯識者，即是人類各各都具足的八識心王——眼識、耳鼻舌身意識、意根、阿賴耶識，第八阿賴耶識又名如來藏，人類五陰相應的萬法，莫不由八識心王共同運作而成就，故說萬法唯識。依聖教量及現量、比量，都可以證明意識是二法因緣生，是由第八識藉意根與法塵二法為因緣而出生，又是夜夜斷滅不存之生滅心，即無可能反過來出生第七識意根、第八識如來藏，當知不可能從生滅性的意識心中，細分出恆審思量的第七識意根，更無可能細分出恆而不審的第八識如來藏。本書是將演講內容整理成文字，細說如是內容，並已在〈正覺電子報〉連載完畢，今彙集成書以廣流通，欲幫助佛門有緣人斷除意識我見，跳脫於識陰之外而取證聲聞初果；嗣後修學禪宗時即得不墮外道神我之中，得以求證第八識金剛心而發起般若實智。平實導師 述，每冊300元。

童女迦葉考——論呂凱文〈佛教輪迴思想的論述分析〉之謬：童女迦葉是佛世率領五百大比丘遊行於人間的歷史事實，是以童貞行而依止菩薩戒弘化於人間的大菩薩，不依別解脫戒（聲聞戒）來弘化於人間。這是大乘佛教與聲聞佛教同時存在於佛世的歷史明證，證明大乘佛教不是從聲聞法中分裂出來的部派佛教的產物，卻是聲聞佛教分裂出來的部派佛教聲聞凡夫僧所不樂見的史實；於是古今聲聞法中的凡夫都欲加以扭曲而作詭說，更是末法時代高聲大呼「大乘非佛說」的六識論聲聞凡夫極力想要扭曲的佛教史實之一，於是想方設法扭曲迦葉菩薩為聲聞僧，以及扭曲迦葉童女為比丘僧等荒謬不實之論著便陸續出現，古時聲聞僧寫作的《分別功德論》是最具體之事例，現代之代表作則是呂凱文先生的〈佛教輪迴思想的論述分析〉論文。鑑於如是假藉學術考證以籠罩大眾之不實謬論，未來仍將繼續造作及流竄於佛教界，繼續扼殺大乘佛教學人法身慧命，必須舉證辨正之，遂成此書。平實導師 著，每冊180元。

人間佛教—實證者必定不悖三乘菩提：「大乘非佛說」的講法似乎流傳已久，卻只是日本人企圖擺脫中國正統佛教的影響，而在明治維新時期才開始提出來的說法；台灣佛教、大陸佛教的淺學無智之人，由於未曾實證佛法而迷信日本人錯誤的學術考證，錯認為這些別有用心的日本佛學考證的講法為天竺佛教的眞實歷史；甚至還有更激進的反對佛教者提出「**釋迦牟尼佛並非眞實存在，只是後人捏造的假歷史人物**」，竟然也有少數佛教徒願意跟著「學術」的假光環而信受不疑，亦導致部分台灣佛教界人士，造作了反對中國大乘佛教而推崇南洋小乘佛教的行為，使台灣佛教的信仰者難以檢擇，亦導致一般大陸人士開始轉入基督教的盲目迷信中。在這些佛教及外教人士之中，也就有一分人根據此邪說而大聲主張「大乘非佛說」的謬論，這些人以「人間佛教」的名義來抵制中國正統佛教，公然宣稱中國的大乘佛教是由聲聞部派佛教的凡夫僧所創造出來的。這樣的說法流傳於台灣及大陸佛教界凡夫僧之中已久，卻非眞正的佛教歷史中曾經發生過的事，只是繼承六識論的聲聞法中凡夫僧，以及別有居心的日本佛教界，依自己的意識境界立場，純憑臆想而編造出來的妄想說法，卻已經影響許多無智之凡夫僧俗信受不移。本書則是從佛教的經藏法義實質及實證的現量內涵本質立論，證明大乘佛法本是佛說，是從《阿含正義》尚未說過的不同面向來討論「人間佛教」的議題，證明「大乘眞佛說」。閱讀本書可以斷除六識論邪見，迴入三乘菩提正道發起實證的因緣；也能斷除禪宗學人學禪時普遍存在之錯誤知見，對於建立參禪時的正知見有很深的著墨。平實導師 述，內文488頁，全書528頁，定價400元。

實相經宗通：學佛之目的在於實證一切法界背後之實相，禪宗稱之為本來面目或本地風光，佛菩提道中稱之為實相法界；此實相法界即是金剛藏，又名佛法之祕密藏，即是能生有情五陰、十八界及宇宙萬有（山河大地、諸天、三惡道世間）的第八識如來藏，又名阿賴耶識心，即是禪宗祖師所說的眞如心，此心即是三界萬有背後的實相。證得此第八識心時，自能瞭解般若諸經中隱說的種種密意，即得發起實相般若——實相智慧。每見學佛人修學佛法二十年後仍對實相般若茫然無知，亦不知如何入門，茫無所趣；更因不知三乘菩提的互異互同，是故越是久學者對佛法越覺茫然，都肇因於尚未瞭解佛法的全貌，亦未瞭解佛法的修證內容即是第八識心所致。本書對於修學佛法者所應實證的實相境界提出明確解析，並提示趣入佛菩提道的入手處，有心親證實相般若的佛法實修者，宜詳讀之，於佛菩提道之實證即有下手處。平實導師述著，共八輯，已於2016年出版完畢，每輯成本價250元。

真心告訴您(一)—達賴喇嘛在幹什麼？這是一本報導篇章的選集，更是「破邪顯正」的暮鼓晨鐘。「破邪」是戳破假象，說明達賴喇嘛及其所率領的密宗四大派法王、喇嘛們，弘傳的佛法是仿冒的佛法；他們是假藏傳佛教，是坦特羅(譚崔性交)外道法和藏地崇奉鬼神的苯教混合成的「喇嘛教」，推廣的是以所謂「無上瑜伽」的男女雙身法冒充佛法的假佛教，詐財騙色誤導眾生，常常造成信徒家庭破碎、家中兒少失怙的嚴重後果。「顯正」是揭櫫眞相，指出眞正的藏傳佛教只有一個，就是覺囊巴，傳的是 釋迦牟尼佛演繹的第八識如來藏妙法，稱爲他空見大中觀。正覺教育基金會即以此古今輝映的如來藏正法正知見，在眞心新聞網中逐次報導出來，將箇中原委「眞心告訴您」，如今結集成書，與想要知道密宗眞相的您分享。售價250元。

中觀金鑑—詳述應成派中觀的起源與其破法本質：學佛人往往迷於中觀學派之不同學說，被應成派與自續派所迷惑；修學般若中觀二十年後自以爲實證般若中觀了，卻仍不曾入門，甫聞實證般若中觀者之所說，則茫無所知，迷惑不解；隨後信心盡失，不知如何實證佛法；凡此，皆因惑於這二派中觀學說所致。自續派中觀所說同於常見，以意識境界立爲第八識如來藏之境界，應成派所說則同於斷見，但又同立意識爲常住法，故亦具足斷常二見。今者孫正德老師有鑑於此，乃將起源於密宗的應成派中觀學說，追本溯源，詳考其來源之外，亦一一舉證其立論內容，詳加辨正，令密宗雙身法祖師以識陰境界而造之應成派中觀學說本質，詳細呈現於學人眼前，令其維護雙身法之目的無所遁形。若欲遠離密宗此二大派中觀謬說，欲於三乘菩提有所進道者，允宜具足閱讀並細加思惟，反覆讀之以後將可捨棄邪道返歸正道，則於般若之實證即有可能，證後自能現觀如來藏之中道境界而成就中觀。本書分上、中、下三冊，每冊250元，已全部出版完畢。

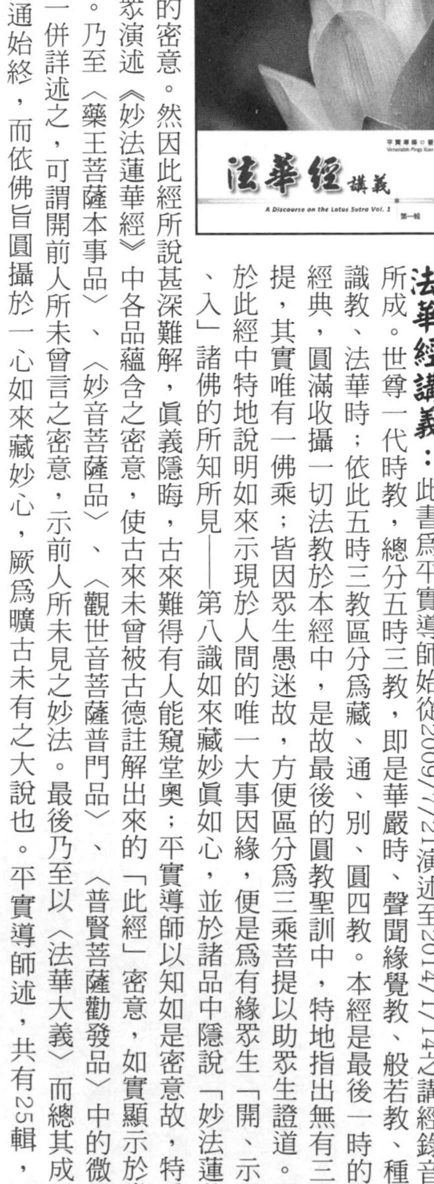

法華經講義：此書為平實導師始從2009/7/21演述至2014/1/14之講經錄音整理所成。世尊一代時教，總分五時三教，即是華嚴時、聲聞緣覺教、般若教、種智唯識教、法華時；依此五時三教區分為藏、通、別、圓四教。本經是最後一時的圓教經典，圓滿收攝一切法教於本經中，是故最後的圓教聖訓中，特地指出無有三乘菩提，其實唯有一佛乘；皆因眾生愚迷故，方便區分為三乘菩提以助眾生證道。世尊於此經中特地說明如來示現於人間的唯一大事因緣，便是為有緣眾生「開、示、悟、入」諸佛的所知所見——第八識如來藏妙眞如心，並於諸品中隱說「妙法蓮花」如來藏心的密意。然因此經所說甚深難解，眞義隱晦，古來難得有人能窺堂奧；平實導師以知如是密意故，特為末法佛門四眾演述《妙法蓮華經》中各品蘊含之密意，使古來未曾被古德註解出來的「此經」密意，如實顯示於當代學人眼前。乃至〈藥王菩薩本事品〉、〈妙音菩薩品〉、〈觀世音菩薩普門品〉、〈普賢菩薩勸發品〉中的微細密意，亦皆一併詳述之，可謂開前人所未曾言之密意，示前人所未見之妙法。最後乃至以〈法華大義〉而總其成，全經妙旨貫通始終，而依佛旨圓攝於一心如來藏妙心，厥為曠古未有之大說也。平實導師述，共有25輯，已於2019/05/31出版完畢。每輯300元。

西藏「活佛轉世」制度——附佛、造神、世俗法：歷來關於喇嘛教活佛轉世的研究，多針對歷史及文化兩部分，於其所以成立的理論基礎，較少系統化的探討。尤其是此制度是否依據「佛法」而施設？是否合乎佛法眞實義？現有的文獻大多含糊其詞，或人云亦云，不曾有明確的闡釋與如實的見解。因此本文先從活佛轉世的由來，探索此制度的起源、背景與功能，並進而從活佛的尋訪與認證之過程，發掘活佛轉世的特徵，以確認「活佛轉世」在佛法中應具足何種果德。定價150元。

真心告訴您（二）—達賴喇嘛是佛教僧侶嗎？補祝達賴喇嘛八十大壽：這是一本針對當今達賴喇嘛所領導的喇嘛教，冒用佛教名相、於師徒間或師兄姊間，實修男女邪淫，而從佛法三乘菩提的現量與聖教量，揭發其謊言與邪術，證明達賴及其喇嘛教是仿冒佛教的外道，是「假藏傳佛教」。藏密四大派教義雖有「八識論」與「六識論」的表面差異，然其實修之內容，皆共許「無上瑜伽」四部灌頂為究竟「成佛」之法門，也就是共以男女雙修之邪淫法為「即身成佛」之密要，雖美其名曰「欲貪為道」之「金剛乘」，並誇稱其成就超越於（應身佛）釋迦牟尼佛所傳之顯教般若乘之上；然詳考其理論，則或以意識離念時之粗細心為第八識如來藏，或以中脈裡的明點為第八識如來藏，或如宗喀巴與達賴堅決主張第六意識為常恆不變之眞心者，分別墮於外道之常見與斷見中；全然違背 佛說能生五蘊之如來藏的實質。售價300元。

涅槃—解說四種涅槃之實證及內涵：眞正學佛之人，首要即是見道，由見道故方有涅槃之實證，證涅槃者方能出生死，但涅槃有四種：二乘聖者的有餘涅槃、無餘涅槃，以及大乘聖者的本來自性清淨涅槃、佛地的無住處涅槃。大乘聖者實證本來自性清淨涅槃，入地前再取證二乘涅槃，然後起惑潤生捨離二乘涅槃，繼續進修而在七地心前斷盡三界愛之習氣種子，依七地無生法忍之具足而證得念念入滅盡定；八地後進斷異熟生死，直至妙覺地下生人間成佛，具足四種涅槃，方是眞正成佛。此理古來少人言，以致誤會涅槃正理者比比皆是，今於此書中廣說四種涅槃、如何實證之理、實證前應有之條件，實屬本世紀佛教界極重要之著作，令人對涅槃有正確無訛之認識，然後可以依之實行而得實證。本書共有上下二冊，每冊各四百餘頁，對涅槃詳加解說，每冊各350元。

佛藏經講義：本經說明為何佛菩提難以實證之原因，都因往昔無數阿僧祇劫前的邪見，引生此世求證時之業障而難以實證。即以諸法實相詳細解說，繼之以念佛品、念法品、念僧品，說明諸佛與法之實質；然後以淨戒品之說明，期待佛弟子四眾堅持清淨戒而轉化心性，並以往古品的實例說明歷代學佛人在實證上的業障由來，教導四眾務必滅除邪見轉入正見中，不再造作謗法及謗賢聖之大惡業，以免未來世尋求實證之時被業障所障；然後以了戒品的說明和囑累品的付囑，期望末法時代的佛門四眾弟子皆能清淨知見而得以實證。平實導師於此經中有極深入的解說，總共21輯，已於2022/11/30出版完畢，每輯三百餘頁，售價300元。

大法鼓經講義：本經解說佛法的總成：法、非法。由開解法、非法二義，說明了義佛法與世間戲論法的差異，指出佛法實證之標的即是法——第八識如來藏；並顯示實證後的智慧，如實擊大法鼓、演深妙法，演說如來祕密教法，非二乘定性及諸凡夫所能得聞，唯有具足菩薩性者方能得聞。正聞之後即得依於 世尊大願而拔除邪見，入於正法而得實證；深解不了義經之方便說，亦能實解了義經所說之眞實義，得以證法——如來藏，而得發起根本無分別智，乃至進修而發起後得無分別智；並堅持布施及受持清淨戒而轉化心性，得以現觀眞我眞法如來藏之各種層面。此爲第一義諦聖教，並授記末法最後餘八十年時，一切世間樂見離車童子以七地證量而示現爲凡夫身，將繼續護持此經所說正法。平實導師於此經中有極深入的解說，總共六輯，已於2023/11/30 出版完畢，每輯三百餘頁，售價300元，

成唯識論釋：本論係大唐玄奘菩薩揉合當時天竺十大論師的說法加以辨正而著成，攝盡佛門證悟菩薩及部派佛教聲聞凡夫論師對佛法的論述，並函蓋當時天竺諸大外道對生命實相的錯誤論述加以辨正，是由玄奘大師依據無生法忍證量加以評論確定而成爲此論。平實導師弘法初期即已依於證量略講過一次，歷時大約四年，當時正覺同修會規模尚小，聞法成員亦多尚未證悟，是故並未整理成書；如今正覺同修會中的證悟同修已超過六百人，鑑於此論在護持正法、實證佛法及悟後進修上的重要性，已於2022年初重講，並已經預先註釋完畢編輯成書，名爲《成唯識論釋》，總共十輯，每輯目次41頁、序文7頁、每輯內文多達四百餘頁，並將原本13級字縮小爲12級字編排，以增加其內容；於增上班宣講時的內容將會更詳細於書中所說，涉及佛法密意的詳細內容只於增上班中宣講，於書中皆依佛誡隱覆密意而說，然已足夠所有學人藉此一窺佛法堂奧而進入正道、免入岐途。重新判教後編成的〈目次〉已經詳盡判定論中諸段句義，用供學人參考；是故讀者閱完此論之釋，即可深解成佛之道的正確內涵。本書總共十輯，預定每一輯內容講述完畢時即予出版，第一輯於2023年五月底出版，然後每七至十個月出版下一輯，每輯定價400元。

不退轉法輪經講義：世尊弘法有五時三教之別，分爲藏、通、別、圓四教之理，本經是大乘般若期前的通教經典，所說之大乘般若正理與所證解脫果，通於二乘解脫道，佛法智慧則通大乘般若，皆屬大乘般若與解脫甚深之理，故其所證解脫果位通於二乘法教；而其中所說第八識無分別法之正理，即是世尊降生人間的唯一大事因緣。如是第八識能仁而且寂靜，恆順衆生於生死之中從無乖違，識體中所藏之本來無漏性的有爲法以及眞如涅槃境界，皆能助益學人最後成就佛道；此謂釋迦意爲能仁，牟尼意爲寂靜，此第八識即名釋迦牟尼，釋迦牟尼即是能仁寂靜的第八識眞如；若有人聽聞如是第八識常住、如來不滅之正理，信受奉行之人皆有大乘實證之因緣，永得不退於成佛之道，是故聽聞釋迦牟尼名號而解其義者，皆得不退轉於無上正等正覺，未來世中必有實證之因緣。如是深妙經典，已由平實導師詳述圓滿並整理成書，於2024/01/30開始每二個月發行一輯，總共十輯，每輯300元。

中論正義：本書是依龍樹菩薩之《中論》詳解而成，《中論》是依第八識眞如心常處中道的自性而作論議，亦是依此眞如心與所生諸法之間的非一非異、非俱非不俱等中道自性而作論議；然而自從　佛入滅後四百餘年的部派佛教開始廣弘之時起，本論已被部派佛教諸聲聞凡夫僧以意識的臆想思惟而作思想層面之解釋，此後的中論宗都以如是錯誤的解釋廣傳天下，積非成是以後便成爲現在佛教界的應成派中觀與自續派中觀的六識論思想，成爲邪見而荼毒廣大學人，幾至全面荼毒之局面。今作者孫正德老師以其所證第八識眞如的中道性現觀，欲救末法大師與學人所墮之意識境界中道邪觀，造作此部《中論正義》，詳解《中論》之正理，欲令廣大學人皆得轉入正見中修學，而後可有實證之機緣成爲實義菩薩，眞可謂悲心深重也。本書分爲上下兩冊，下冊將於上冊出版後兩個月再行出版，每冊售價300元。

誰是師子身中蟲：本書是平實導師歷年來於會員大會中，闡述佛教界的師子身中蟲的開示文，今已全部整理成文字並結集成書，昭告佛教界所有大師與學人，欲普令佛教界所有人都能遠離師子身中蟲，使正法得以廣傳而助益更多佛弟子四眾得以遠離師子身中蟲等人所說之邪見，迴心於　如來所說的八識論大乘法教，則大眾實證第八識眞如，實相般若智慧的生起即有可望，亦令天界大得利益。今已出版，每冊110元。

解深密經講義：本經是所有尋求大乘見道及悟後欲入地者所應詳習串習的三經之一，即是《楞伽經》、《解深密經》、《楞嚴經》三經中的一經，亦可作爲見道眞假的自我印證依據。此經是　世尊晚年第三轉法輪時，宣說地上菩薩所應熏修之無生法忍唯識正義經典；經中總說眞見道位所見的智慧總相，兼及相見道位所應熏修的七眞如等法，以及入地應修之十地眞如等義理，乃是大乘一切種智增上慧學，以阿陀那識—如來藏—阿賴耶識爲成佛之道的主體。禪宗之證悟者，若欲修證初地無生法忍乃至八地無生法忍者，必須修學《楞伽經、解深密經、楞嚴經》所說之八識心王一切種智。此三經所說正法，方是眞正成佛之道；印順法師否定第八識如來藏之後所說萬法緣起性空之法，墮於六識論中而著作的《成佛之道》，乃宗本於密宗宗喀巴六識論邪思而寫成的邪見，是以誤會後之二乘解脫道取代大乘眞正成佛之道，承襲自古天竺部派佛教聲聞凡夫論師的邪見，尙且不符二乘解脫道正理，亦已墮於斷滅見及常見中，所說全屬臆想所得的外道見，不符本經中佛所說的正義。平實導師曾於本會郭故理事長往生時，於喪宅中從**首七**開始宣講此經，於每一七起各宣講三小時，至**十七**而快速略講圓滿，作爲郭老之往生後的佛事功德，迴向郭老早證八地、速返娑婆住持正法。茲爲今時後世學人故，已經開始重講《解深密經》，以淺顯之語句講畢後，將會整理成文並梓行流通，用供證悟者進道；亦令諸方未悟者，據此經中佛語正義修正邪見，依之速能入道。平實導師述著，全書輯數未定，每輯三百餘頁，預定於《不退轉法輪經講義》發行圓滿之後逐輯陸續出版。

菩薩瓔珞本業經講義：本經是律部經典，依之修行可免誤犯大妄語業。成佛之道總共有五十二階位，前十階位爲十信位，是對佛法僧三寶修學正確的信心，如實理解三寶的實質都是依第八識如來藏而成就的；然後轉入四十二個位階修學，才是正式修學佛道，即是十住、十行、十迴向、十地、等覺、妙覺，分別名爲習種性、性種性、道種性、聖種性、等覺性、妙覺性，所應修習完成的是銅寶瓔珞、銀寶瓔珞、金寶瓔珞、琉璃寶瓔珞、摩尼寶瓔珞、水精瓔珞，依於如是所應修學的內容及階位而實修，方是眞正的成佛之道。此經中亦對大乘菩提的見道提出了判位，名爲「第六般若波羅蜜正觀現在前」，說明正觀現時應該如何方能成爲眞見道菩薩，否則皆必退轉。平實導師述著，全書輯數未定，每輯三百餘頁，預定於《解深密經講義》出版發行圓滿之後逐輯陸續出版。

修習止觀坐禪法要講記：修學四禪八定之人，往往錯會禪定之修學知見，欲以無止盡之坐禪而證禪定境界，卻不知修除性障之行門才是修證四禪八定不可或缺之要素，故智者大師云「性障初禪」；性障不除，初禪永不現前，云何修證二禪等？又：行者學定，若唯知數息，而不解六妙門之方便善巧者，欲求一心入定，未到地定極難可得，智者大師名之爲「事障未來」：障礙未到地定之修證。又禪定之修證，不可違背二乘菩提及第一義法，否則縱使具足四禪八定，亦不能實證涅槃而出三界。此諸知見，智者大師於《修習止觀坐禪法要》中皆有闡釋。作者平實導師以其第一義之見地及禪定之實證證量，曾加以詳細解析。將俟正覺寺竣工啓用後重講，不限制聽講者資格；講後將以語體文整理出版。欲修習世間定及增上定之學者，宜細讀之。平實導師述著。

阿含經講記——小乘解脫道之修證：數百年來，南傳佛法所說證果之不實，所說解脫道之虛妄，所弘解脫道法義之世俗化，皆已少人知之；阿含解脫道從南洋傳入台灣與大陸之後，所說法義虛謬之事，亦復少人知之；今時台灣全島印順系統之法師居士，多不知南傳佛法數百年來所說解脫道之義理已然偏斜、已然世俗化、已非眞正之二乘解脫正道，猶極力推崇與弘揚。彼等南傳佛法近代所謂之證果者皆非眞實證果者，譬如阿迦曼、葛印卡、帕奧禪師、一行禪師……等人，悉皆未斷我見故。近年更有台灣南部大願法師，高抬南傳佛法之二乘修證行門為「捷徑究竟解脫之道」者，然而南傳佛法縱使眞修實證，得成阿羅漢，至高唯是二乘菩提解脫之道，絕非究竟解脫，無餘涅槃中之實際尚未得證故，法界之實相尚未了知故，習氣種子待除故，一切種智未實證故，焉得謂為「究竟解脫」？即使南傳佛法近代眞有實證之阿羅漢，尚且不及三賢位中之七住明心菩薩本來自性清淨涅槃智慧境界，則不能知此賢位菩薩所證之無餘涅槃實際，仍非大乘佛法中之見道者，何況彼等普未實證聲聞果乃至未斷我見之人？謬充證果已屬逾越，更何況是誤會二乘菩提之後，以未斷我見之凡夫知見所說之二乘菩提解脫偏斜法道，焉可高抬為「究竟解脫」？而且自稱「捷徑之道」？又妄言解脫之道即是成佛之道，完全否定般若實智、否定三乘菩提所依之如來藏心體，此理大大不通也！平實導師為令修學二乘菩提欲證解脫果者，普得迴入二乘菩提正見、正道中，是故選錄四阿含諸經中，對於二乘解脫道法義有具足圓滿說明之經典，預定未來十年內將會加以詳細講解，令學佛人得以了知二乘解脫道之修證理路與行門，庶免被人誤導之後，未證言證，梵行未立，干犯道禁自稱阿羅漢或成佛，成大妄語，欲升反墮。本書首重斷除我見，以助行者斷除我見而實證初果為著眼之目標，若能根據此書內容，配合平實導師所著《識蘊眞義》《阿含正義》內涵而作實地觀行，實證初果非為難事，行者可以藉此三書自行確認聲聞初果為實際可得現觀成就之事。此書中除依二乘經典所說加以宣示外，亦依斷除我見等之證量，及大乘法中道種智之證量，對於意識心之體性加以細述，令諸二乘學人必定得斷我見、常見，免除三縛結之繫縛。次則宣示斷除我執之理，欲令升進而得薄貪瞋痴，乃至斷五下分結…等。平實導師將擇期講述，然後整理成書。共二冊，每冊三百餘頁。每輯300元。

總經銷：聯合發行股份有限公司

231 新北市新店區寶橋路 235 巷 6 弄 6 號 4F

Tel.02－2917-8022（代表號） Fax.02－2915-6275（代表號）

零售：1.**全台連鎖經銷書局**：

三民書局、誠品書局、何嘉仁書店

敦煌書店、紀伊國屋、金石堂書局、建宏書局

諾貝爾圖書城、墊腳石圖書文化廣場

2.**台北市**：佛化人生 **大安區**羅斯福路 3 段 325 號 6 樓之 4　台電大樓對面

3.**新北市**：春大地書店 **蘆洲區**中正路 117 號

4.**桃園市**：御書堂 **龍潭區**中正路 123 號

5.**新竹市**：大學書局 **東區**建功路 10 號

6.**台中市**：瑞成書局 **東區**雙十路 1 段 4 之 33 號

佛教詠春書局 **南屯區**永春東路 884 號

文春書店 **霧峰區**中正路 1087 號

7.**彰化市**：心泉佛教文化中心 南瑤路 286 號

8.**高雄市**：政大書城 **前鎮區**中華五路 789 號 2 樓（高雄夢時代店）

明儀書局 三民區明福街 2 號

青年書局 **苓雅區**青年一路 141 號

9.**台東市**：東普佛教文物流通處 博愛路 282 號

10.**其餘鄉鎮市經銷書局**：請電詢總經銷**聯合**公司。

11.**大陸地區請洽**：

香港：樂文書店

銅鑼灣店 :香港銅鑼灣駱克道 506 號 2 樓

電話 : (852) 2881 1150 email: luckwinbs@gmail.com

廈門：廈門外圖臺灣書店有限公司

地址:廈門市思明區湖濱南路809 號 廈門外圖書城3 樓 郵編:361004

電話：0592-5061658（臺灣地區請撥打 86-592-5061658）

E-mail：JKB118＠188.COM

12.**美國：世界日報圖書部**：紐約圖書部　電話 7187468889#6262

洛杉磯圖書部　電話 3232616972#202

13.**國內外地區網路購書**：

正智出版社 書香園地　http://books.enlighten.org.tw/

（書籍簡介、經銷書局可直接聯結下列網路書局購書）

三民 網路書局　http://www.sanmin.com.tw

誠品 網路書局　http://www.eslitebooks.com

博客來 網路書局　http://www.books.com.tw
金石堂 網路書局　http://www.kingstone.com.tw
聯合 網路書局　http:// www.nh.com.tw

附註：1.請儘量向各經銷書局購買：郵政劃撥需要八天才能寄到（本公司在您劃撥後第四天才能接到劃撥單，次日寄出後第二天您才能收到書籍，此六天中可能會遇到週休二日，是故共需八天才能收到書籍）若想要早日收到書籍者，請劃撥完畢後，將劃撥收據貼在紙上，旁邊寫上您的姓名、住址、郵區、電話、買書詳細內容，直接傳眞到本公司 02-28344822，並來電 02-28316727、28327495 確認是否已收到您的傳眞，即可提前收到書籍。 2.因台灣每月皆有五十餘種宗教類書籍上架，書局書架空間有限，故唯有新書方有機會上架，通常每次只能有一本新書上架；本公司出版新書，大多上架不久便已售出，若書局未再叫貨補充者，書架上即無新書陳列，則請直接向書局櫃台訂購。 3.若書局不便代購時，可於晚上共修時間向正覺同修會各共修處請購（共修時間及地點，詳閱**共修現況表**。每年例行年假期間請勿前往請書，年假期間請見共修現況表）。 4.郵購：郵政劃撥帳號 19068241。 5.正覺同修會會員購書都以八折計價（戶籍台北市者爲一般會員，外縣市爲護持會員）都可獲得優待，欲一次購買全部書籍者，可以考慮入會，節省書費。入會費一千元（第一年初加入時才需要繳），年費二千元。 **6.尚未出版之書籍，請勿預先郵寄書款與本公司，謝謝您！** 7.若欲一次購齊本公司書籍，或同時取得正覺同修會贈閱之全部書籍者，請於正覺同修會共修時間，親到各共修處請購及索取；**台北市讀者**請洽：103 台北市承德路三段 267 號 10 樓（捷運淡水線 圓山站旁）請書時間：週一至週五爲 18.00~21.00，第一、三、五週週六爲 10.00~21.00，雙週之週六爲 10.00~18.00 請購處專線電話：25957295-分機 14（於請書時間方有人接聽）。

敬告大陸讀者：

大陸讀者購書、索書捷徑（尚未在大陸出版的書籍，以下二個途徑都可以購得，電子書另包括結緣書籍）：

1.廈門外國圖書公司：廈門市思明區湖濱南路 809 號 廈門外圖書城 3F
　郵編：361004　電話：0592-5061658　網址：http://www.xibc.com.cn/

2.電子書：正智出版社有限公司及正覺同修會在台灣印行的各種局版書、結緣書，已有『**正覺電子書**』陸續上線中，提供讀者於手機、平板電腦上購書、下載、閱讀正智出版社、正覺同修會及正覺教育基金會所出版之電子書，詳細訊息敬請參閱『正覺電子書』專頁：http://books.enlighten.org.tw/ebook

關於平實導師的書訊，請上網查閱：

成佛之道　http://www.a202.idv.tw

正智出版社 書香園地　http://books.enlighten.org.tw/

中國網採訪佛教正覺同修會、正覺教育基金會訊息：

http://foundation.enlighten.org.tw/newsflash/20150817_1

http://video.enlighten.org.tw/zh-CN/visit_category/visit10

★ 正智出版社有限公司售書之稅後盈餘，全部捐助財團法人正覺寺籌備處、佛教正覺同修會、正覺教育基金會，供作弘法及購建道場之用；懇請諸方大德支持，功德無量。

★ 聲　明 ★

本社於 2015/01/01 開始調整本目錄中部分書籍之售價，以因應各項成本的持續增加。

＊喇嘛教修外道雙身法、墮識陰境界，非佛教 ＊

＊弘揚如來藏他空見的覺囊派才是真正藏傳佛教 ＊

售後服務—換書啓事（免附回郵） 2017/12/05

《楞伽經詳解》第三輯初版免費調換新書啓事：茲因 平實導師弘法早期尚未回復往世全部證量，有些法義接受他人的說法，寫書當時並未察覺而有二處（同一種法義）跟著誤說，如今發現已將之修正。茲爲顧及讀者權益，已開始免費調換新書；敬請所有讀者將以前所購第三輯（不論第幾刷），攜回或寄回本公司免費換新；郵寄者之回郵由本公司負擔，不需寄來郵票。因此而造成讀者閱讀、以及換書的不便，在此向所有讀者致上萬分的歉意，祈請讀者大眾見諒！

《楞嚴經講記》第 14 輯初版首刷本免費調換新書啓事：本講記第 14 輯出版前因 平實導師諸事繁忙，未將之重新閱讀而只改正校對時發現的錯別字，故未能發覺十年前所說法義有部分錯誤，於第 15 輯付印前重閱時才發覺第 14 輯中有部分錯誤尚未改正。今已重新審閱修改並已重印完成，煩請所有讀者將以前所購第 14 輯初版首刷本，寄回本公司免費換新（初版二刷本無錯誤），本公司將於寄回新書時同時附上您寄書來換新時的郵資，並在此向所有讀者致上最誠懇的歉意。

《心經密意》初版書免費調換二版新書啓事：本書係演講錄音整理成書，講時因時間所限，省略部分段落未講。後於再版時補寫增加 13 頁，維持原價流通之。茲爲顧及初版讀者權益，自 2003/9/30 開始免費調換新書，原有初版一刷、二刷書籍，皆可寄來本公司換書。

《宗門法眼》已經增寫改版爲 464 頁新書，2008 年 6 月中旬出版。讀者原有初版之第一刷、第二刷書本，都可以寄回本公司免費調換改版新書。改版後之公案及錯悟事例維持不變，但將內容加以增說，較改版前更具有廣度與深度，將更能助益讀者參究實相。

換書者**免附回郵**，亦無截止期限；舊書請寄：111 台北郵政 73-151 號信箱 或 103 台北市承德路三段 267 號 10 樓 正智出版社有限公司。舊書若有塗鴨、殘缺、破損者，仍可換取新書；但缺頁之舊書至少應仍有五分之三頁數，方可換書。所有讀者不必顧念本公司是否有盈餘之問題，都請踴躍寄來換書；本公司成立之目的不是營利，只要能眞實利益學人，即已達到成立及運作之目的。若以郵寄方式換書者，免附回郵；並於寄回新書時，由本公司附上您寄來書籍時耗用的郵資。造成您不便之處，再次致上萬分的歉意。

正智出版社有限公司 启

免費換書公告

2023/07/15

《法華經講義》第十三輯初版免費調換新書啓事：本書因謄稿、印製等相關人員作業疏失，導致該書中的經文及內文用字將「**親近**」誤植成「清淨」。茲爲顧及讀者權益，自2017/8/30開始免費調換新書；敬請所有讀者將以前所購第十三輯初版首刷及二刷本，攜回或寄回本公司免費換新。錯誤更正說明如下：

一、第256頁第10行~第14行：【就是先要具備「**法親近處**」、「**眾生親近處**」；法**親近**處就是在實相之法有所實證，如果在實相法上有所實證，他在二乘菩提中自然也能有所實證，以這個作爲第一個**親近**處——第一個基礎。然後還要有第二個基礎，就是瞭解應該如何善待眾生；對於眾生不要有排斥或者是貪取之心，平等觀待而攝受、親近一切有情。以這兩個**親近**處作爲基礎，來實行其他三個安樂行法。】。

二、第268頁第13行：【具足了那兩個「**親近處**」，使你能夠在末法時代，如實而圓滿的演述《法華經》時，那麼你作這個夢，它就是如理作意的，完全符合邏輯去完成這個過程，就表示你那個晚上，在那短短的一場夢中，已經度了不少眾生了。

《大法鼓經講義》第一輯初版免費調換二版新書啓事：本書因校對相關人員作業疏失錯失別字，導致該書中的內文255頁倒數5行有二字錯植而無發現，乃「『**智慧**』的滅除不容易」應更正爲「『**煩惱**』的滅除不容易」。茲爲顧及讀者權益，自2023/4/1開始免費調換新書，或請自行更正其中的錯誤之處；敬請所有讀者將以前所購第一輯初版首刷及二刷本，攜回或寄回本公司免費換新。

《涅槃》下冊初版一刷至六刷**免費調換新書啓事**：本書因法義上有少處疏失而重新印製，乃第20頁倒數6行的「法智忍、法智」更正爲「**法智、類智**」，同頁倒數4行的「類智忍、類智」更正爲「**法智忍、類智忍**」；並將書中引文重新標點後重印。敬請讀者攜回或寄回本公司免費換新。

換書者免附回郵，郵寄者之回郵由本公司負擔，不需寄來郵票，亦無截止期限；同時對因此而造成讀者閱讀、以及換書的困擾及不便，在此向所有讀者致上最誠懇的歉意，祈請讀者大眾見諒！

正智出版社有限公司 敬啓

國家圖書館出版品預行編目(CIP) 資料

不退轉法輪經講義. 第二輯 / 平實導師述著.-- 初版. --
臺北市: 正智出版社有限公司, 2024.03　面;　公分

ISBN 978-626-97355-8-7(平裝)
ISBN 978-626-98256-2-2(平裝)
ISBN 978-626-98256-5-3(平裝)
ISBN 978-626-7517-00-0(平裝)
ISBN 978-626-7517-04-8(平裝)

1.CST: 經集部

221.733　113002467

不退轉法輪經講義

——第二輯

著述者：平實導師
音文轉換：劉惠莉 鄭瑞卿 劉夢瓚
校　對：章乃鈞 孫淑貞 陳介源 王美伶 張善思
出版者：正智出版社有限公司
電話：〇二 28327495 28316727（白天）
傳眞：〇二 28344822
111 台北郵政 73-151 號信箱
郵政劃撥帳號：一九〇六八二四一
正覺講堂：總機〇二 25957295（夜間）
總經銷：聯合發行股份有限公司
231 新北市新店區寶橋路 235 巷 6 弄 6 號 4 樓
電話：〇二 29178022（代表號）
傳眞：〇二 29156275
初版首刷：二〇二四年三月三十日 二千冊
初版三刷：二〇二四年八月三十一日 二千冊
定　價：三〇〇元